商业银行

信贷法律风险管理70问

李敏 著

中国商业出版社

图书在版编目（CIP）数据

商业银行信贷法律风险管理 70 问 / 李敏著 . -- 北京：中国商业出版社，2021.6

ISBN 978-7-5208-1626-7

Ⅰ．①商… Ⅱ．①李… Ⅲ．①商业银行－贷款风险管理－法规－中国－问题解答 Ⅳ．① D922.282.5

中国版本图书馆 CIP 数据核字（2021）第 093563 号

责任编辑：朱文昊 黄世嘉

中国商业出版社出版发行
（100053 北京广安门内报国寺 1 号）
010-63180647 www.c-cbook.com
新华书店经销
武汉市籍缘印刷厂印刷

*

710 毫米 ×1000 毫米 16 开 20.5 印张 335 千字
2021 年 6 月第 1 版 2021 年 6 月第 1 次印刷

定价：68.00 元

* * * *

（如有印装质量问题可更换）

序

党的十九大以来，全国银行业以习近平新时代中国特色社会主义思想为指导，秉持服务党和国家经济社会发展大局，切实服务决胜全面建成小康社会和防范化解金融风险的目标，在加强业务发展的同时，积极主动适应法律规范的调整，取得了显著成效。

2020 年 5 月 28 日，十三届全国人大三次会议审议通过了《中华人民共和国民法典》（以下简称民法典），这是中华人民共和国成立以来第一部以"法典"命名的法律，是新时代我国社会主义法治建设的重大成果。民法典及首批司法解释已于 2021 年 1 月 1 日开始施行，这标志着我国各类民商事活动正式进入民法典时代。银行业如何"切实实施民法典"已然成为我们必须正视的新课题。

与此同时，我国社会经济发展面临"百年未有之大变局"，对银行业带来的冲击会在未来几年逐步显现。银行业从业人员既要深刻领会民法典颁行的重大意义，又要结合最高人民法院发布的民法典司法解释、司法政策开展全面学习，准确把握民法典条文精髓，深刻认识民法典对银行业各项业务和经营管理的深远影响，主动将民法典学习成果运用到工作实践之中，进一步提升银行业合规和风险管控水平，实现"法治银行"建设的美好愿景，助力推进全面依法治国。

银行业授信从业人员应当至少从以下三个方面做好准备：一是依法调整银行内部经营管理制度。要依据民法典规定、相关司法解释、司法政策以及监管规制及时对经营管理制度进行修正。例如，民法典新增加的居住权、超级抵押权、非典型性担保等规则，需要银行根据自身业务的特点及时调整产品规则和信贷制度。二是及时完成格式合同的修订工作。民法典承继了原合同法格式合同等规定，并做出了一些调整。值得注意的是，最高人民法院在起草《关于适用〈中华人民共和国民法典〉担保部分的解释》

过程中，多次与中国银行业协会组织召开专题研讨会，倾听银行业的诉求，公平保护银行业金融机构的合法权益。该司法解释对银行业授信业务以及担保业务的影响超出我们的想象，如最高额担保的范围、保证人相互追偿等规则变化。银行需要根据法律规定和自身业务发展的需要，确定内部管理规则，并及时修订格式合同。三是要把民法典等法律规则切实运用到不良贷款清收处置工作中，提升清收处置工作的效率和质量。例如，《关于适用〈中华人民共和国民法典〉担保部分的解释》明确了"企业破产重组"和"债权人起诉保证人"的规则，这就为银行清收破产重组类不良贷款提供了新的思路和方法。另外，还需要注意的是，民法典中关于对个人信息保护的规定，也将对银行业授信业务风险管理产生重大的影响。

本书以银行授信从业人员在工作中常见的70个法律问题为切入点，以通俗易懂的方式对问题进行了解答，配合相关法律条款和各级法院的真实判例帮助读者深入理解并掌握相关知识点。另外，作者还针对每个问题提出了"信贷管理建议"，实现了从"法律问题—法律答案—信贷管理"的思维闭环。银行业授信从业人员可以从本书中找到法律问题的答案，外部法律工作人员可以从本书中找到信贷管理的方式方法，这些内容对商业银行及相关工作人员具有较高的参考价值。

我与本书的作者在推动我国金融仲裁事业发展的工作中结识，作者李敏具有丰富的银行授信工作经验，尤其在信贷法律风险管理领域有独到的见解。从本书来看，内容根植于实务，又不限于实务。我相信，本书的出版，能够为读者提供解决问题的思路，开阔读者的眼界，将对我国商业银行授信业务法律风险管理水平的提升起到积极的作用。

中国银行业协会
首席法律顾问
2021 年 3 月

自 序

这是一本写给银行信贷工作人员的"法律工具书"。本书的逻辑是从信贷流程和信贷实务的角度解答与信贷业务有关的法律问题。

目前,商业银行信贷法律风险管理面临两大难题:一是随着经济持续下行,银行风险管理的难度逐步增大,识别行业周期、企业生命周期、企业经营风险和偿债能力的难度越来越大,很多信贷业务从审批时就需要考虑诉讼和执行方案,这就要求商业银行前置法律风险管理,需要公司律师或法务加入授信业务的调查、审查和审批环节。二是违法发放贷款罪的构成条件较低,授信人员稍有不慎,就会触碰到法律红线,因此,该罪已经成为悬在信贷人员头上的达摩克利斯之剑,授信人员的刑事法律风险显著增加。

《中华人民共和国民法典》自2021年1月1日起施行。所谓"一典立、九法废",民法典的实质性修订条款占比约20%,非实质性修订条款占比约33%,两项修订合计占比约53%,对银行信贷法律风险管理影响深远。民法典实施后,九部基本法律被废止,但是这九部法律对应的《司法解释》并不当然废止。2020年12月30日,最高人民法院发布了与民法典配套的第一批共七件新的司法解释,于2021年1月1日与民法典同步施行。其中,第一件是关于适用民法典时间效力的司法解释,第二件是关于适用民法典担保制度的司法解释,另外五件分别涉及物权、婚姻家庭、继承、建工合同、劳动争议等方面。

民法典第一批司法解释公布之时,正值本书第三次修改中,因此,笔者也将民法典以及第一批七个司法解释的新内容融入本书之中,并将重要条款与旧法的条款进行了对比。笔者之所以将"已作废"的条款与民法典及司法解释新条款进行对比,目的是让读者更清晰地了解法律规定的变化,积极调整过去的认知。如果是新学习者,也可以直接学习民法典及司法解释的最新规定。

另外，最高人民法院于 2019 年 11 月 8 日印发《全国法院民商事审判工作会议纪要》（法〔2019〕254 号），本次是最高院第九次印发《民商事审判工作会议纪要》，因此，被称为《九民纪要》。《九民纪要》虽然不是司法解释，不能作为裁判依据进行援引，但是，法院可以在"本院认为"的说理部分使用，因此，未来一定会成为法院裁判的主流观点，也会逐步在未来的民法典司法解释中体现。笔者也在书中对涉及"九民纪要"的内容进行了引用和解释。

笔者具有 12 年的银行工作经验，先后在大型城商行、全国性股份制银行和地级市农商行工作，工作内容始终围绕风险管理、授信审批、法律合规、不良资产处置等。笔者写作本书的目的是针对银行信贷法律风险管理面临的两大难题，结合笔者的专业知识和实践经验，对商业银行信贷法律风险管理实务进行梳理和总结，希望对从事商业银行信贷工作以及其他相关法律工作的朋友提供一些帮助，使大家在坚守法律底线的前提下，专业地做好信贷工作。

本书的目标读者有两类：一类是在银行从事信贷管理工作的员工，包括客户经理、风险经理、审批官、法务人员和清收人员等，另一类是为银行提供专业法律服务的律师。基于读者的定位，笔者将本书的特点定位于实用性和便捷性，从而弱化理论性和体系性。经过一段时间的积累，笔者根据信贷人员的提问频率整理出 70 个高频问题，同时，这些问题无法从百度检索出答案，而是需要读者结合法律规定和真实案例认真思考后，才能在实践中准确运用。这 70 个问题具有相对独立性，读者可以随时查阅自己需要解决的问题，而不需要通读全书后得出结论，让本书成为信贷人员桌面的"工具书"。另外，针对每个问题，笔者给予几个维度的剖析：

《问题难度》是对问题的分类，"★"代表答案确定且唯一；"★★"代表法律规定明确，但是根据不同情形会有不同结论；"★★★"代表对法律规定的理解适用有争议，且实务中存在不同认识。

《问题解答》是用通俗且简洁的语言直接告诉读者问题的答案和最关键的内容。

《信贷管理建议》是跳出法律思维，从银行内部信贷风险管理的角度提出管理措施和建议。

《法条链接》是将与问题相关的法律规定整理出来，便于读者理解和使用。

《案例分享》是通过引用分析人民法院的真实判例，让读者感受法律条文在实务中的运用，同时为日常工作提供有说服力的素材。书中的案例仅摘录了与问题有关的内容，读者可根据每个案例的"案号"在裁判文书网搜索文书全文。

希望读者通过阅读本书，能够找到解决实际问题的思路和方法，在此与诸君共勉。

李 敏
2021 年 3 月

目录
CONTENTS

第一章 贷前调查阶段的法律问题 1
  问题1：公司和个人是否可以同时作为共同借款人 1
  问题2：公司的分支机构和内设部门是否可以作为借款人或担保人 4
  问题3：未成年人是否可以将登记在自己名下的财产为父母的借款提供担保 7
  问题4：未经配偶同意，夫妻一方将登记在自己名下的共有房屋抵押给银行，是否有效 11
  问题5：学校、医院、幼儿园等公益性质的单位是否可以作为抵押人或保证人 16
  问题6：学校、医院等以公益为目的的单位收费权是否可以质押 21
  问题7：银行是否可以为本行股东办理本行股权质押贷款 25
  问题8：存货抵押贷款业务存在哪些法律风险 34
  问题9：上市公司对外提供担保，有哪些特殊要求 39
  问题10：银行是否可以为授信业务设定"让与担保" 44

第二章 审查、审批阶段的法律问题 50
  问题11：夫妻一方对外所负债务，是否为夫妻共同债务 50
  问题12：公司作为借款人或担保人，必须出具股东会或董事会决议吗 56
  问题13："一人公司"作为借款人或担保人，如何出具有效的决议 62
  问题14：最高额担保的"最高额"是指本金最高额还是债权最高额 66
  问题15：最高额抵押业务中抵押物被查封后发放的贷款是否具有优先受偿权 70

- I -

问题 16： 价款优先权是"超级抵押权"吗 75
问题 17： 居住权是否对银行住房抵押贷款业务造成不利
         影响 78
问题 18： 在建工程抵押是否属于合格抵押方式 81
问题 19： 开发商在办理《预售许可证》时，不动产登记
         机关要求银行出具"同意预售"的书面意见，
         是否意味着银行放弃了抵押权 86
问题 20： 按揭贷款业务中办理的"抵押预告登记"是否
         享有抵押权的优先受偿权 89

第三章 放款阶段的法律问题 93

问题 21： 违反监管部门文件要求的格式合同是否有效 93
问题 22： 银行在合同中约定的利息、罚息、复利、违约
         金和其他实现债权的费用，是否可以超过一年期
         贷款市场报价利率的四倍 97
问题 23： 银行信贷人员在签订格式合同时如何履行提示
         义务 101
问题 24： 合同条款中约定的"签字盖章后生效"如何认定 .. 104
问题 25： 自然人作为借款人或担保人，是否可以授权委托
         他人全程办理业务 107
问题 26： 贷款用途为"借新还旧"，是否需要重新办理抵
         押登记 109
问题 27： 贷款展期是否必须办理抵押期限变更登记 113
问题 28： 未经保证人或抵押人同意，银行与借款人达成的
         展期协议是否有效 116
问题 29： 他项权利证书上登记的"担保金额"与合同中
         约定的"担保金额"不一致，应当以哪个为准 119

第四章 贷后管理阶段的法律问题 123

问题 30： 借款人在催收通知书上签字或盖章的行为，
         是否可以恢复诉讼时效 123
问题 31： 保证人在催收通知书上签字或盖章的行为，
         是否可以恢复保证期间 126
问题 32： 借名贷款的性质如何认定？名义借款人和担保人
         是否承担责任 130

问题 33：在未经总行批准的情况下，银行的分支机构对外
　　　　　提供担保是否有效 135
问题 34：银行行长以个人名义为"过桥资金"提供担保，
　　　　　银行是否承担责任 140
问题 35：抵押人是否有权转让抵押物 143
问题 36：保证金账户被法院冻结后，银行是否有权主张
　　　　　解除冻结 147
问题 37：借款人采取"受托支付"获得贷款后又挪作他
　　　　　用的，担保人是否可以免责 152
问题 38：以贷款用于"借新还旧"为由，担保人是否可以
　　　　　免除担保责任 156
问题 39：以银行贷后管理不尽职为由，担保人是否可以
　　　　　免除责任 160
问题 40：抵押权人未在主债权诉讼时效期间内行使抵押权，
　　　　　抵押人是否可以要求注销抵押登记 164
问题 41：银行是否可以向社会普通投资者转让不良贷款 167

第五章　不良贷款诉讼阶段的法律问题 171
问题 42：银行是否可以"宣布贷款提前到期" 171
问题 43：赋予强制执行效力的公证债权，银行是否可以
　　　　　向法院提起诉讼 176
问题 44：银行是否可以单独起诉保证人 179
问题 45：债权人申报破产债权的同时，是否可以向保证人
　　　　　提起诉讼 182
问题 46：银行通过第三方"代持"将不良贷款出表后，
　　　　　是否可以继续以自己的名义提起诉讼 191
问题 47：银行是否可以在诉讼中主张律师费 194
问题 48：借款人或担保人使用"假公章"签订的合同
　　　　　是否有效 197
问题 49：因"假按揭"被法院确认购房合同无效，银行
　　　　　应当向谁主张权益 206
问题 50：银行的抵押物被强制拆迁后，银行是否可以要求
　　　　　拆迁人赔偿 210
问题 51：担保人代偿后，是否可以向其他担保人追偿 219

第六章 不良贷款执行阶段的法律问题 ... 227

- 问题 52：银行是否可以申请执行被执行人名下的唯一住房 ... 227
- 问题 53：夫妻一方对外提供担保，银行是否可以申请执行夫妻共同财产 ... 231
- 问题 54：银行是否可以执行农村集体土地和农村私房 ... 235
- 问题 55：银行是否可以对担保公司的反担保物提请执行 ... 240
- 问题 56：同一借款人有多笔债务，银行是否有权决定还款的先后顺序 ... 245
- 问题 57：抵押权与质权并存时，如何确定优先受偿顺序 ... 251
- 问题 58：抵押权与租赁权并存时，如何处理 ... 259
- 问题 59：银行签订的以物抵债协议是否发生物权变动的效力 ... 265
- 问题 60："首封权"是否对银行行使抵押权形成障碍 ... 268
- 问题 61：轮候查封是否产生查封的效力 ... 273

第七章 防范违法发放贷款罪 ... 275

- 问题 62：违法发放贷款罪的构成要件是什么 ... 275
- 问题 63：违法发放贷款罪的立案标准和量刑标准是什么 ... 283
- 问题 64：违法发放贷款罪的"损失数额"如何认定 ... 286
- 问题 65：按照上级指示发放的贷款是否可以构成违法发放贷款罪 ... 288
- 问题 66：未对借款人进行现场调查，是否可以构成违法发放贷款罪 ... 293
- 问题 67：银行工作人员"自批自贷"行为是否构成违法发放贷款罪 ... 298
- 问题 68："借新还旧"贷款是否可以构成违法发放贷款罪 ... 304
- 问题 69：员工被判违法发放贷款罪后，银行是否可以提起民事诉讼要求借款人和担保人偿还 ... 307
- 问题 70：信贷人员涉嫌违法发放贷款罪，是否可以争取从轻、减轻或免于刑事处罚 ... 312

致 谢 ... 316

第一章

贷前调查阶段的法律问题

问题1：公司和个人是否可以同时作为共同借款人

问题难度：★★

问题解答：

当借款人的资信情况不佳，还款能力不足以覆盖贷款金额时，银行通常会要求借款人增加共同借款人，用共同借款人的总资信作为还款来源的保障。最典型的是：在住房按揭贷款中，夫妻或者房屋的共同买受人作为共同借款人向银行申请贷款。根据《中华人民共和国民法通则》第八十七条的相关规定，共同借款人非法定概念，属于合同双方当事人自主约定的概念，其内容、责任范围、权利义务均需要在合同中予以明确规定。从法院判例来看，我国司法判例支持共同借款人的法律效力，同时，对于公司和个人作为共同借款人的法律效力也予以认可。

信贷管理建议：

民法典对连带债权和连带债务进行了更准确和完善的规定。共同借款人是合同双方当事人约定的法律概念，受法律的保护，银行可以在业务中广泛使用。值得注意的是，共同借款人属于意定概念，需要在合同中对共同借款人的权利义务做出明确和详细的约定。笔者曾见过某银行的合同主体中有"共同借款人"字样，但在合同条款中没有任何关于"共同借款人权利义务"的约定，这种格式合同显然对银行非常不利。

另外一个问题是：如果公司作为借款人，法定代表人或实际控制人作为连带保证人和作为共同借款人两种方式相比较，哪种方式更有利于银行呢？

我们从以下两个方面进行比较。

首先，共同借款人受诉讼时效的约束，可以适用诉讼时效中止、中断等规定的保护。即使诉讼时效丧失，债权人仅丧失胜诉权，实体权利并未消灭。在审判实务中，如果当事人不主动提出，法官也没有义务主动释明诉讼时效。保证人受保证期间的约束，不能适用中止、中断等规定。保证期间可以导致实体权利的灭失。因此，在司法实践中，法官要向保证人主动释明，并将保证期间是否届满、债权人是否在保证期间内依法行使权利等事实作为案件基本事实予以查明，从而给保证人提供了"脱保"的机会，增加了银行胜诉的难度。

其次，如果共同借款人死亡，共同借款人的遗产可以作为偿债的责任财产。如果保证人死亡的，保证人的遗产作为偿债责任财产的难度较大。实践中，保证人死亡后，遗产是否可以用于偿债存在较大争议。保证担保的核心是基于人的信用担保，如果将这种担保及于遗产，存在扩大担保责任范围的嫌疑。

基于上述两方面的分析，将法定代表人或实际控制人作为共同借款人相较于作为保证人，更有利于维护银行的权益。银行信贷工作人员应当在设计授信方案时充分运用上述规则。

法条链接：

民法典第五百一十八条　债权人为二人以上，部分或者全部债权人均可以请求债务人履行债务的，为连带债权；债务人为二人以上，债权人可以请求部分或者全部债务人履行全部债务的，为连带债务。

民法典第五百一十九条　连带债务人之间的份额难以确定的，视为份额相同。实际承担债务超过自己份额的连带债务人，有权就超出部分在其他连带债务人未履行的份额范围内向其追偿，并相应地享有债权人的权利，但是不得损害债权人的利益。其他连带债务人对债权人的抗辩，可以向该债务人主张。被追偿的连带债务人不能履行其应分担份额的，其他连带债务人应当在相应范围内按比例分担。连带债权或者连带债务，由法律规定或者当事人约定。

（已废止：《中华人民共和国民法通则》（2009修订）第八十七条　债权人或者债务人一方人数为二人以上的，依照法律的规定或者当事人的约定，享有连带权利的每个债权人，都有权要求债务人履行义务；负有连带义务的每个债务人，都负有清偿全部债务的义务，履行了义务的人，有权要求其他负有连带义务的人偿付他应当承担的份额。）

案例分享：

中国工商银行股份有限公司温岭支行与胡某、陈某2金融借款合同纠纷，（〔2017〕浙1081民初5949号）

法院认定，2014年11月10日，原、被告签订了《个人循环借款合同》《个人借款最高额抵押合同》各一份，合同约定：借款人陈某1，共同借款人陈某2、胡某，借款金额为1 000 000元。截至2017年4月21日，借款人已连续6期未按合同约定偿还贷款本息，共欠原告借款本金999 999.96元、利息44 547.61元。经过审理，法院判令被告胡某、陈某1、陈某2在本判决生效之日起十日内共同偿还给原告中国工商银行股份有限公司温岭支行借款本金999 999.96元，支付截至2017年4月21日的利息44 547.61元和自2017年4月22日起按合同约定的标准计算至实际履行之日止的逾期利息、复利及原告为实现债权而花费的律师代理费47 500元。

问题2：公司的分支机构和内设部门是否可以作为借款人或担保人

问题难度：★★

问题解答：

银行向大型企业或上市公司提供信贷服务时，经常会面临这样的情况：授信企业的总公司在外地，当地仅有分公司（支公司）或者项目部。为了信贷业务和后期结算业务的便利，双方均希望将分公司（支公司）或者项目部作为借款人或担保人，并签订合同。

公司分支机构和内设部门是否可以作为借款人？银行主要应看是否取得总公司的有效授权。如果取得总公司的有效授权，可以作为借款人。如果没有取得总公司的有效授权，不得作为借款人。

公司分支机构和内设部门是否可以作为担保人？根据民法典第七十四条和第六百八十三条的规定，民法典未延续担保法第十条关于"企业分支机构、职能部门不得作为保证人"的规定，因此，现行法律并未禁止公司的分支机构和职能部门对外借款或提供担保。按照"法无禁止则允许"的原则，这种情况属于民事主体意思自治的范畴，即当事人可以自愿约定相关内容。根据《最高人民法院关于适用〈中华人民共和国民法典〉有关担保制度的解释》第十一条的规定，公司的分支机构经公司股东（大）会或者董事会决议以自己的名义对外提供担保，担保有效。

在实务中，较为稳妥的做法是：公司的分支机构作为借款人，要取得总公司的授权。公司的分支机构作为担保人，要取得总公司授权和总公司股东（大）会或者董事会决议。公司的内设部门一般不具备独立核算和对外承担民事责任的能力，不宜作为借款人和担保人。

第一章 贷前调查阶段的法律问题

信贷管理建议：

为有效管理上述法律风险，建议商业银行在信贷管理中做如下安排。

1. 针对企业分支机构作为借款人或担保人的情况，应当取得总公司书面授权。关于总公司对分支机构的书面授权书，建议银行法务部门制定标准的格式模板，最大限度地维护银行利益。另外，为保证授权书的真实性，采取公证授权的方式，同时，银行工作人员应当重点跟踪授权书签字和盖章的过程。

2. 分支机构对外担保，除取得总公司授权外，还必须取得总公司股东（大）会或者董事会决议。这也是《最高人民法院关于适用〈中华人民共和国民法典〉有关担保制度的解释》明确要求的担保生效条件。

3. 建议银行在信贷管理制度中明确：公司的职能部门不得作为借款人或保证人，无论职能部门是否取得总公司的授权。

4. 信贷人员在贷前调查中，应当重点核实总公司与分支机构的真实关系，区分统一管理经营和挂靠资质经营两种关系，这与确定还款来源的分析对象紧密相关。如果是统一经营的公司，信贷业务的分析重点是公司的整体经营情况和偿债能力。如果是挂靠资质经营，则重点分析分支机构自身的经营情况，总公司的经营情况可以作为第二还款来源进行分析。实务中，很多建筑公司采取挂靠经营的模式，总公司看似资产规模和收入规模很大，但实质还款来源仅是分支机构自身的项目资金。如果需要总公司承担还款责任，往往需要通过诉讼程序解决，时间和经济成本较高。

法条链接：

民法典第七十四条　法人可以依法设立分支机构。法律、行政法规规定分支机构应当登记的，依照其规定。分支机构以自己的名义从事民事活动，产生的民事责任由法人承担；也可以先以该分支机构管理的财产承担，不足以承担的，由法人承担。

民法典第六百八十三条　机关法人不得为保证人，但是经国务院批准为使用外国政府或者国际经济组织贷款进行转贷的除外。以公益为目的的非营利法人、非法人组织不得为保证人。

（已废止：担保法第十条　企业法人的分支机构、职能部门不得为保证人。企业法人的分支机构有法人书面授权的，可以在授权范围内提供保证。）

《最高人民法院关于适用〈中华人民共和国民法典〉有关担保制度的解释》第十一条　公司的分支机构未经公司股东（大）会或者董事会决议以自己的名义对外提供担保，相对人请求公司或者其分支机构承担担保责任的，人民法院不予支持，但是相对人不知道且不应当知道分支机构对外提供担保未经公司决议程序的除外。

（已废止：担保法解释第十七条　企业法人的分支机构未经法人书面授权提供保证的，保证合同无效。因此给债权人造成损失的，应当根据担保法第五条第二款的规定处理。企业法人的分支机构经法人书面授权提供保证的，如果法人的书面授权范围不明，法人的分支机构应当对保证合同约定的全部债务承担保证责任。企业法人的分支机构经营管理的财产不足以承担保证责任的，由企业法人承担民事责任。企业法人的分支机构提供的保证无效后应当承担赔偿责任的，由分支机构经营管理的财产承担。企业法人有过错的，按照担保法第二十九条的规定处理。担保法解释第十八条　企业法人的职能部门提供保证的，保证合同无效。债权人知道或者应当知道保证人为企业法人的职能部门的，因此造成的损失由债权人自行承担。债权人不知保证人为企业法人的职能部门，因此造成的损失，可以参照担保法第五条第二款的规定和第二十九条的规定处理。）

案例分享：

张某、山东华显安装建设有限公司民间借贷纠纷（最高法〔2017〕民申2960号）

最高院认为，根据《中华人民共和国担保法》第十条"企业法人的分支机构、职能部门不得为保证人。企业法人的分支机构有法人书面授权的，可以在授权范围内提供保证"之规定，第二十一项目部只是华显公司临时成立的内部机构，在未经华显公司授权的情况下，不得对外提供保证。张某主张华显公司应当承担连带保证责任，但其没有提交证据证明第二十一项目部有华显公司的授权能够对外提供保证，故其主张于法无据。

问题3：未成年人是否可以将登记在自己名下的财产为父母的借款提供担保

问题难度：★★

问题解答：

根据民法典第三十五条的规定，结合"最有利于被监护人"原则，如果设定抵押的行为是为了被监护人（即未成年人）的利益，抵押有效。如抵押行为与未成年人无关甚至损害未成年人利益的，抵押无效。

实务中，法院有两种判决意见：一种意见认为，抵押合同因违反《民法总则》第三十五条（即民法典第三十五条）的相关规定，损害了未成年人的利益而无效，银行抵押权不成立，由银行自行承担责任。另一种意见认为，只要办理了合法的抵押登记，抵押权即生效，为维护交易安全，银行可以行使抵押权，未成年人的损害后果应当由监护人承担，抑或认为监护人处分未成年人的财产也是直接或间接有利于未成年人的利益，比如经营企业用于家庭支出。实践中，未成年人财产设定抵押，还受到当地不动产登记部门的限制。

因此，银行在办理涉及未成年人的抵押业务时，应当同时满足两个条件：一是当地法院的判例认可未成年人抵押行为的法律效力，二是当地不动产登记部门可以办理未成年人抵押登记。

信贷管理建议：

关于未成年人提供不动产抵押的业务，通过上述分析，有以下几点值得关注。

1. 根据《不动产登记暂行条例实施细则》（2019修正）第十一条的规定，未成年人名下的不动产可以办理登记，个别地区不予登记的做法不符合法律规定。因此，银行工作人员应当了解该地区的不动产登记部门是否可以办理未成年人抵押登记。如果不可以办理登记，则抵押权不成立，抵押无效。

2. 在办理过程中，应当由监护人签订合同，并且由监护人出具《保证书》，保证该抵押行为是为了有利于监护人的利益，包括直接利益或间接利息，《保证书》中尽可能明确描述未成年人利益的具体内容。如果存在多名监护人，应当共同签订。如果是被监护人本人签订的合同，监护人应当签字予以确认。

3. 未成年人不动产抵押业务存在一定的法律风险，尤其是在无法办理抵押登记或者当地法院不支持的地区，原则上不建议开办此类业务。但是，办理不良贷款重组盘活业务时，应当积极引入未成年人不动产抵押业务，在操作中严格按照上述第二项的要求落实抵押手续，需要通过诉讼程序解决的，需要积极与法院沟通，争取有利判决。在不良贷款清收的真实案例中，借款人往往不愿意牺牲子女名下的资产，在众多债务中会优先偿还子女提供担保的债务。因此，即使未成年人抵押不动产的合同可能被法院判决无效，但是在与借款人的谈判中，会起到很强的制约作用。

法条链接：

民法典第三十五条　监护人应当按照最有利于被监护人的原则履行监护职责。监护人除为维护被监护人利益外，不得处分被监护人的财产。未成年人的监护人履行监护职责，在作出与被监护人利益有关的决定时，应当根据被监护人的年龄和智力状况，尊重被监护人的真实意愿。

（已废止：1.《中华人民共和国民法通则》（2009年修正）第十八条　监护人应当履行监护职责，保护被监护人的人身、财产及其他合法权益，除为被监护人的利益外，不得处理被监护人的财产。监护人依法履行监护的权利，受法律保护。监护人不履行监护职责或者侵害被监护人的合法权益的，应当承担责任；给被监护人造成财产损失的，应当赔偿损失。2.《民法总则》第三十五条　监护人应当按照最有利于被监护人的原则履行监护职责。监护人除为维护被监护人利益外，不得处分被监护人的财产。）

《不动产登记暂行条例实施细则》（2019修正）第十一条 无民事行为能力人、限制民事行为能力人申请不动产登记的，应当由其监护人代为申请。监护人代为申请登记的，应当提供监护人与被监护人的身份证或者户口簿、有关监护关系等材料；因处分不动产而申请登记的，还应当提供为被监护人利益的书面保证。父母之外的监护人处分未成年人不动产的，有关监护关系材料可以是人民法院指定监护的法律文书、经过公证的对被监护人享有监护权的材料或者其他材料。

案例分享：
（一）山东高青农商银行、张某某金融借款合同纠纷，（〔2018〕鲁03民终170号）

法院认为，本案争议的焦点为关于上诉人与被上诉人张某签订的抵押合同效力问题。

上诉人二审中举证证实被上诉人张某某、石某是原审被告高青县坤泽运输有限公司的出资股东，以此主张原审被告实际为家庭财产所开办的公司，应当认定为一人公司即家庭公司，该主张与公司法的规定相违背。《中华人民共和国公司法》第三条第二款规定了股东有限责任原则，该条款规定，有限责任公司的股东以其认缴的出资额为限对公司承担责任。被上诉人张善某某、石某应以其认缴的出资为限对公司承担责任。上诉人主张高青县坤泽运输有限公司为家庭公司的主张于法无据，本院不予采信。

关于涉案房屋的所有权，上诉人以购房款来源于被上诉人张某某、石某主张房产为家庭共同财产。对此本院认定如下，根据物权法的规定，涉案不动产，在房产部门登记在被上诉人张某（张某系张某某的子女）名下，应属于被上诉人张某的个人财产。合同签订于2016年5月10日，张某尚不满16周岁，系限制行为能力人，其对外签订抵押合同的民事法律行为明显与其年龄、智力不相适应。《民法总则》第三十五条规定："监护人应当按照最有利于被监护人的原则履行监护职责。监护人除为维护被监护人利益外，不得处分被监护人的财产。"被上诉人张某某、石某作为被上诉人张某的监护人在抵押合同上签字确认，但抵押合同签订的目的系为了原审被告高青县坤泽运输有限公司，利益并不指向被上诉人张某某自身利益，该抵押合同对被上诉人张某某并非单纯受益，而是约定以其财产为其他公司的债务承担民事责任，因而该抵押合同无效。

（二）陈甲与中国工商银行上海静安支行抵押合同纠纷（〔2017〕沪02民终578号）

上海二中院认为，本案的争议主要在于涉及未成年人房产份额的系争抵押合同是否有效以及相应抵押权是否有效设立。

首先，陈某系限制民事行为能力人，除可进行与其年龄、智力相适应的民事活动外，还可由其法定代理人代理或在征求其法定代理人同意的情形下为其他民事行为。陈某某系陈某之父，也是其合法监护人及法定代理人，故陈某某有权代理陈某对外签订合同。

其次，根据《中华人民共和国民法通则》第十八条第一款规定，监护人除为被监护人的利益外，不得处理被监护人的财产，该法条第三款同时规定，由监护人承担不履行监护职责或侵害被监护人合法权益的责任并赔偿损失。本案中，陈某某作为陈某的监护人，即使存在违法处理被监护人财产的情形，也应由陈某某承担相应的赔偿责任，并不因此必然导致系争抵押合同无效。

最后，从保障交易安全的角度考虑，监护人对被监护人财产处分行为的效力认定应当审查交易相对方是否属于善意取得。工行静安支行在取得系争抵押房产的抵押权过程中，已经注意到陈某系未成年人，并审核了抵押房产共有人之间的直系亲属关系，有理由相信陈某的监护人均认可在系争房屋上设定抵押。且陈某某将系争借款用于其开立公司的日常经营活动，而该经营收入系家庭的主要收入来源，其利益及于陈某。工行静安支行在签订抵押合同及取得抵押权的过程中已尽到严格的审查义务，考虑到了房屋的价值与最高额抵押中额度的设定，系善意第三人，依法享有抵押权。

综上所述，陈某某、陈某与工行静安支行签订的系争抵押合同依法有效，系争抵押房产已经办理登记手续，工行静安支行对系争房产的抵押权依法有效。

问题 4：未经配偶同意，夫妻一方将登记在自己名下的共有房屋抵押给银行，是否有效

问题难度：★★★

问题解答：

关于这个问题，应当分三种情况进行判断。

首先，如果夫妻之间属于"按份共有"，即不动产登记证书上载明了各自的份额，那么，一方仅对属于自己的份额部分发生抵押的法律效力，另一方的份额不产生抵押的法律效力。

其次，如果夫妻之间属于"共同共有"，即不动产登记证书未载明各自的份额。夫妻一方未经另一方同意单独签字进行抵押的，根据民法典第三百零一条的规定，属于无效抵押。这是由"共同共有"的基本原则所确定的，"共同共有"要求共有人必须基于一致的认识处分财产。这里有一种例外情况：如果债权人可以证明"未签字的共有人知道或应当知道而未提出异议"的，抵押有效。银行等债权人承担了较高的举证责任，实务中的证据包括：办理抵押手续时，另一方在场但默许或未制止；贷后检查中知晓但未提出异议等。

最后，如果签字的一方向银行隐瞒了其"已婚"或有"共同共有人"的事实，银行也尽到了相应的审查义务。例如，签订《单身承诺书》，对相关贷款资料也进行了详细的审查，未发现可疑情形的，根据民法典第三百一十一条关于"善意取得"的规定，抵押权有效。

信贷管理建议：

关于夫妻共有房产提供抵押的业务，应当做到以下基本要求。

第一，贷前调查阶段，重点核实抵押人的婚姻状况，对于婚后共有的

财产，应当严格要求夫妻双方共同签字确认。

第二，抵押人声称单身的，应当提供民政部门出具的《婚姻状况查询书》。如当地民政部门不予出具此类证明的，至少要求本人出具《单身承诺书》，用以说明银行尽到了合理的注意义务。同时，应当通过户口簿、征信报告等资料交叉比对核实婚姻状况。

第三，抵押人离异的，应当提供《离婚协议书》或法院的离婚判决书，证明该房产系抵押人一人所有。

最后，要确保信贷档案中关于抵押人婚姻状况的各项表述前后一致，避免自相矛盾。

法条链接：

民法典第三百零一条　处分共有的不动产或者动产以及对共有的不动产或者动产作重大修缮、变更性质或者用途的，应当经占份额三分之二以上的按份共有人或者全体共同共有人同意，但是共有人之间另有约定的除外。

民法典第三百一十一条　无处分权人将不动产或者动产转让给受让人的，所有权人有权追回；除法律另有规定外，符合下列情形的，受让人取得该不动产或者动产的所有权：（一）受让人受让该不动产或者动产时是善意；（二）以合理的价格转让；（三）转让的不动产或者动产依照法律规定应当登记的已经登记，不需要登记的已经交付给受让人。受让人依据前款规定取得不动产或者动产的所有权的，原所有权人有权向无处分权人请求损害赔偿。当事人善意取得其他物权的，参照适用前两款规定。

（已废止：1.物权法第九十七条　处分共有的不动产以及对共有的不动产或者动产作重大修缮的，应当经占份额三分之二以上的按份共有人或者全体共有人同意，但共有人之间另有约定的除外。2.物权法第一百零六条　无处分权人将不动产或者动产转让给受让人的，所有权人有权追回；除法律另有规定外，符合下列情形的，受让人取得该不动产或者动产的所有权：（一）受让人受让该不动产或者动产时是善意的；（二）以合理的价格转让；（三）转让的不动产或者动产依照法律规定应当登记的已经登记，不需要登记的已经交付给受让人。受让人依照前款规定取得不动产或者动产的所有权的，原所有权人有权向无处分权人请求赔偿损失。当事人善意取得其他物权的，参照前两款规定。3. 担保法解释第五十四条　按份共有人以其共有财产中享有的份额设定抵押的，抵押有效。共同共有人以其共有财产设定抵押，未经其他共有人的同意，抵押无效。但是，其他共有人知道或者应当知道而未提出异议的视为同意，抵押有效。)

案例分享：
（一）张某与刘某等确认合同无效纠纷（〔2015〕一中民（商）终字第3号）

本案中，刘某向邮储银行申请贷款，声称自己是单身未婚，且提供了自己名下的房产作为抵押。事后，刘某的配偶张某主张该抵押未经其同意，抵押无效。

法院认为，依据物权法规定，处分共有的不动产或者动产以及对共有的不动产或者动产作重大修缮的，应当经占份额三分之二以上的按份共有人或者全体共同共有人同意。担保法司法解释也规定，共同共有人以其共有财产设定抵押，未经其他共有人的同意，抵押无效。本案中，并无证据显示刘某与张某在婚姻关系存续期间就诉争的房产共有形式作出过约定，应为共同共有，故刘某未经张某同意对夫妻共同共有的房产设立抵押权，属于无权处分。

另外，张某主张：邮储银行《个人综合消费贷款操作规程》第八条规定，借款人应当提供婚姻状况证书等材料，但只有婚姻登记机关出具的婚姻状况证明才是唯一能够真实反映公民婚姻状况的法律文件。人民银行征信管理机关和公安机关户籍管理部门均非婚姻登记机关，不具备出具婚姻状况证明文件的职能，且其提供的公民婚姻信息带有偶然性和滞后性，邮储银行对此未尽到审慎审查义务。此外，刘某与王某签订的房屋买卖合同并非网签标准合同，也没有在区建委备案，邮储银行未进行核查，存在过错。对此法院认为，银行作为发放贷款机构，限于其职能和所处地位，其仅能对申请人所提供的材料进行形式上的审查，刘某向邮储银行贷款时声明未婚，其提交的户口本和个人信用报告均显示其婚姻状况为未婚，结合诉争的房产证显示房屋是刘某单独所有等情况，邮储银行对刘某的婚姻状况已经尽到了审查义务。刘某与王某签订的房屋买卖合同和房产证虽系伪造，但邮储银行也进行了形式上的审查，该行向刘某发放贷款后，刘某将款项转入王某账户，邮储银行尽到了基本的注意义务。

综上，虽然刘某对本案所涉抵押房屋的抵押未经张某同意，构成无权处分，但邮储银行在此过程中并无过错，其取得抵押权后向刘某发放了贷款，支出了合理对价，且抵押房屋已依法进行登记，邮储银行取得该房屋的他项权证，因此，邮储银行取得抵押权构成善意取得。

（二）内蒙古宁城农村商业银行股份有限公司山头支行与段某金融借款合同纠纷（〔2016〕内04民终715号）

本案的争议焦点是宁城农商银行山头支行与段某签订的抵押担保合同是否有效。任某、宋某于2013年3月5日向上诉人宁城农商银行山头支行借款，段某以其与燕某共有的房产为借款提供抵押担保（燕某未签字）。

法院认为，涉案房产系段某与其妻子燕某婚后所购的夫妻共同财产。从本案设定抵押担保的情况看，虽然房产证上登记的房屋所有权人为段某，但原审庭审时银行对其存档的贷款申请调查审查审批表无异议，该审批表中的个人贷款申请表中载明抵押人是段某，财产共有人是燕某，在房地产抵押清单中载明抵押人是段某、燕某，且上诉人段某在订立抵押担保合同时亦提交了其与燕某的结婚证和身份证，通过上述证据证明被上诉人宁城农商银行山头支行对于抵押担保房产系上诉人段某、燕某夫妻共同财产的事实是明知的，在此情况下，在签订涉案最高额抵押合同及房地产抵押合同并没有让房产共有人燕某签名，且燕某明确表示其不同意就共有的房产设定抵押担保，故该抵押担保合同应依法认定无效。关于宁城农商银行山头支行提出的其就涉案房屋适用善意取得和表见代理的主张，因第三人善意取得及表见代理适用的条件是宁城农商银行山头支行主观须为善意、无过失，而本案中宁城农商银行山头支行作为金融机构在签订抵押合同、办理登记过程中，在明知燕某与段某是夫妻关系，燕某是抵押物的共有人及段某、燕某均是抵押人的情况下，没有让燕某在抵押合同签字，具有明显过错，故不适用善意取得和表见代理的相关规定。且本案争议的焦点是抵押担保合同是否有效，应根据特别法优于普通法的原则，优先适用担保法关于以共同共有财产设定抵押的相关规定，从而认定抵押担保合同无效，宁城农商银行山头支行就涉案房屋不享有优先受偿权。

问题 5：学校、医院、幼儿园等公益性质的单位是否可以作为抵押人或保证人

问题难度：★★★

问题解答：

民法典和《最高人民法院关于适用〈中华人民共和国民法典〉有关担保制度的解释》对该问题的修订内容较大，对"不得作为抵押人或保证人"的主体范围进行了缩小，仅限定于"非营利法人"。

民法典实施前，我们主要依据物权法和担保法的规定，认为学校、医院、幼儿园等公益性质的单位作为抵押人或保证人，需要分析其是否具有"公益属性"。如果具有"公益属性"，就不具备抵押人或保证人的资格，反之即可以作为抵押人或保证人。判断是否具有"公益属性"，重点要从工商登记信息、内部章程和运营模式等维度分析。这里需要重点注意的是："公益属性"的判断不能从是否赚取利润进行区分，任何企业都需要赚取利润，关键要看赚取的利润是用于企业再经营还是用于股东分红，如果用于企业再经营，那么就可能是"公益属性"。如果用于股东分红，则偏向于"非公益属性"，具体性质还需要结合其他因素综合判断。如果作为抵（质）押人，还需要分析抵（质）押财产是否属于公益设施。根据法律规定，公益设施不得提供抵（质）押担保。学校、医院、幼儿园的"公益设施"是指这些机构所有的和正在使用的教育设施、医疗设施和其他具有公益属性的设施。

民法典实施后，根据民法典第三百九十九条和第六百八十三条的规定，不得抵押的范围仅限于"非营利法人的公益设施"，不得提供保证的主体范围仅限于"以公益为目的的非营利法人"。

因此，我们可以得出新的结论：营利法人既可以对外担保，也可以将

资产用于抵押；以公益为目的的非营利法人不得作为保证人，非营利法人的非公益设施财产可以抵押；非营利法人拟购入公益设施的，可以为出售方和融资方设定所有权保留。

那么，如何区分营利法人和非营利法人？根据民法典第八十七条和第九十五条的规定，应当满足三个条件：1. 成立时的目的是"非营利的"；2. 法人运营过程中形成的利润不得向出资人、设立人或会员分配；3. 法人终止时的剩余财产也不得随意分配，只能用于公益目的。

另外，关于学校、医院和幼儿园的"公立"和"私立"性质，只是投资渠道上的区别，其公益属性是一样的。投资渠道的不同，与其"营利法人"和"非营利法人"的性质界定没有必然联系。

信贷管理建议：

从信贷风险管理的角度来看，学校、医院和幼儿园作为担保人所起到的担保作用有限。尤其是民营性质的单位，即便是非公益属性的财产，在贷款发放后，也可以轻易转化为公益属性的财产，对银行将来的诉讼和执行工作形成阻碍。民法典实施后，我们的关注重点应聚焦到"营利法人和非营利法人"的判断和认定，以及法院有关这类认定的判决。综上所述，笔者提出以下风险管理建议。

一是在贷前调查阶段，要求学校、医院和幼儿园提供能够证明其"营利法人"的证据材料，包括章程、股东会或董事会决议、内部文件、利润分配方案等。

二是在贷中审批阶段，学校、医院和幼儿园提供的担保不作为主担保方式，仅作为还款的牵制措施考虑。

三是针对学校、医院和幼儿园作为借款主体的授信业务，应当尽量采取项目融资的形式，全面分析项目的资金需求、回款进度，制定合理的还款计划，进行资金封闭运行，强化第一还款来源的可实现性，第二还款来源作为辅助。

四是针对民营性质的单位，应当追加投资人或实际控制人的保证责任，即便是一般保证责任，也能够有效增强担保功能。

法条链接：

民法典第八十七条 为公益目的或者其他非营利目的成立，不向出资人、设立人或者会员分配所取得利润的法人，为非营利法人。非营利法人包括事业单位、社会团体、基金会、社会服务机构等。

民法典第九十五条 为公益目的成立的非营利法人终止时，不得向出资人、设立人或者会员分配剩余财产。剩余财产应当按照法人章程的规定或者权力机构的决议用于公益目的；无法按照法人章程的规定或者权力机构的决议处理的，由主管机关主持转给宗旨相同或者相近的法人，并向社会公告。

民法典第三百九十九条 下列财产不得抵押：

（一）土地所有权；（二）宅基地、自留地、自留山等集体所有土地的使用权，但是法律规定可以抵押的除外；（三）学校、幼儿园、医疗机构等为公益目的成立的非营利法人的教育设施、医疗卫生设施和其他公益设施；（四）所有权、使用权不明或者有争议的财产；（五）依法被查封、扣押、监管的财产；（六）法律、行政法规规定不得抵押的其他财产。

民法典第六百八十三条 机关法人不得为保证人，但是经国务院批准为使用外国政府或者国际经济组织贷款进行转贷的除外。以公益为目的的非营利法人、非法人组织不得为保证人。

（已废止：1.物权法第一百八十四条第三款 学校、幼儿园、医院等以公益为目的的事业单位、社会团体的教育设施、医疗卫生设施和其他社会公益设施不得提供抵押。2.担保法第九条 学校、幼儿园、医院等以公益为目的的事业单位、社会团体不得为保证人。3.担保法第三十七条第三款 学校、幼儿园、医院等以公益为目的的事业单位、社会团体的教育设施、医疗卫生设施和其他社会公益设施不得抵押。4.全国人大常委会法制工作委员会《对关于私立学校、幼儿园、医院的教育设施、医疗卫生设施能否抵押的请示的意见》（法工办发〔2009〕231号）：私立学校、幼儿园、医院和公办学校、幼儿园、医院，只是投资渠道上的不同，其公益属性是一样的。私立学校、幼儿园、医院中的教育设施、医疗卫生设施也属于社会公益设施，按照物权法第一百八十四条规定，不得抵押。）

第一章 贷前调查阶段的法律问题

《最高人民法院关于适用〈中华人民共和国民法典〉有关担保制度的解释》第六条 以公益为目的的非营利性学校、幼儿园、医疗机构、养老机构等提供担保的，人民法院应当认定担保合同无效，但是有下列情形之一的除外：（一）在购入或者以融资租赁方式承租教育设施、医疗卫生设施、养老服务设施和其他公益设施时，出卖人、出租人为担保价款或者租金实现而在该公益设施上保留所有权。（二）以教育设施、医疗卫生设施、养老服务设施和其他公益设施以外的不动产、动产或者财产权利设立担保物权。登记为营利法人的学校、幼儿园、医疗机构、养老机构等提供担保，当事人以其不具有担保资格为由主张担保合同无效的，人民法院不予支持。

（已废止：担保法解释第五十三条 学校、幼儿园、医院等以公益为目的的事业单位、社会团体，以其教育设施、医疗卫生设施和其他社会公益设施以外的财产为自身债务设定抵押的，人民法院可以认定抵押有效。）

《民办教育促进法》第三条 民办教育事业属于公益性事业，是社会主义教育事业的组成部分。

《民办学校分类登记实施细则》第七条 正式批准设立的非营利性民办学校，符合《民办非企业单位登记管理暂行条例》等民办非企业单位登记管理有关规定的到民政部门登记为民办非企业单位，符合《事业单位登记管理暂行条例》等事业单位登记管理有关规定的到事业单位登记管理机关登记为事业单位。

《民办学校分类登记实施细则》第九条 正式批准设立的营利性民办学校，依据法律法规规定的管辖权限到工商行政管理部门办理登记。

案例分享：

（一）周某与内蒙古玛拉沁医院、赵某等借款合同纠纷，（最高法〔2015〕民一终字第240号）

最高法认为，玛拉沁医院虽为私人所有的营利性医疗机构，相较于公立医疗机构，仅是投资渠道上的不同，并不能否定其公益属性，私立医院中的医疗卫生设施仍属于社会公益设施。根据上述法律规定，玛拉沁医院为借款提供担保的财产属于依法不得抵押的财产，抵押合同无效。

(二）马鞍山中加双语学校、新时代信托股份有限公司金融借款合同纠纷，（最高法〔2017〕民终297号）

本案中，法院最终认为马鞍山中加双语学校是以公益为目的的单位，不具备保证人资格，认定保证合同无效。法院认定保证人具有"公益目的"的理由主要有两点：一是中加双语学校依据《民办非企业单位登记管理暂行条例》登记为"民办非企业单位"，未登记为"营利性民办学校"；二是中加双语学校的章程规定，学校接受的捐赠、收取的学杂费的结余，归学校集体所有。本校出资人暂不要求合理回报。学校解散，剩余财产按照三方投入方式并由审批机关统筹安排返还。

问题 6：学校、医院等以公益为目的的单位收费权是否可以质押

问题难度：★★★

问题解答：

收费权质押适用民法典关于未来应收账款质押的相关规定，基本特征是：因存在某种基础关系而确定将在未来一定期限内会产生的债权，且债权金额可根据基础关系的相关因素合理预见。简言之，无论现有应收账款还是未来应收账款，都应当具有"确定性"和"可预测性"的特点。学校和医院的收费权受到未来生源和患者的不确定、国家政策变化的不可预测等因素影响，均不具有"确定性"和"可预测性"，此类应收账款质押业务在实务中被法院认定质押无效的案例较多。另外，学校和医院具有"公益目的"的属性，即使法院认定质押有效，在执行阶段也很难实现质权，尤其是承担义务教育责任的学校。虽然《应收账款质押登记办法》（2019年修订）规定了"提供医疗、教育产生的债权"可以办理应收账款质押登记，但是，该规定应当是限定于已经产生并确定的债权，不包括未来不确定的债权，且规定仅限于办理质押登记的流程和标准，法院在审查质押效力时未必作为依据。因此，学校和医院的收费权质押存在较大法律风险和执行难度。

民法典实施后，根据民法典第三百九十九条和第六百八十三条的规定，不得抵押的范围限于"非营利法人的公益设施"，不得提供保证的主体范围限于"以公益为目的的非营利法人"，这里突出的是"非营利法人"。结合民法典的立法精神，笔者认为"非营利法人"的立法精神同样适用于应收账款质押，即：以公益为目的的非营利法人的应收账款不得质押。那么，如何区分营利法人和非营利法人？根据民法典第八十七

条和第九十五条的规定，应当满足三个条件：1. 成立时的目的是"非营利的"；2. 法人运营过程中形成的利润不得向出资人、设立人或会员分配；3. 法人终止时的剩余财产也不得随意分配，只能用于公益目的。

根据《最高人民法院关于适用〈中华人民共和国民法典〉有关担保制度的解释》第六十一条，以基础设施和公用事业项目收益权、提供服务或者劳务产生的债权以及其他将有的应收账款出质，当事人为应收账款设立特定账户，发生法定或者约定的质权实现事由时，质权人请求就该特定账户内的款项优先受偿的，人民法院应予支持；特定账户内的款项不足以清偿债务或者未设立特定账户，质权人请求折价或者拍卖、变卖项目收益权等将有的应收账款，并以所得的价款优先受偿的，人民法院依法予以支持。

信贷管理建议：

学校和医院的收费权质押存在法律风险，银行在贷款发放过程中应当尽可能避免。在借款人没有其他有效担保的情况下，如何通过收费权质押的方式保护银行利益呢？

笔者提供一种"应收账款质押＋特定账户监管"的模式作为参考。

首先，银行与借款人签订《应收账款质押协议》，将学校和医院的未来应收账款进行质押，协议中要明确"应收账款回款的特定账户"，且约定"未经双方同意不得擅自变更"，同时，在人民银行征信系统进行质押登记。其次，银行与学校、医院签订保证金质押合同，将上述"回款的特定账户"作为监管账户进行冻结，可以设置固定的冻结金额，也可以根据还款计划设置"逐步累加的冻结金额"，以确保账户中有足够的资金用于到期还本付息。

这种操作模式的本质既是一种担保方式，也是一种现金流控制的风险控制措施。同时，签订《应收账款质押协议》除了用于诉讼以外，还可以作为银行强制扣款的合法依据。

法条链接：

民法典第四百四十五条　以应收账款出质的，质权自办理出质登记时设立。应收账款出质后，不得转让，但是出质人与质权人协商同意的除外。出质人转让应收账款所得的价款，应当向质权人提前清偿债务或者提存。

（已废止：物权法第二百二十八条　以应收账款出质的，当事人应当订立书面合同。质权自信贷征信机构办理出质登记时设立。应收账款出质后，不得转让，但经出质人与质权人协商同意的除外。出质人转让应收账款所得的价款，应当向质权人提前清偿债务或者提存。）

《应收账款质押登记办法》第二条　本办法所称应收账款是指权利人因提供一定的货物、服务或设施而获得的要求义务人付款的权利以及依法享有的其他付款请求权，包括现有的和未来的金钱债权，但不包括因票据或其他有价证券而产生的付款请求权，以及法律、行政法规禁止转让的付款请求权。本办法所称的应收账款包括下列权利：

（一）销售、出租产生的债权，包括销售货物，供应水、电、气、暖，知识产权的许可使用，出租动产或不动产等。

（二）提供医疗、教育、旅游等服务或劳务产生的债权。

（三）能源、交通运输、水利、环境保护、市政工程等基础设施和公用事业项目收益权。

（四）提供贷款或其他信用活动产生的债权。

（五）其他以合同为基础的具有金钱给付内容的债权。

案例分享：

中国农业银行股份有限公司娄底分行诉被告娄底市第二中学借款合同纠纷（〔2014〕娄中民三初字第101号）

本案中，法院认为：原告市农行与被告二中签订的四份借款合同，系双方真实意思表示，且不违反法律、行政法规的相关规定，合法有效，双方应当依据该合同行使权利、履行义务。原告市农行已经按照合同约定发放了贷款给二中，被告二中也应依约及时还本付息。现被告未依约按时还本付息，违反了借款合同约定的义务。原告市农行要求被告二中还本付息的诉讼请求，本院予以支持。依据《中华人民共和国担保法》第三十七条第三款规定，学校、幼儿园、医院等以公益为目的的事业单位、社会团体的教育设施、医疗卫生设施和其他社会公益设施不得抵押，因最高额抵押合同违反了担保法的禁止性规定，故最高额抵押合同无效。原告请求就二中提供的抵押物优先受偿的诉讼请求不成立。根据《中华人民共和国物权法》第二百二十三条规定，只有债务人或第三人有权处分的下列权利可以出质：（一）汇票、支票、本票；（二）债券、存款单；（三）仓单、提单；（四）可以转让的基金份额、股权；（五）可以转让的注册商标专用权、专利权、著作权等知识产权中的财产权；（六）应收账款；（七）法律、行政法规规定可以出质的其他财产权利。学校收费权不属于物权法列举的可以出质的权利，故根据物权法定原则，原告市农行与被告二中就学费收费权签订的《权利质押合同》无效，原告请求判决学费收费权质押合法有效的诉讼请求不成立。

问题 7：银行是否可以为本行股东办理本行股权质押贷款

问题难度：★★

问题解答：

实务中，基于经营和管理的客观需要，银行为股东办理授信业务是普遍存在的现象，尤其在中小规模的城商行和农商行广泛存在。本行的股权又是最可控和可执行的担保物，因此，银行以本行股权作为风险缓释标的为本行股东办理贷款，主要有以下两种方式。

第一种方式是直接将本行股权质押办理贷款，这种方式违反了公司法第一百四十二条关于"公司不得接受本公司的股票作为质押权的标的"的规定，属于无效质押。

第二种方式是由第三方为股东贷款提供连带责任保证担保，股东将其持有的股权向第三方保证人提供反担保并办理质押登记。此种方式中的股权质押属于间接的风险缓释方式，由于股权质押不是直接为股东贷款提供担保，银行也不是质权人，因此，不违反法律强制性规定，反担保质押有效。但是，这种方式存在两个弊端：一是银行不是股权质押的权利人，保证人是质权人，银行不能直接主张权利，只有当保证人代偿后以保证人的名义对质押的股权主张权利；二是虽然这种质押在法律上有效，但是监管部门仍然有可能认为银行办理的业务违规，面临行政处罚的风险。

信贷管理建议：

银行业监管部门一直重视银行股权质押业务的管理，尤其是禁止本行股权质押办理贷款，其核心目的是防止银行股东通过抽逃出资、挪用银行信贷资金等行为破坏金融管理秩序。因此，笔者不主张银行办理直接或间接的股权质押贷款。

在特殊情况下，如果必须办理以本行股权质押作为风险缓释方式的贷款时，建议按照以下方式办理。

第一，要求股东提供具有担保能力的保证人承担连带保证责任，并将股东持有的本行股权向保证人设定质押反担保。这里需要注意的是，应当严格区分担保和反担保两个法律关系，切勿混同二者的关系。"案例分享二"中的《三方协议》最后被法院认定无效，主要原因是协议内容的表述不清，最后法院认定《三方协议》的实质内容是将股权直接向银行提供质押担保，从而认定质押无效。因此，笔者不建议采取《三方协议》的方式签订质押协议，建议将保证合同和反担保的质押合同分别签订。

第二，如果贷款出现逾期，银行要主动帮助保证人"寻找"代偿资金，协助保证人第一时间代偿，同时，帮助保证人行使反担保质押权，通过变现股权补偿保证人的损失，最终解决问题。

第三，银行可以根据《九民纪要》关于让与担保的规定，以让与担保的模式由股东向第三人设置反担保，这种模式对小股东适用。对需要向监管部门报备的大股东而言，流程较长不具有操作性。

法条链接：

《公司法》第一百四十二条　公司不得收购本公司股份。但是，有下列情形之一的除外：

（一）减少公司注册资本。

（二）与持有本公司股份的其他公司合并。

（三）将股份用于员工持股计划或者股权激励。

（四）股东因对股东大会作出的公司合并、分立决议持异议，要求公司收购其股份。

（五）将股份用于转换上市公司发行的可转换为股票的公司债券。

（六）上市公司为维护公司价值及股东权益所必需。

公司因前款第（一）项、第（二）项规定的情形收购本公司股份的，应当经股东大会决议；公司因前款第（三）项、第（五）项、第（六）项规定的情形收购本公司股份的，可以依照公司章程的规定或者股东大会的授权，经三分之二以上董事出席的董事会会议决议。

公司依照本条第一款规定收购本公司股份后，属于第（一）项情形的，应当自收购之日起十日内注销；属于第（二）项、第（四）项情形的，应当在六个月内转让或者注销；属于第（三）项、第（五）项、第（六）项情形的，公司合计持有的本公司股份数不得超过本公司已发行股份总额的百分之十，并应当在三年内转让或者注销。

上市公司收购本公司股份的，应当依照《中华人民共和国证券法》的规定履行信息披露义务。上市公司因本条第一款第（三）项、第（五）项、第（六）项规定的情形收购本公司股份的，应当通过公开的集中交易方式进行。

公司不得接受本公司的股票作为质押权的标的。

《中国银行业监督管理委员会办公厅关于商业银行股权质押有关问题的批复》（银监办发〔2005〕60号）第一条 单位或个人对其拥有的商业银行股权可以依法设定质押，并以此办理质押贷款。但是，商业银行不得接受本行股权作为质物。

案例分享：
（一）韶关市区农村信用合作联社、深圳市圣田房地产投资发展有限公司等执行异议纠纷（〔2016〕粤03执复164号）

罗湖法院在执行申请执行人罗某与被执行人李某、深圳市圣田房地产投资发展有限公司、深圳市春江庐山大酒店有限公司（以下简称春江庐山大酒店）、林某、韶关市圣田投资开发有限公司（以下简称韶关圣田公司）民间借贷纠纷一案过程中，依法冻结被执行人韶关圣田公司持有的韶关农信社的股权1800万股（以下简称涉案股权），并于2016年8月10日作出（2016）粤0303执4756号通知书，通知申请执行人罗某，涉案股权在拍卖后所得款项将优先偿付质权人韶关农信社。申请执行人罗某对此提出异议，罗湖法院依法受理并做出裁决，后韶关农信社不服裁定向深圳市中级人民法院申请复议。

罗某称，韶关农信社对涉案股权拍卖款并无优先受偿权。理由如下：1.涉案股权质押并未设立，韶关农信社依法不能享有优先受偿权。被执行人韶关圣田公司与韶关农信社签订《质押担保合同》，以其持有的韶关农信社1800万股股权作为质押物，经查，该合同签订后，出质人与质权人并未进行出质登记。根据《中华人民共和国物权法》（以下简称物权法）第二百二十六条规定，以基金份额、证券登记结算机构登记的股权出质的，质权自证券登记结算机构办理出质登记时设立；以其他股权出质的，质权自工商行政管理部门办理出质登记时设立。股权质押以出质登记为设立条件，故涉案股权质押并未设立。2.韶关农信社不得接受其自身股权作为质押物。《中华人民共和国公司法》（以下简称《公司法》）第一百四十二条第四款规定："公司不得接受本公司的股票作为质押权的标的。"《中国银行业监督管理委员会办公厅关于商业银行股权质押有关问题的批复》第一条意见："单位或个人对其拥有的商业银行股权可以依法设定质押，并以此办理质押贷款，但是，商业银行不得接受本行股权作为质物。"因此，前述《质押担保合同》内容违法，该担保合同无效。据此，恳请法院在将涉案股权予以评估、拍卖后，将所得款项优先偿付被执行人对其的所有债务。

韶关农信社称，第三人享有对涉案股权的质押权和该股权处置款项的优先受偿权。理由如下：1.其与韶关圣田公司签订的《质押担保合同》是双方的真实意思表示，签订的主体、客体、内容均符合法律规定的要件，质押合同成立且合法有效。2.根据物权法第二百零八条、第二百一十二条、第二百二十六条、第二百二十九条规定可知，权利质权除适用物权法第十七章第二节规定外，适用该章第一节动产质权的规定，质权自出质人交付质押财产时设立。工商行政管理部门根据其部门规章，无法办理没有登记股东的股权质押登记，且在第三人与韶关圣田公司签订《质押担保合同》时，双方一同前往韶关市工商行政管理局办理质押登记，该局当时明确答复无法办理，因此第三人与韶关圣田公司的质权以实际交付质押财产时生效。第三人在合同签订时就实际取得了该股本金质押财产，因此第三人享有质权并依法对质押动产享有优先受偿权。3.农村信用合作联社不属于《公司法》的调整范围，也不属于商业银行。根据《农村信用合作社管理规定》第二条规定，农村信用社是指经中国人民银行批准设立、由社员入股组成、实行社员民主管理、主要为社员提供金融服务的农村合作金融机构。也就

第一章　贷前调查阶段的法律问题

是说在农村信用合作社未变更为农村商业银行前，不属于有限责任公司，也不属于股份有限公司，因此不属于《公司法》的调整范围。农村信用合作社是银行，但不是商业银行，因此也不属于银监会银监办〔2005〕60号文件的调整范围，农村信用合作社除了办理存款、贷款和结算等业务适用《商业银行法》外，应适用《农村信用合作社管理规定》和《农村信用社章程》等法律规范的调整。4.农村信用合作社是股本金物权变更的登记部门。根据《农村信用合作社管理规定》第十八条规定，农村信用社社员持有股本金，经向本社办理登记手续后可以转让，也就是说农村信用合作社是股本金物权的变更登记部门。在本案中，韶关圣田公司交付了股本金证书，第三人也在受银监会监控的系统中予以登记，因此第三人依法取得质权。综上，申请执行人罗某提出的异议无事实和法律依据，依法应予以驳回。

法院认为，涉案股权拍卖所得款项是否优先偿付韶关农信社，取决于其对涉案股权是否享有质权。

首先，《中华人民共和国银行业监督管理法》第二条第一款和第二款规定，"国务院银行业监督管理机构负责对全国银行业金融机构及其业务活动监督管理的工作。本法所称银行业金融机构，是指在中华人民共和国境内设立的商业银行、城市信用合作社、农村信用合作社等吸收公众存款的金融机构以及政策性银行"。根据此规定，中国银行业监督管理委员会（以下简称"银监会"）为全国银行业金融机构的行业监管部门，其所制定的规章、规范性文件对全国银行业金融机构均具有约束力。银监会制定的《农村商业银行管理暂行规定》第二十一条、《农村合作银行管理暂行规定》第二十三条均明确规定，农村商业（合作）银行不得接受本行股份作为质押权标的。银监会制定的《县（市）农村信用合作联社监管工作意见》第（二十四）条意见规定，"防范大额关联交易和内部关系人交易风险。督促统一法人社根据自身特点，参照《商业银行与内部人和股东关联交易管理办法》等制度制定大额关联交易和内部关系人交易的政策、程序……"。《商业银行与内部人和股东关联交易管理办法》第二十九条第二款规定，"商业银行不得接受本行的股权作为质押提供授信"。根据银监会所制定的上述规章、规范性文件，银行不得接受本行股份作为质押权标的，以此避免股东变相抽逃出资，保障银行稳健运行。参照上述规定，农村信用合作社作为金融机构，所进行的业务活动亦受银监会的监督和管理，办理存款、贷款和结算等业务及进行风险防控均参照调整商业银行的法律、法规和规范性文件执行。因此，股权质押亦不能违反行业监管部门对此类行为的禁止性规定，换而言之，这亦系行业监管部门规范此类行为的一以贯之，以免因质权人的非本质区别突破行业规定的限制，割裂此类行业规则的价值取向。

其次，根据查明情况，本案中，韶关圣田公司与韶关农信社之间的《质押担保合同》签订时间及股金证交付时间为2014年1月28日，参照农村合作金融机构当时适用的银监会《关于规范向农村合作金融机构入股的若干意见》第（十七）条的规定，农村合作金融机构不得接受本社（行）股金证作为质押标的。结合前文所述，韶关农信社作为农村合作金融机构，对此规定应当知晓并应严格遵守，其违背当时行之有效的规定，将社员持有的本社股本金自行登记质押给本社自身，违反了其行业监管部门关于质权设立的规定。

综上，韶关农信社主张对涉案股权享有质权并请求对涉案股权拍卖所得款项优先受偿，违反了银监会的禁止性规定，本院不予支持。

（二）山西盟科房地产开发有限公司与山西忻州农村商业银行股份有限公司、忻州恒昌贸易有限公司等借款合同纠纷（〔2017〕晋民终545号）

2016年3月31日，原告忻州农商银行与被告恒昌公司签订《流动资金贷款合同》一份，约定由原告向被告恒昌公司发放4620万元贷款，贷款期限自2016年3月31日至2017年3月30日止。为保障原告债权的实现，被告望洲健康公司与原告忻州农商银行签订《最高额保证合同》，约定由望洲健康公司为保证人，为恒昌公司4620万元贷款承担连带保证。保证范围为：贷款本金、利息、罚息、复利、违约金、损害赔偿金、实现债权费用以及所有其他应付费用。同日，鉴于望洲健康公司（乙方）作为恒昌公司保证人，为了保证资金安全，降低贷款风险，盟科公司（丙方）以其所持有的原告忻州农商银行（甲方）4.62%的股份出质于望洲健康公司，甲、乙、

第一章　贷前调查阶段的法律问题

丙三方达成如下协议：一、丙方以甲方忻州农商银行出资的4 620万元占有的4.62％的股权向乙方担保公司出质，为乙方担保公司所担保的贷款提供质押担保。二、丙方将股权出质给乙方后，乙方以丙方出质的股权向甲方提供反担保。三、乙方所担保的借款不能按期归还甲方时，乙方除继续承担原担保责任外，由甲方处置质押的股权以归还贷款。四、本协议签订后，原甲、乙双方签订担保协议继续有效。五、本协议经三方盖章后生效。"合同最下方处加盖三方公章。协议签订后，盟科公司始终未办理质押登记。

关于忻州农商银行、望洲健康公司和盟科公司签订的《协议书》的效力。

盟科公司上诉主张，该协议书涉及三层法律关系，分别为：忻州农商银行与望洲健康公司通过签订一份《最高额保证合同》所建立的保证担保法律关系；盟科公司与望洲健康公司之间的质押担保法律关系；望洲健康公司与忻州农商银行之间的反担保法律关系。其中盟科公司与望洲健康公司之间的质押条款是《最高额保证合同》的从合同内容。该协议内容明显违反担保法和物权法中有关担保合同签订主体的规定，属于无效约定；盟科公司将其依法持有的忻州农商银行4.62％的股份质押给望洲健康公司，望洲健康公司将其合法占有忻州农商银行4.62％的股份向忻州农商银行提供反担保。根据担保法第四条之规定，第三人为债务人向债权人提供担保时，可以要求债务人提供反担保。另担保法解释第二条规定，反担保人可以是债务人，也可以是债务人之外的其他人。反担保方式可以是债务人提供的抵押或者质押，也可以是其他人提供的保证、抵押或者质押。《协议书》中反担保条款因违反有关反担保合同签订主体的法律规定应依法认定为无效条款。忻州农商银行、望洲健康公司与盟科公司之间签订的《协议书》关于股权质押条款系无效条款。根据担保法解释第八十四条规定，望洲健康公司将其不具有所有权但合法占有的质物忻州农商银行4.62％的股份向忻州农商银行提供担保，实际上是一种股权质押担保。根据担保法解释第一百零三条规定，以股份有限公司的股份出质的，适用《公司法》有关股份转让的规定。《公司法》第一百四十三条规定，公司不得接受本公司的股票作为质押权的标的。本案中，望洲健康公司向忻州农商银行提供反担保的质物就是忻州农商银行的股份。因此，《协议书》关于股权质押条款因违反法律禁止性规定,应依法认定无效,而非一审法院认定的"质押条款虽已生效,但因未办理登记手续,质权并未设立"。

忻州农商银行抗辩称,1.《协议书》明确约定以下三点:①望洲健康公司就忻州恒昌公司在忻州农商行的贷款提供最高额担保;②盟科公司向望洲健康公司提供质押担保;③委托处置质押股权以归还贷款,望洲健康公司所担保的忻州恒昌公司不能按期归还贷款时,由忻州农商行处置盟科公司所质押的股权用以归还贷款。2.《协议书》鉴于明确表述"乙方(望洲健康公司)在取得丙方(盟科公司)的同意,以丙方(盟科公司)在甲方忻州农商行所持有的4.62%股权出质给乙方担保公司(望洲健康公司)进行质押担保……"说明望洲健康公司、盟科公司、望洲集团、恒昌公司与忻州农商行均明确知悉盟科公司将其持有的股权质押给望洲健康公司,以保障望洲健康公司为恒昌公司的贷款担保。依据物权法第二百零八条、担保法第四条的规定,该协议中的反担保、质押均符合法律规定。《协议书》是三方自愿签订合法有效的合同,其关于质押条款的约定合法有效,并且该协议委托忻州农商行在未按期归还借款时处置该质押股权以归还贷款。

二审法院认为,首先,根据《中华人民共和国担保法》第六十三条、第七十五条的规定,质押担保是债务的一种担保方式,即债务人或第三人将其动产或权利凭证移交债权人占有,将该动产或权利凭证作为质物而为债务人提供的担保。根据《中华人民共和国担保法》第四条规定,第三人为债务人向债权人提供担保时,可以要求债务人提供反担保。另《最高人民法院关于适用〈中华人民共和国担保法〉若干问题的解释》第二条规定,反担保人可以是债务人,也可以是债务人之外的其他人。反担保方式可以是债务人提供的抵押或者质押,也可以是其他人提供的保证、抵押或者质押。本案中《协议书》第一条约定,盟科公司将其持有的忻州农商银行4.62%的股权出质给望洲健康公司提供质押担保,以及第二条约定,望洲健康公司以盟科公司出质给其的忻州农商银行4.62%的股权向忻州农商银行提供反担保,均不符合质押担保、反担保的法律规定。其次,从《协议书》第二条约定"盟科公司将其持有的忻州农商银行的4.62%的股权出质给望洲健康公司后,望洲健康公司以盟科公司出质的股权向忻州农商银行提供反担保"来看，望洲健康公司向忻州农商银行提供反担保的质物为忻州农商银行的股权。综合以上可见，《协议书》第一、第二条约定的实质为盟科公司将其持有的忻州农商银行4.62%的股权向忻州农商银行提供质押担保。根据《中华人民共和国公司法》第一百四十二条规定，公司不得接受本公司的股票作为质押权的标的。因此，《协议书》中有关股权质押担保部分因违反法律法规的强制性规定，应认定无效。故盟科公司提出的该项上诉理由成立，予以支持。

最后，关于盟科公司承担责任问题。二审法院认为，我国法律、行政法规均对外公开，各方当事人均应当知晓法律、行政法规的相关规定。如前所述，《协议书》中有关股权质押担保部分因违反《中华人民共和国公司法》第一百四十二条的规定而无效。而作为《协议书》的签订主体忻州农商银行、望洲健康公司、盟科公司对此无效均有过错。根据《最高人民法院关于适用〈中华人民共和国担保法〉若干问题的解释》第七条"主合同有效而担保合同无效，债权人无过错的，担保人与债务人对主合同债权人的经济损失，承担连带赔偿责任；债权人、担保人有过错的，担保人承担民事责任的部分，不应超过债务人不能清偿部分的二分之一"的规定，故盟科公司应对恒昌公司不能清偿的部分承担二分之一的赔偿责任。

问题 8：存货抵押贷款业务存在哪些法律风险

问题难度：★★

问题解答：

民法典实施后，对于存货抵押贷款业务新增了两类主要法律风险，一类是来自存货上游的价款优先权（俗称"超级抵押权"），另一类是来自存货下游的买受人优先权。关于价款优先权请读者参阅《问题 16：价款优先权是"超级抵押权"吗》。这里我们重点讲解买受人优先权对存货抵押贷款业务的影响。

根据民法典第四百零四条"以动产抵押的，不得对抗正常经营活动中已经支付合理价款并取得抵押财产的买受人"的规定，买受人优先权有三个构成要件：一是在正常经营活动中发生的（偶然的或非主业的交易行为可能不适用本规定）；二是已支付合理价款（买受人支付的价格是市场当前正常的交易价格且付款方式合理）；三是已实际取得或占有财产。通过上述要件可以看出，民法典本条的立法目的是维护交易安全，保障正常商事活动交易中已实质完成交易的买受人。

总体来看，银行动产抵押业务面临三类较为突出的法律风险：价款优先权、买受人优先权和存货质押权。

信贷管理建议：

从上述解答可以看出，动产抵押在法律层面具有若干客观存在的优先权利和法律风险。从信贷管理的角度看，动产抵押一直以来并未成为银行的主要担保方式，更多的是作为风险缓释措施或业务宣传方式而存在，例如，活体牲畜抵押贷款、汽车抵押贷款、煤炭抵押贷款、钢材抵押贷款。由于存货抵押不转移抵押物的占有，因此银行对抵押物的数量、质量和管理过程是难以控制的，也导致存货抵押贷款成为银行败诉案件和刑事案件高发的业务领域。例如：在厂商银三方业务中，银行向汽车经销商发放以汽车抵押为担保方式的贷款，通常要求将合格证存放于银行，但是面对普通的汽车消费者时，银行的抵押权却无法对抗正常购买车辆的消费者（详见"案例分享"）。

民法典实施后，存货抵押贷款的原有风险并未下降，反而增加了两项新的优先权利，导致动产抵押的担保方式更为弱化，建议银行审慎开展此类业务。

如果办理动产抵押类业务，信贷工作人员可以按照各自的岗位职责区分重点开展工作：调查人员要遵循实事求是，全面真实的原则编写调查报告；审批人员要按照信用贷款的标准完成授信审批；放款人员必须要求动产抵押办理登记；清收人员可以从抵押物价值是否虚假和是否贬损为着力点，从刑事责任的角度给借款人或担保人施加压力。

法条链接：

民法典第三百九十五条　债务人或者第三人有权处分的下列财产可以抵押：（一）建筑物和其他土地附着物。（二）建设用地使用权。（三）海域使用权。（四）生产设备、原材料、半成品、产品。（五）正在建造的建筑物、船舶、航空器。（六）交通运输工具。（七）法律、行政法规未禁止抵押的其他财产。抵押人可以将前款所列财产一并抵押。

民法典第三百九十六条　企业、个体工商户、农业生产经营者可以将现有的以及将有的生产设备、原材料、半成品、产品抵押，债务人不履行到期债务或者发生当事人约定的实现抵押权的情形，债权人有权就抵押财产确定时的动产优先受偿。

民法典第四百零四条　以动产抵押的，不得对抗正常经营活动中已经支付合理价款并取得抵押财产的买受人。

《九民纪要》第六十四条　企业将其现有的以及将有的生产设备、原材料、半成品及产品等财产设定浮动抵押后，又将其中的生产设备等部分财产设定了动产抵押，并都办理了抵押登记的，根据物权法第一百九十九条的规定，登记在先的浮动抵押优先于登记在后的动产抵押。

《最高人民法院关于适用〈中华人民共和国民法典〉有关担保制度的解释》第五十四条 动产抵押合同订立后未办理抵押登记，动产抵押权的效力按照下列情形分别处理：（一）抵押人转让抵押财产，受让人占有抵押财产后，抵押权人向受让人请求行使抵押权的，人民法院不予支持，但是抵押权人能够举证证明受让人知道或者应当知道已经订立抵押合同的除外。（二）抵押人将抵押财产出租给他人并移转占有，抵押权人行使抵押权的，租赁关系不受影响，但是抵押权人能够举证证明承租人知道或者应当知道已经订立抵押合同的除外。（三）抵押人的其他债权人向人民法院申请保全或者执行抵押财产，人民法院已经作出财产保全裁定或者采取执行措施，抵押权人主张对抵押财产优先受偿的，人民法院不予支持。（四）抵押人破产，抵押权人主张对抵押财产优先受偿的，人民法院不予支持。

《最高人民法院关于适用〈中华人民共和国民法典〉有关担保制度的解释》第五十六条 买受人在出卖人正常经营活动中通过支付合理对价取得已被设立担保物权的动产，担保物权人请求就该动产优先受偿的，人民法院不予支持，但是有下列情形之一的除外：（一）购买商品的数量明显超过一般买受人。（二）购买出卖人的生产设备。（三）订立买卖合同的目的在于担保出卖人或者第三人履行债务。（四）买受人与出卖人存在直接或者间接的控制关系。（五）买受人应当查询抵押登记而未查询的其他情形。前款所称出卖人正常经营活动，是指出卖人的经营活动属于其营业执照明确记载的经营范围，且出卖人持续销售同类商品。前款所称担保物权人，是指已经办理登记的抵押权人、所有权保留买卖的出卖人、融资租赁合同的出租人。

案例分享：

严某诉云南东特汽车销售服务有限公司、中信银行股份有限公司昆明南亚支行等返还原物纠纷案（〔2016〕云 0114 民初 41 号）

原告严某与被告东特公司于 2015 年 10 月 28 日签订《上汽大众汽车产品购销合同》，约定原告向被告东特公司购买大众轿车一辆。原告向被告东特公司支付了全部车款，被告东特公司交付了车辆，但至今未交付合格证。2015年4月30日,上海上汽大众汽车销售有限公司(甲方)、中信银行股份有限公司昆明分行(乙方)、被告东特公司(丙方)、中信银行股份有限公司上海分行(丁方)签订了《上海上汽大众汽车销售有限公司·中信银行股份有限公司汽车销售金融服务网络协议从属协议》,约定丙方向甲方购买车辆时,可向乙方申请办理银行承兑汇票业务,用于向甲方支付购车款。并约定在丙方将汽车销售收入存入保证金账户后,乙方释放相应已售车辆的合格证。被告东特公司(甲方)与中信银行股份有限公司昆明分行(乙方)另签订了《银行承兑汇票承兑额度协议》《最高额抵押合同(汽车金融业务浮动抵押专用)》等相关协议,其中约定乙方根据甲方申请,为甲方核定最高汇票承兑额度为叁仟万。甲乙双方确认,甲方以现有的以及将有的车辆(包括位于第三人处但所有权属于甲方的车辆)和其他全部动产作为抵押财产抵押予乙方。乙方实际享有抵押权的车辆和动产为实现抵押权时甲方所有的全部车辆和动产。2014年9月15日,中信银行昆明分行、东特公司在西山区工商行政管理局办理了动产抵押登记,抵押人东特公司将价值3750万元的现有的以及将有的所有品牌商品车(包括但不限于上海大众等品牌),为在抵押权人的融资设定抵押担保。数量在乙方实现抵押权进行优先受偿时由抵押权人确定,价值按乙方指定的评估机构进行认定。被告东特公司未履行相关协议的还款义务,现第三人中信银行南亚支行持有该车辆合格证。

  法院生效裁判认为:本案中,严某基于其与东特公司签订的销售合同,支付合理购车款并受让东特公司交付的车辆后,已依法取得涉案车辆的所有权。因车辆合格证是车辆不可分割的特定物,是机动车整车出厂合格的证明及车辆落户时必备的证件,严某对该合格证享有物上请求权。其次,汽车合格证是机动车整车出厂合格证明,它既不属于动产,不属于有价证券、知识产权的范畴,也并非机动车的法定所有权证书,不具有拟制财产性,其本身并不具备交换价值和商品流通性,不能单独流通转让。如经销商东特公司到期不能如期偿还贷款,则中信银行南亚支行既不能将汽车合格证变现抵债,也不能对合格证所对应的汽车进行处置。因此汽车合格证不属于物权法和担保法中规定的担保财产。第三,汽车合格证融资担保未经公示程序，不能产生担保物权的法律效力。物权公示原则是物权法的基本原则之一，民事主体对物权的享有与变动均应采取可取信于社会公众的外部表现方式，其价值在于对交易安全的保护。物权经过公示才能产生对抗第三人的效力。中信银行南亚支行在工商部门办理的浮动抵押登记系针对东特公司现有的以及将有的车辆，并非汽车合格证的"担保"登记，该"担保"未经登记，不具有公示公信效力，严某在购买汽车时并不知晓也无从知晓合格证被"担保"的消息，属于善意第三人。因此中信银行南亚支行基于合同关系产生的对汽车合格证的占有因未经物权公示而不具有对世性，不能对抗善意第三人。最后，浮动抵押不得对抗正常经营活动中已支付合理价款并取得抵押财产的买受人。浮动抵押是指抵押人将现有以及将来所有的全部财产或者部分财产设定的担保，其与普通抵押不一样，在抵押权人实现抵押权之前，抵押人对抵押财产保留在正常经营过程中的处分权，抵押人可以以通常的方法继续经营，且抵押不得对抗正常经营活动中已支付合理价款并取得抵押财产的买受人。即使本案中中信银行南亚支行系通过对汽车合格证的控制进而确保汽车浮动抵押的实现，在对应的汽车转让问题上也不具有法律所设定的转让的限制，中信银行南亚支行所持有的合格证所对应的汽车转让时，这种担保方式不能对抗第三人，不能够从法律效力上阻却东特公司对于汽车的转让。严某在东特公司向其交付车辆时即取得了车辆的所有权，故中信银行南亚支行对汽车合格证的占有保护请求权不能对抗严某所享有的物上请求权，严某有权要求中信银行南亚支行向其返还合格证。

问题 9：上市公司对外提供担保，有哪些特殊要求

问题难度：★★

问题解答：

目前，"上市公司担保"是银行认可的有效担保方式之一，同时，"上市公司担保"又面临着较多的法律风险点。实务中，除满足《公司法》第十六条和一百二十一条的规定以外，还需满足上市公司监管部门的特殊规定，主要规定是证监会和银监会在 2005 年联合发布的《关于规范上市公司对外担保行为的通知》（证监发〔2005〕120 号），该文件对上市公司对外担保的特殊事项作出限制性规定的同时，要求高风险担保业务必须通过股东大会决策，最大限度地避免了损害上市公司行为的发生。

银行作为专门从事放贷业务的金融机构，比一般民事主体负有更高的审慎注意义务，因此在办理上市公司担保业务的过程中，应当严格执行《关于规范上市公司对外担保行为的通知》（证监发〔2005〕120 号），具体内容详见"法条链接"部分，在此不做赘述。

《最高人民法院关于适用〈中华人民共和国民法典〉有关担保制度的解释》（法释〔2020〕28 号）第九条将"是否公开披露"确定为上市公司有效担保的主要条件。因此，上市公司对外担保，必须在监管部门规定的平台进行公开披露。

信贷管理建议：

办理上市公司担保业务中，应当重点采取以下信贷管理措施。

一是摒弃对上市公司盲目崇拜的观念。随着 2019 年上市公司债券违约潮的来袭，未来上市公司违约将成为常态，因此，针对上市公司的信用风险分析应当与一般公司相同，不应简单通过财务指标类单一因素判断公司的优劣。

二是重视上市公司担保的法律风险。严格按照公司法、《最高人民法院关于适用〈中华人民共和国民法典〉有关担保制度的解释》和《关于规范上市公司对外担保行为的通知》（证监发〔2005〕120号）的相关要求履行内部审批和信息披露等程序。

三是拟定上市公司担保瑕疵解决方案。如果在诉讼执行阶段发现银行的担保资料存在瑕疵（例如：未按照要求落实股东会决议），应当积极协助律师收集有利证据和相关判例，按照《关于规范上市公司对外担保行为的通知》（证监发〔2005〕120号）属于管理性规定的思路确定诉讼策略。

法条链接：

《公司法》第十六条 公司向其他企业投资或者为他人提供担保，依照公司章程的规定，由董事会或者股东会、股东大会决议；公司章程对投资或者担保的总额及单项投资或者担保的数额有限额规定的，不得超过规定的限额。公司为公司股东或者实际控制人提供担保的，必须经股东会或者股东大会决议。前款规定的股东或者受前款规定的实际控制人支配的股东，不得参加前款规定事项的表决。该项表决由出席会议的其他股东所持表决权的过半数通过。

《公司法》第一百二十一条 上市公司在一年内购买、出售重大资产或者担保金额超过公司资产总额百分之三十的，应当由股东大会作出决议，并经出席会议的股东所持表决权的三分之二以上通过。

《最高人民法院关于适用〈中华人民共和国民法典〉有关担保制度的解释》第九条 相对人根据上市公司公开披露的关于担保事项已经董事会或者股东大会决议通过的信息，与上市公司订立担保合同，相对人主张担保合同对上市公司发生效力，并由上市公司承担担保责任的，人民法院应予支持。相对人未根据上市公司公开披露的关于担保事项已经董事会或者股东大会决议通过的信息，与上市公司订立担保合同，上市公司主张担保合同对其不发生效力，且不承担担保责任或者赔偿责任的，人民法院应予支持。相对人与上市公司已公开披露的控股子公司订立的担保合同，或者相对人与股票在国务院批准的其他全国性证券交易场所交易的公司订立的担保合同，适用前两款规定。

《关于规范上市公司对外担保行为的通知》（证监发〔2005〕120号）规定：

（一）上市公司对外担保必须经董事会或股东大会审议。

（二）上市公司的《公司章程》应当明确股东大会、董事会审批对外担保的权限及违反审批权限、审议程序的责任追究制度。

（三）应由股东大会审批的对外担保，必须经董事会审议通过后，方可提交股东大会审批。须经股东大会审批的对外担保，包括但不限于下列情形：

1. 上市公司及其控股子公司的对外担保总额，超过最近一期经审计净资产50％以后提供的任何担保；

2. 为资产负债率超过70％的担保对象提供的担保；

3. 单笔担保额超过最近一期经审计净资产10％的担保；

4. 对股东、实际控制人及其关联方提供的担保。

股东大会在审议为股东、实际控制人及其关联方提供的担保议案时，该股东或受该实际控制人支配的股东，不得参与该项表决，该项表决由出席股东大会的其他股东所持表决权的半数以上通过。

（四）应由董事会审批的对外担保，必须经出席董事会的三分之二以上董事审议同意并做出决议。

（五）上市公司董事会或股东大会审议批准的对外担保，必须在中国证监会指定信息披露报刊上及时披露，披露的内容包括董事会或股东大会决议、截止信息披露日上市公司及其控股子公司对外担保总额、上市公司对控股子公司提供担保的总额。

（六）上市公司在办理贷款担保业务时，应向银行业金融机构提交《公司章程》、有关该担保事项董事会决议或股东大会决议原件、刊登该担保事项信息的指定报刊等材料。

（七）上市公司控股子公司的对外担保，比照上述规定执行。上市公司控股子公司应在其董事会或股东大会做出决议后及时通知上市公司履行有关信息披露义务。

法条释疑：

2017 年 12 月 7 日，中国证监会修订并发布《关于规范上市公司与关联方资金往来及上市公司对外担保若干问题的通知》（公告〔2017〕16 号），其中规定："上市公司不得为控股股东及本公司持股百分之五十以下的其他关联方、任何非法人单位或个人提供担保""上市公司对外担保总额不得超过最近一个会计年度合并会计报表净资产的 50%""不得直接或间接为资产负债率超过 70% 的被担保对象提供债务担保"。前述规定与中国证监会于 2005 年 11 月 14 日发布、2016 年 1 月 1 日实施的《关于规范上市公司对外担保行为的通知》（证监发〔2005〕120 号）的规定不一致，导致银行工作人员无法准确适用。

从冲突法律的适用原则、行业规定及实践案例分析，关于上市公司对外担保的情形，〔2017〕16 号文的规定与〔2005〕120 号文的规定不一致，应适用〔2005〕120 号文的规定，即，上市公司发生下列情形的对外担保，须经股东大会审批："1. 上市公司及其控股子公司的对外担保总额，超过最近一期经审计净资产 50% 以后提供的任何担保；2. 为资产负债率超过 70% 的担保对象提供的担保；3. 单笔担保额超过最近一期经审计净资产 10% 的担保；4. 对股东、实际控制人及其关联方提供的担保"。对于〔2017〕16 号文规定与〔2005〕120 号文规定不一致及不明确之处，还有待监管部门做进一步明确解释。

案例分享：

俞某与渤海银行股份有限公司大连分行执行异议之诉（〔2017〕辽 02 民初 567 号）

本案中，俞某作为案外人提起执行异议之诉，诉称：福美公司与渤海银行大连分行签订的保证金质押合同无效，主要原因是该质押合同未经上市公司大显公司的股东会审议，违反了《关于规范上市公司对外担保行为的通知》（证监发〔2005〕120 号）的相关规定。

大连中院认为，首先，福美公司系大显股份公司成立的一人有限责任公司，系独立法人，其股东系大显股份公司，而非大显股份公司的全部股东，福美公司对外提供担保，已经提供了其唯一股东即大显股份公司的股东决议，符合《中华人民共和国公司法》第十六条规定的管理性规范要件；其次，福美公司的控股股东大显股份公司虽系上市公司，根据《关于规范上市公司对外担保行为的通知》第一条第三款规定，上市公司对股东、实际控制人及其关联方提供的担保须经股东大会审批，第一条第七款规定，上市公司控股子公司的对外担保，比照上述规定执行。上市公司控股子公司应在其董事会或股东大会做出决议后及时通知上市公司履行有关信息披露义务。由上述规定可见，本案福美公司作为上市公司控股子公司，对外担保时仅需其董事会或股东大会做出决议后，通知上市公司进行信息披露，并未强制要求上市公司控股子公司对外担保须经上市公司的股东大会决议，俞某主张案涉担保须经大显股份公司股东大会决议，混淆了上市公司和其控股子公司的概念，于法无据，本院不予支持。况且该规范系证监会、银监会的部门规章，并非法律或行政法规，其各项规定为管理性规定，即使违反相关规定亦不能据此认定质押合同无效。

（案例解读：最终，大连中院认定该保证金质押协议有效，主要原因是大连中院认为《关于规范上市公司对外担保行为的通知》属于管理性规定，即使违反相关规定也不能据此认定合同无效。但是，关于这类部门规章究竟是管理性规定还是效力性规定，在实务中有争议。从判决案例来看，以前的判例倾向于认定这类规定为管理性规定，即使违反也不导致合同无效，但是，《九民纪要》的精神和近期的判例倾向于认定这类规定为效力性规定，赋予了银行更高的注意义务，银行至少要做到形式审查（即表面真实性审查义务）。

问题 10：银行是否可以为授信业务设定"让与担保"

问题难度：★★

问题解答：

我国法律一直未明确规定让与担保等非典型担保的形态，并不意味着现实生活中不存在非典型担保。事实上，从最高人民法院民二庭新类型担保调研小组的调研情况看，实践中非典型担保非常活跃，有商铺租赁权质押，出租车经营权质押，银行理财产品质押，人身保险的保单质押，排污权质押，保理，存货动态质押，保证金质押，房地产、车辆、债权回购担保，独立保证，附让与担保内容的资产转让返租协议，保兑仓业务与厂商银业务，所有权转让式的信用支持安排，其他收费权质押等各种形式。其中的"附让与担保内容的资产转让返租协议"就属于让与担保，此类业务多存在于小额贷款公司、个人放贷者等，商业银行基本上不开展。其主要操作模式是：当事人双方通过签订资产转让返租协议，将借贷关系转换成买卖关系，放贷人（即债权人）受让资产（通常为厂房设备）但不转移占有，债务人定期支付"租金"清偿债务。在债务人按约偿债后，债权人将该资产返还债务人，使得债务人的所有权得以恢复；债务人到期不能偿债时，债权人取得该资产的所有权。在该类担保中，债权人以受让资产的"所有权"对抗其他债权人对该资产可能享有的按比例分配的权利，从而最大限度地保护自身的债权。

为解决实践中出现的各类让与担保问题，最高院在《九民纪要》第七十一条对让与担保的合法性给予肯定，但是，也对让与担保的权利实现方式进行了限制。债权人可以约定让与担保，但是，不得直接获取担保物，必须通过拍卖、变卖、折价等方式实现担保物价值后优先受偿，主要目的是防范民间借贷中债权人乘人之危，以明显不合理的低价获取债务人财产。

银行作为民事主体，当然可以为授信业务设定"让与担保"。但是，根据《商业银行法》的规定，商业银行不得持有非自用不动产、不得投资企业股权，导致"让与担保"在银行业务中的适用难度较大。因此，"让与担保"一般出现在民间借贷、P2P 小贷等非持牌金融机构的业务活动中。

信贷管理建议：

虽然银行直接设定让与担保存在一定的监管风险，但是，让与担保制度仍然可以在某些信贷业务中发挥重要作用。

1. 银行可以在反担保中设置让与担保。例如，银行在为股东办理授信业务时，本行股权是最有效的风险缓释措施。这时，银行可以要求借款人增加具有担保能力的第三人提供保证担保，同时，建议第三人与债务人以本行股权为标的签订让与担保合同，并在登记部门办理股权变更登记（持股比例较高的股东需要监管部门审批）。

2. 不良贷款重组时，如果借款人或担保人名下有具备"网签"条件的房产或者有价值的股权，银行也可以设定让与担保，用于增强不良贷款的第二还款来源。笔者推荐将让与担保设定在第三方，第三方为债务提供担保。这样就可以避免因银行直接办理让与担保而增加的监管风险和税费负担。

3. 银行可以运用让与担保制度创设新的"信贷产品"，该业务领域空间较大，目前尚未有较大规模的业务创新。受制于银行不得持有股权和房地产等让与担保品，银行可以尝试和地方政府控股的平台公司或担保公司合作，间接设定让与担保，从而进行产品创新。

法条链接：

《九民纪要》第七十一条　［让与担保］债务人或者第三人与债权人订立合同，约定将财产形式上转让至债权人名下，债务人到期清偿债务，债权人将该财产返还给债务人或第三人，债务人到期没有清偿债务，债权人可以对财产拍卖、变卖、折价偿还债权的，人民法院应当认定合同有效。合同如果约定债务人到期没有清偿债务，财产归债权人所有的，人民法院应当认定该部分约定无效，但不影响合同其他部分的效力。当事人根据上述合同约定，已经完成财产权利变动的公示方式转让至债权人名下，债务人到期没有清偿债务，债权人请求确认财产归其所有的，人民法院不予支持，但债权人请求参照法律关于担保物权的规定对财产拍卖、变卖、折价优先偿还其债权的，人民法院依法予以支持。债务人因到期没有清偿债务，请求对该财产拍卖、变卖、折价偿还所欠债权人合同项下债务的，人民法院亦应依法予以支持。

案例分享：

上海交大教育服务产业投资管理（集团）有限公司与上海复亿投资控股（集团）有限公司、镇江凯亿房地产开发有限公司企业借贷纠纷（〔2019〕沪 0104 民初 11416 号）

2013 年 11 月 26 日，交大教服公司作为甲方与复亿公司作为乙方签订《借款协议》，协议约定借款本金为 3 000 万元，年利率为 8%，借款期限为 2013 年 11 月 26 日至 2016 年 11 月 25 日，乙方分三次支付利息，第一次于 2014 年 11 月 26 日支付，第二次 2015 年 11 月 26 日支付，第三次与本金到期一起归还，乙方以凯亿公司的在建房屋资产 3 000 万元作为抵押。2013 年 11 月 26 日，交大教服公司向复亿公司网银转账 3 000 万元，而后复亿公司陆续归还利息 5 667 778 元，交大教服公司自认归还了 584 万元利息。

鉴于上述借款即将到期，2016 年 11 月 21 日，交大教服公司作为甲方与复亿公司作为乙方，签订《补充协议》，该《补充协议》约定甲方同意将上述借款最迟归还日期延长至 2019 年 11 月 25 日，同意延长期间的年利率按照中国人民银行公布的 1 至 3 年期贷款利率上浮 30% 计算。乙方同意将全资拥有的子公司凯亿公司开发的部分商业用房，以市场评估价格为依据作为该借款的担保。乙方于每年 11 月 26 日向甲方支付上一期借款的利息，借款到期后，最后一期利息与本金一起归还。

2017 年 3 月 10 日，复亿公司召开二届五次股东会暨三届二次董事会，本次会议参加的股东为交大教服公司、上海徽泰投资管理有限公司及鹜盛实业投资（上海）有限公司，代表公司 100% 股权。会议形成《上海复亿投资控股（集团）有限公司二届五次股东会暨三届二次董事会决议》，决议第 2.2 条写明：……为保障教服集团的借款风险，同意将凯亿公司开发的部分商业用房，预登记至教服集团名下。预登记的商业用房面积按照教服集团聘请的评估公司进行评估确定，对应的商业用房评估价值不低于3 200万元。待复亿公司归还教服集团的借款后，由教服集团撤销该房屋登记，凯亿公司方可销售该部分房屋。如借款归还前有客户购买该房屋意向的，在客户交付定金后，由教服集团撤销该部分房屋预登记，再由凯亿公司销售该部分房屋，复亿公司以及凯亿公司承诺该部分销售款用于归还教服集团的借款。如借款到期后，公司仍不能归还借款的，复亿公司以及凯亿公司同意立即销售该部分房屋，公司股东会董事会一致同意此销售价格按照市场能实现立即销售为原则进行调整。销售所得用于归还教服集团的借款，如果销售款不足以支付借款的，由复亿公司以及凯亿公司予以补足。该决议由复亿公司及其三位股东交大教服公司、上海徽泰投资管理有限公司、骛盛实业投资（上海）有限公司盖章，并有复亿公司董事长王某某、董事倪某某、董事史某某签字。

2017年4月1日，凯亿公司向交大教服公司出具《承诺函》，表示因资金周转问题，复亿集团向交大教服公司借款3 000万元用于凯亿公司项目的发展。现为保障教服集团的借款风险，凯亿公司承诺将凯亿公司开发的部分商业用房预登记至交大教服公司名下作为复亿集团向交大教服公司借款的担保。待复亿集团归还借款后，由交大教服公司撤销该房屋登记，凯亿公司方能再进行该部分房屋的销售。如借款到期后，复亿集团仍不能归还借款的，凯亿公司将按照复亿集团股东会董事会的要求以实现立即销售为原则调整销售价格，销售所得回款优先用于归还交大教服公司的借款。

2017年9月2日，凯亿公司与交大教服公司签订了55份《商品房买卖合同》，并进行了网签。经向镇江市不动产登记交易中心查询，该55套房产的权利人均为镇江凯亿房地产开发有限公司，分别坐落于镇江市学府路×××号凯园×幢××××、××××、××××-××××、××××-××××、××××-××××、××××-××××、××××、××××-××××室。该55套房屋状态为网签。

2019年4月2日，交大教服公司向复亿公司及凯亿公司发出《关于要求立即归还借款并付清利息的函》，该函中写明：……鉴于贵司上述违约情节，并且在借款到期后无法归还本金，现我方正式函告贵司，立即归还全部借款本金3 000万元，并按照借款协议及补充协议的约定付清相应利息。凯亿公司是借款的担保方，本函亦督请凯亿公司立即履行相应的担保责任。

法院经审理认为，交大教服公司与复亿公司签订的《借款协议》及《补充协议》合法有效，复亿公司仅支付584万元利息，尚余136万元利息未支付，本金亦未偿还，且复亿公司对借款事实并无异议，现《补充协议》约定的借款期限已经到期，故交大教服公司第一项诉讼请求，本院予以支持。《借款协议》中约定了凯亿公司以在建房屋资产3 000万提供抵押，另在《补充协议》中约定复亿公司同意将其全资子公司即凯亿公司开发的部分商业用房，以市场评估价为依据作为该借款的担保。且复亿公司作为凯亿公司的唯一股东召开董事会，同意其全资子公司即凯亿公司在债务到期无法偿还时立即销售凯亿公司名下的房屋，并将所得用于归还交大教服公司的借款，销售不足部分由复亿公司及凯亿公司予以补足。而后，凯亿公司对交大教服公司出具承诺函表示其为保障教服集团的借款风险，凯亿公司承诺将其开发的部分商业用房预登记至交大教服公司名下作为复亿集团借款的担保，待复亿公司归还借款后，由交大教服公司撤销该房屋登记，其方能再进行该部分房屋的销售。如借款到期后，复亿公司仍不能归还借款的，其将按照复亿公司董事会的要求以实现立即销售为原则调整销售价格，销售所得回款优先用于归还交大教服公司的借款。凯亿公司与交大教服公司对于案涉的55套房屋签订了买卖合同并进行了网签。由此可见，本案系争的55套房屋系名为买卖实为担保，符合《全国法院民商事审判工作会议纪要》第71条关于让与担保的规定，即债务人或者第三人与债权人订立合同，约定将财产形式上转让至债权人名下，债务人到期清偿债务，债权人将该财产返还给债务人或第三人，债务人到期没有清偿债务，债权人可以对财产拍卖、变卖、折价偿还债权的，人民法院应当认定合同有效。合同如果约定债务人到期没有清偿债务，财产归债权人所有的，人民法院应当认定该部分约定无效，但不影响合同其他部分的效力。

最终，法院判决：一、上海复亿投资控股（集团）有限公司于本判决生效之日起十日内归还上海交大教育服务产业投资管理（集团）有限公司借款

30 000 000 元及利息 1,360 000 元及以 30 000 000 元为基数,自 2016 年 11 月 26 日起至实际清偿日止,按照年利率 6.175% 计算的利息;二、若上海复亿投资控股(集团)有限公司不能履行上述判决确定的还款义务时,上海交大教育服务产业投资管理(集团)有限公司可以就镇江凯亿房地产开发有限公司名下坐落于镇江市学府路×××号凯园×幢××××、××××、××××-××××、××××-××××、××××-××××、××××-××××、××××、××××-××××、××××-×××× 室的房屋折价,或者申请以拍卖、变卖该担保物所得价款偿还上述判决确定的债务,担保物折价或者拍卖、变卖后,其价款超过债权数额的部分归镇江凯亿房地产开发有限公司所有,不足部分由上海复亿投资控股(集团)有限公司清偿。

第二章

审查、审批阶段的法律问题

问题 11：夫妻一方对外所负债务，是否为夫妻共同债务

问题难度：★★

问题解答：

近几年，在立法层面，关于夫妻共同债务的认定发生了较大变化。2018 年 1 月 18 日施行的《最高人民法院关于审理涉及夫妻债务纠纷案件适用法律有关问题的解释》对《婚姻法司法解释二》第二十四条的规定进行了修订，将夫妻共同债务的举证责任从债务人变更为债权人，加重了债权人的举证责任，同时，也引导金融机构等债权人按照"共同合意、共债共签"的原则开展业务。民法典第一千零六十四条进一步确认了最高院 2018 年司法解释的内容。

根据目前的法律规定，判断夫妻共同债务应当分三步进行。

第一步，判断夫妻有无举债的共同意思表示，即夫妻双方是否对所负债务共同签字，或者事后追认。"追认"既包括明确表示认可，也包括默

示同意或以行为表示同意，例如，未签字一方当时在场但未表示不同意、未签字一方代替还款等。如果符合共同举债的合意，即符合法律关于"共债共签"的原则，则视为夫妻共同债务。

第二步，如果没有举债的共同意思表示，要进一步判断夫妻一方所负债务是否属于"家庭日常生活需要所负债务"。如果属于，则认定为夫妻共同债务。如果不属于，则认定为一方所负的个人债务。"家庭日常生活需要所负债务"是指家庭正常的衣食住行、消费、养老、教育、医疗的支出所负债务。对这类债务的认定，属于法官的自由裁量权，法官一般会结合负债金额大小、家庭富裕程度、夫妻关系是否安宁、当地经济水平及交易习惯、借贷双方的熟悉程度、借款名义、资金流向等因素综合予以认定。银行在办理消费类贷款时，经常以"装修"为贷款用途，如果贷款实际用途确实是"装修"，则认定为"家庭日常生活需要所负债务"，如果贷款实际用途不是"装修"而挪作他用，很可能被认定为"非家庭日常生活需要所负债务"，也就可能认定为非夫妻共同债务，具体请参阅"案例分享"部分。

第三步，对于既没有共同举债意思表示，又超过家庭日常生活需要所负的债务，如果债权人有证据证明该债务用于夫妻共同生活或共同生产经营的，可以认定为夫妻共同债务。如果债权人不能举证证明的，则不认定为夫妻共同债务。

另外，夫妻关系存续期间的共同债务，双方离婚后仍然有效。债权人可以向夫妻双方同时主张权利。一方偿还后，可以依据离婚协议或人民法院的法律文书向另一方主张权利。离婚时对债务的分配方案，是夫妻双方内部的约定，不得对抗第三人，除非第三人明知且同意。

信贷管理建议：

关于夫妻共同债务的风险管理，应当重点做好以下两点。

首先，要积极适应民法典和司法解释的调整，银行等金融机构应当按照"共债共签"的原则制定并落实"夫妻双人双签"制度，包括担保人也要落实"担保人夫妻双人双签"制度。如果因客观原因或业务需要由一方签字的，应当在调查、审查阶段如实反映，在审批时将签字一方的资产负债情况和收入作为审批依据，而不能将夫妻家庭的总资产负债情况和总收入作为依据。

实务中，有营销人员提出，因落实"夫妻双人双签"导致丧失了一部分业务机会。通过笔者调查发现：因银行要求夫妻双方签字就不办理贷款的客户，往往说明这笔贷款不是用于正常的家庭生活或家庭经营需要。当贷款存在挪用时，贷款损失的概率也就相应大幅增加。与此同时，借款人出现这类诉求的概率不高，不会对业务拓展构成重大影响。因此，建议金融机构在夫妻共同债务这个问题上，接受法律规范的引导，相应调整业务的办理要求。

其次，针对事前没有签字的夫妻共同债务，可以按照阶段采取不同措施：如果在贷款存续期内，可以在贷后检查中要求借款人的配偶签字，对贷款的事实予以"追认"。如果贷款已经逾期且借款人拒不配合签字，在诉讼阶段，也应当将未签字的一方列为被告，在法院审理阶段尽可能举证证明债务用于夫妻共同生活或共同经营。

法条链接：

民法典第一千零六十四条　夫妻双方共同签名或者夫妻一方事后追认等共同意思表示所负的债务，以及夫妻一方在婚姻关系存续期间以个人名义为家庭日常生活需要所负的债务，属于夫妻共同债务。夫妻一方在婚姻关系存续期间以个人名义超出家庭日常生活需要所负的债务，不属于夫妻共同债务；但是，债权人能够证明该债务用于夫妻共同生活、共同生产经营或者基于夫妻双方共同意思表示的除外。

《最高人民法院关于审理涉及夫妻债务纠纷案件适用法律有关问题的解释》（法释〔2018〕2号）：

第一条　夫妻双方共同签字或者夫妻一方事后追认等共同意思表示所负的债务，应当认定为夫妻共同债务。

第二条　夫妻一方在婚姻关系存续期间以个人名义为家庭日常生活需要所负的债务，债权人以属于夫妻共同债务为由主张权利的，人民法院应予支持。

第三条　夫妻一方在婚姻关系存续期间以个人名义超出家庭日常生活需要所负的债务，债权人以属于夫妻共同债务为由主张权利的，人民法院不予支持，但债权人能够证明该债务用于夫妻共同生活、共同生产经营或者基于夫妻双方共同意思表示的除外。

《婚姻法司法解释二》第二十五条　当事人的离婚协议或者人民法院的判决书、裁定书、调解书已经对夫妻财产分割问题作出处理的，债权人仍有权就夫妻共同债务向男女双方主张权利。一方就共同债务承担连带清偿责任后，基于离婚协议或者人民法院的法律文书向另一方主张追偿的，人民法院应当支持。

案例分享：
（一）兴业消费金融股份公司与黄某、游某金融借款合同纠纷（〔2018〕闽 0123 民初 1124 号）

法院认为，黄某递交的《兴业消费金融股份公司家庭综合消费贷款申请表》及其与兴业公司签订的《兴业消费金融股份公司家庭综合消费贷款核准确认书》系双方当事人真实意思表示，借款合同有效。黄某取得借款后，未按合同约定履行还款义务，违反了合同约定，兴业公司根据合同约定有权要求黄某还本付息，并支付滞纳金。虽然借款发生在黄某与游某夫妻关系存续期间，但兴业公司未能提供证据证明该借款用于黄某与游某夫妻共同生活、共同生产经营或者是黄某与游某有共同的意思表示，故根据《最高人民法院关于审理涉及夫妻债务纠纷案件适用法律有关问题的解释》的规定，该借款应认定为黄某个人债务。兴业公司认为该笔借款系夫妻共同债务的诉讼请求，本院不予以支持。

（二）中银消费金融有限公司与解某、孔某借款合同纠纷（〔2018〕鲁 0891 民初 1678 号）

法院认为，被告孔某与被告解某虽系夫妻关系，但解某以个人名义借款且数额较大（12 万元），《"新易贷"信用贷款额度申请和使用合约》中借款用途虽显示为"家装"，但孔某并未在该合约上签字，故不能认定该笔借款为夫妻双方的共同意思表示。依照《最高人民法院关于审理涉及夫妻债务纠纷案件适用法律有关问题的解释》第三条规定"夫妻一方在婚姻关系存续期间以个人名义超出家庭日常生活需要所负的债务，债权人以属于夫妻共同债务为由主张权利的，人民法院不予支持，但债权人能够证明该债务用于夫妻共同生活、共同生产经营或者基于夫妻双方共同意思表示的除外"，原告没有证据证明该笔借款确系用于夫妻共同生活期间的"家装"或者基于夫妻双方共同意思表示，故涉案借款不应认定为孔某与解某的夫妻共同债务，被告孔某不应承担共同还款责任。

（三）崔某、杨某民间借贷纠纷再审审查与审判监督民事裁定书（〔2018〕最高法民申634号）

本案中，出借人是杨某，借款人马耀中专门从事民间借贷以赚取息差的业务，马耀中的配偶崔某提出主张：应当适用新的《最高人民法院关于审理涉及夫妻债务纠纷案件适用法律有关问题的解释》，而非《婚姻法司法解释二》；认定马耀中所负债务不属于夫妻共同债务。

最高院再审认为，申请人崔某提出的申请再审的法律依据是《最高人民法院关于审理涉及夫妻债务纠纷案件适用法律有关问题的解释》。经查，该解释自2018年1月18日起施行。本案二审判决日期是2017年9月14日，本案发生和判决时该解释并未施行。故二审法院根据《中华人民共和国婚姻法》第十九条、《最高人民法院关于适用中华人民共和国婚姻法若干问题的解释（二）》第二十四条作出判决，适用法律正确。

并且，《最高人民法院关于审理涉及夫妻债务纠纷案件适用法律有关问题的解释》第三条也规定：夫妻一方在婚姻关系存续期间以个人名义超出家庭日常生活需要所负的债务，债权人以属于夫妻共同债务为由主张权利的，人民法院不予支持，但债权人能够证明该债务用于夫妻共同生活、共同生产经营或者基于夫妻双方共同意思表示的除外。根据被申请人提供的生效民事调解书等证据足以证实，马耀中主要从事民间借贷赚取利息差的生意。本案中，马耀中虽然以个人名义借贷了超出日常开支所需债务，但该行为属于赚取利差的投资经营行为，所获利息亦用于夫妻共同生活，崔某无证据证明其和马耀中有其他的收入足以支持其购买车辆及多处房产。由于杨某已经证明案涉借款系马耀中赚取利差的投资经营行为，利息用于夫妻共同生活，故该债务属于夫妻共同债务，应由马某和崔某夫妻共同偿还。至于崔某在申请再审时提出其和马耀中名下的车辆和房产是在案涉借款前购买，但这些财产购买的时间并不影响其应当承担的本案的还款责任。也就是说，即使是在案涉借款之前购买的，这些财产也应当用来偿还案涉借款。只要案涉借款不还，马耀中和崔某名下的任何财产均系案涉借款的责任财产。故崔某的此点申请再审理由不能成立。

问题 12：公司作为借款人或担保人，必须出具股东会或董事会决议吗

问题难度：★★★

问题解答：

公司作为借款人，法律和司法解释并没有规定必须出具股东会或董事会决议，因此，即使公司没有出具股东会或董事会决议，公司对外签订的借款协议也是有效的。

公司作为担保人，根据《公司法》第16条的规定，应当履行内部审议程序。具体规定参见"法条链接"。这里需要重点注意的是，《公司法》将公司章程作为公司管理的"宪法"，在公司管理中具有至高无上的地位，因此，公司对外担保的决议必须符合《公司章程》的约定。当《公司章程》的约定与法律法规的规定不一致时，应当适用《公司章程》，重大违法约定除外。

《最高人民法院关于适用〈中华人民共和国民法典〉有关担保制度的解释》第七条和2019年11月8日印发的《九民纪要》第十八条规定对此问题作出了较为清晰的解释。

1. 善意，是指相对人在订立担保合同时不知道且不应当知道法定代表人超越权限。相对人有证据证明已对公司决议进行了合理审查，人民法院应当认定其构成善意。《公司法》第十六条对关联担保和非关联担保的决议机关作出了区别规定，相应地，在善意的判断标准上也应当有所区别。一种情形是，为公司股东或者实际控制人提供关联担保，《公司法》第十六条明确规定必须由股东（大）会决议，未经股东（大）会决议，构成越权代表。在此情况下，债权人主张担保合同有效，应当提供证据证明其在订立合同时对股东（大）会决议进行了审查，决议的表决程序符合《公司法》第十六条的规定，即在排除被担保股东表决权的情况下，该项表决

由出席会议的其他股东所持表决权的过半数通过，签字人员也符合公司章程的规定。另一种情形是，公司为公司股东或者实际控制人以外的人提供非关联担保，根据《公司法》第十六条的规定，此时由公司章程规定是由董事会决议还是股东（大）会决议。无论章程是否对决议机关作出约定，也无论章程约定的决议机关为董事会还是股东（大）会，只要债权人能够证明其在订立担保合同时对董事会决议或者股东（大）会决议进行了审查，决议的同意人数及签字人员符合公司章程的约定，就应当认定其构成善意，但公司能够证明债权人明知公司章程对决议机关有明确约定的除外。

2. 债权人对公司机关决议内容的审查一般限于形式审查，只要求尽到必要的注意义务即可，标准不宜太过严苛。公司以机关决议系法定代表人伪造或者变造、决议程序违法、签章（名）不实、担保金额超过法定限额等事由抗辩债权人非善意的，人民法院一般不予支持。但是，公司有证据证明债权人明知决议系伪造或者变造的除外。

信贷管理建议：

目前，银行存在以下三种做法：一是对借款人和担保人均不要求出具决议，除非公司章程有特殊规定；二是对借款人不要求出具决议，对担保人要求按照公司法或公司章程的规定出具决议；三是对借款人和担保人均要求按照公司法或公司章程的规定出具决议。通过比较分析可以看出，第一种做法是为了提高效率，提升客户体验感，有利于业务营销，但是担保人"脱保"的法律风险较大。第二种做法符合法律规定，对借款人简化程序，对担保人严格要求。第三种做法过于强调控制法律风险，显然不利于业务营销和拓展。因此，笔者推荐第二种做法，在符合《公司章程》规定的前提下，借款人可以不出具相关决议，担保人必须出具相关决议。

银行应当根据《最高人民法院关于适用〈中华人民共和国民法典〉有关担保制度的解释》第7条的规定，按照"形式审查"的要求调整内部规范，对于公司提供担保的应当做到以下核心要求：有担保，必有决议；有决议，必符合章程约定。在具体业务的调查审查中，经办人员要做到"四看"：看公章、看签字人、看章程、看决议。

法条链接：

公司法第十六条　公司向其他企业投资或者为他人提供担保，依照公司章程的规定，由董事会或者股东会、股东大会决议；公司章程对投资或者担保的总额及单项投资或者担保的数额有限额规定的，不得超过规定的限额。

公司为公司股东或者实际控制人提供担保的，必须经股东会或者股东大会决议。

前款规定的股东或者受前款规定的实际控制人支配的股东，不得参加前款规定事项的表决。该项表决由出席会议的其他股东所持表决权的过半数通过。

民法典第五百零四条　法人的法定代表人或者非法人组织的负责人超越权限订立的合同，除相对人知道或者应当知道其超越权限外，该代表行为有效，订立的合同对法人或者非法人组织发生效力。

（已废止：合同法第五十条　法人或者其他组织的法定代表人、负责人超越权限订立的合同，除相对人知道或者应当知道其超越权限的以外，该代表行为有效。）

《最高人民法院关于适用〈中华人民共和国民法典〉有关担保制度的解释》第七条　公司的法定代表人违反公司法关于公司对外担保决议程序的规定，超越权限代表公司与相对人订立担保合同，人民法院应当依照民法典第六十一条和第五百零四条等规定处理：（一）相对人善意的，担保合同对公司发生效力；相对人请求公司承担担保责任的，人民法院应予支持。（二）相对人非善意的，担保合同对公司不发生效力；相对人请求公司承担赔偿责任的，参照适用本解释第十七条的有关规定。法定代表人超越权限提供担保造成公司损失，公司请求法定代表人承担赔偿责任的，人民法院应予支持。第一款所称善意，是指相对人在订立担保合同时不知道且不应当知道法定代表人超越权限。相对人有证据证明已对公司决议进行了合理审查，人民法院应当认定其构成善意，但是公司有证据证明相对人知道或者应当知道决议系伪造、变造的除外。

案例分享：

招商银行股份有限公司大连东港支行与大连振邦氟涂料股份有限公司、大连振邦集团有限公司借款合同纠纷（〔2012〕民提字第156号）

本案中，招商银行股份有限公司大连东港支行向大连振邦集团有限公司发放贷款，由大连振邦氟涂料股份有限公司提供连带保证担保。大连振邦氟涂料股份有限公司提出，《股东会担保决议》中多处内容虚假，非公司真实决议，招商银行未尽到审查义务，不承担保证责任。

最高院认为，本案各方争议的焦点是担保人振邦股份公司承担责任的界定。鉴于案涉借款合同已被一、二审法院判定有效，申请再审人对此亦无异议，故本院对案涉借款合同的效力直接予以确认。案涉《抵押合同》及《不可撤销担保书》系担保人振邦股份公司为其股东振邦集团公司之负债向债权人招行东港支行作出的担保行为。作为公司组织及公司行为当受《公司法》调整，同时其以合同形式对外担保行为亦受合同法及担保法的制约。案涉公司担保合同效力的认定，因其并未超出平等商事主体之间的合同行为的范畴，故应首先从合同法相关规定出发并评判。关于合同效力，《中华人民共和国合同法》（以下简称合同法）第五十二条规定"有下列情形之一的，合同无效。……（五）违反法律、行政法规的强制性规定"。关于前述法律中的"强制性"，最高人民法院《关于适用〈中华人民共和国合同法〉若干问题的解释（二）》（已废止）（以下简称合同法解释二）第十四条（已废止）则做出如下解释规定"合同法第五十二条第（五）项规定的'强制性规定'，是指效力性强制性规定"。因此，法律及相关司法解释均已明确了将违反法律或行政法规中效力性强制性规范作为合同效力的认定标准之一。公司作为不同于自然人的法人主体，其合同行为在接受合同法规制的同时，当受作为公司特别规范的公司法的制约。公司法第一条开宗明义规定"为了规范公司的组织和行为，保护公司、股东和债权人的合法权益，维护社会经济秩序，促进社会主义市场经济的发展，制定本法"。公司法第十六条第二款规定"公司为公司股东或者实际控制人提供担保的，必须经股东会或者股东大会决议"。上述规定已然明确了其立法本意在于限制公司主体行为，防止公司的实际控制人或者高级管理人员损害公司、小股东或其他债权人的利益，故其实质是内部控制程序，不能以此约束交易相对人。故此上述规定宜理解为管理性强制性规范。对违反该规范的，原则上不宜认定合同无效。另外，如作为效力性规范认定将会降低交易效率和损害交易安全。譬如股东会何时召开，以什么样的形式召开，何人能够代表股东表达真实的意志，均超出交易相对人的判断和控制能力范围，如以违反股东决议程序而判令合同无效，必将降低交易效率，同时也给公司动辄以违反股东决议主张合同无效的不诚信行为留下了制度缺口，最终危害交易安全，不仅有违商事行为的诚信规则，更有违公平正义。故本案一、二审法院以案涉《股东会担保决议》的决议事项并未经过振邦股份公司股东会的同意，振邦股份公司也未就此事召开过股东大会为由，根据公司法第十六条规定，作出案涉不可撤销担保书及抵押合同无效的认定，属于适用法律错误，本院予以纠正。

在案事实和证据表明，案涉《股东会担保决议》确实存在部分股东印章虚假、使用变更前的公司印章等瑕疵，以及被担保股东振邦集团公司出现在《股东会担保决议》中等违背公司法规定的情形。振邦股份公司法定代表人周某超越权限订立抵押合同及不可撤销担保书，是否构成表见代表，招行东港支行是否善意，亦是本案担保主体责任认定的关键。合同法（已废止）第五十条规定："法人或者其他组织的法定代表人、负责人超越权限订立的合同，除相对人知道或者应当知道超越权限的以外，该代表行为有效。"本案再审期间，招行东港支行向本院提交的新证据表明，振邦股份公司提供给招行东港支行的股东会决议上的签字及印章与其为担保行为当时提供给招行东港支行的签字及印章样本一致。而振邦股份公司向招行东港支行提供担保时使用的公司印章真实，亦有其法人代表真实签名。且案涉抵押担保在经过行政机关审查后也已办理了登记。至此，招行东港支行在接受担保人担保行为过程中的审查义务已经完成，其有理由相信作为担保公司法定代表人的周建良本人代表行为的真实性。《股东会担保决议》中存在的相关瑕疵必须经过鉴定机关的鉴定方能识别，必须经过查询公司工商登记才能知晓，必须谙熟公司法相关规范才能避免因担保公司内部管理不善导致的风险，如若将此全部归属于担保债权人的审查义务范围，未免过于严苛，亦有违合同法、担保法等保护交易安全的立法初衷。担保债权人基于对担保人法定代表人身份、公司法人印章真实性的信赖，基于担保人提供的股东会担保决议盖有担保人公司真实印章的事实，完全有理由相信该《股东会担保决议》的真实性，无须也不可能进一步鉴别担保人提供的《股东会担保决议》的真伪。因此，招行东港支行在接受作为非上市公司的振邦股份公司为其股东提供担保过程中，已尽到合理的审查义务，主观上构成善意。本案周某的行为构成表见代表，振邦股份公司对案涉保证合同应承担担保责任。

问题13："一人公司"作为借款人或担保人，如何出具有效的决议

问题难度：★★

问题解答：

"一人公司"，是指公司由一个自然人或一个法人股东投资设立的有限公司。"一人公司"在银行信贷业务中普遍存在。相较一般的有限公司而言，"一人公司"主要有以下特征：第一，只有一个股东，重大事项股东一人决策，因此，无法形成股东会决议，只能形成股东决定；第二，公司对外形成的负债，股东需要承担连带责任，除非股东举证证明自己的财产与公司的财产没有混同，例如：每年度形成审计报告并有明确的审计意见等。

"一人公司"作为借款人，签订的借款协议有效。除《公司章程》有特殊约定外，不需要出具相关《股东决定》。

"一人公司"作为担保人，应当根据公司章程约定的对外担保权限出具相应股东决定。如果公司章程没有约定，应当由股东出具股东决定，内容包括借款的基本要素和股东明确表示同意担保的内容。

这里需要注意一种特殊情况，即"一人公司"为自己的股东提供担保，按照公司法的规定，被担保的股东应当回避且不得参与表决，而"一人公司"又仅有这一名股东，导致不能出具股东决定。实务中，该问题一直存在争议。针对这一问题，2021年1月1日起施行的《最高人民法院关于适用〈中华人民共和国民法典〉有关担保制度的解释》（法释〔2020〕28号）第十条的规定："一人有限责任公司为其股东提供担保，公司以违反公司法关于公司对外担保决议程序的规定为由主张不承担担保责任的，人民法院不予支持。"该规定表明：只要"一人公司"签订了担保合同且股东出具了《股东决定》，该担保行为有效。

信贷管理建议：

基于"一人公司"的特殊性，在信贷业务中，我们提出以下信贷管理建议：无论"一人公司"作为借款人或担保人，均应当出具《股东决定》，证明股东对于借款或担保具有真实意思表示。另外，"一人公司"的股东负有证明个人资产与公司资产未混同的举证责任，因此，在贷前调查中应当尽可能收集股东个人的资产信息。在贷中审查阶段，要重点核实"一人公司"的经营管理情况以及与股东的关联运营情况，防止贷款挪用或借款主体空心化导致的信用风险。

在不良贷款诉讼中，务必将股东列为共同被告，要求股东承担连带清偿责任，尤其是国有公司、上市公司等大型优质公司全资投资设立的子公司。如果能够将这些大型优质股东一并起诉，并确认股东承担连带责任，对于贷款的安全回收具有重要作用。

法条链接：

公司法第三十七条　股东会行使下列职权：

（一）决定公司的经营方针和投资计划。

（二）选举和更换非由职工代表担任的董事、监事，决定有关董事、监事的报酬事项。

（三）审议批准董事会的报告。

（四）审议批准监事会或者监事的报告。

（五）审议批准公司的年度财务预算方案、决算方案。

（六）审议批准公司的利润分配方案和弥补亏损方案。

（七）对公司增加或者减少注册资本作出决议。

（八）对发行公司债券作出决议。

（九）对公司合并、分立、解散、清算或者变更公司形式作出决议。

（十）修改公司章程。

（十一）公司章程规定的其他职权。

对前款所列事项股东以书面形式一致表示同意的，可以不召开股东会会议，直接作出决定，并由全体股东在决定文件上签名、盖章。

公司法第五十七条　本法所称一人有限责任公司，是指只有一个自然人股东或者一个法人股东的有限责任公司。

公司法第六十一条　一人有限责任公司不设股东会。股东作出本法第三十七条第一款所列决定时，应当采用书面形式，并由股东签名后置备于公司。

公司法第六十二条　一人有限责任公司应当在每一会计年度终了时编制财务会计报告，并经会计师事务所审计。

公司法第六十三条　一人有限责任公司的股东不能证明公司财产独立于股东自己的财产的，应当对公司债务承担连带责任。

《最高人民法院关于适用〈中华人民共和国民法典〉有关担保制度的解释》第十条　一人有限责任公司为其股东提供担保，公司以违反公司法关于公司对外担保决议程序的规定为由主张不承担担保责任的，人民法院不予支持。公司因承担担保责任导致无法清偿其他债务，提供担保时的股东不能证明公司财产独立于自己的财产，其他债权人请求该股东承担连带责任的，人民法院应予支持。

案例分享：

陈某、尹某合同纠纷（〔2017〕鲁07民终4949号）

尹某与京东天富公司签订《出借咨询与服务协议》一份。协议约定，甲方拥有富余资金拟供出借以获取利息收益，乙方掌握丰富的借款人资源信息并拥有专业的信用评级和管理服务平台；甲方愿意接受乙方提供的咨询和服务管理，由乙方撮合甲方与借款人达成借贷交易，由乙方提供与借款合同履行有关的有偿服务；上述协议签订后，尹某于2015年7月24日分两笔汇款，每笔5万元，将共计10万元汇入京东天富公司在中国工商银行开立的160211011900011××××号账户内。京东天富公司收到尹某的上述款项后，一直未办理双方在合同中约定的事项。同时查明：京东天富公司为自然人独资有限责任公司，其唯一股东为陈某。

尹某起诉京东天富公司解除合同，返还10万元并承担违约责任，同时，公司股东陈某承担连带保证责任。

法院认为，《中华人民共和国公司法》第六十一条规定，一人有限责任公司不设股东会。股东作出本法第三十七条第一款所列决定时，应当采用书面形式，并由股东签名后置备于公司。第六十二条规定，一人有限责任公司应当在每一会计年度终了时编制财务会计报告，并经会计师事务所审计。第六十三条规定，一人有限责任公司的股东不能证明公司财产独立于股东自己的财产的，应当对公司债务承担连带责任。本案陈某作为京东天富公司的唯一股东，其主张公司财产独立于其股东个人财产，应负相应的举证责任。在上诉状中，陈某虽主张公司有健全的财务管理制度、产权明晰，各项投资、预决算、个人分红等均有书面决议及相应的财务凭证，但仅有其单方陈述，其并未提交任何有效证据证明京东天富公司的财务制度健全，亦未提交京东天富公司的财务审计报告来证明其上诉主张。故依据现有的证据及查明的事实，陈某的举证不足以证明其关于京东天富公司的财产与其个人财产相独立的事实，一审法院判决其对京东天富公司的债务承担连带责任并无不当。

问题 14：最高额担保的"最高额"是指本金最高额还是债权最高额

问题难度：★★★

问题解答：

最高额担保是指担保人与债权人协商一致，在最高债权额度内，对一定期间内连续发生的债权作担保。理论上，关于最高额担保的"最高额"存在两种说法：一种是"本金最高额说"，认为最高额担保的范围包括本金以及本金产生的利息、罚息、复利和违约金等，只要本金不超过最高额，那么相应本金产生的其他债权也在担保范围之内。另一种是"债权最高额说"，认为最高额是指债权的合计金额，担保的范围包括本金以及本金产生的利息、罚息、复利和违约金等债权，这些债权的合计数超过最高额的，不在担保范围之内。

根据民法典第四百二十条的规定，最高额抵押权本质在于其所担保的债权为不特定债权，且具有最高限额。最高额抵押所担保债权的范围，可包括主债权及其利息、违约金、损害赔偿金等，但总计不得超过已登记的预定最高限额，超过部分，抵押权人不能行使抵押权。

根据《最高人民法院关于适用〈中华人民共和国民法典〉有关担保制度的解释》第十五条规定，最高额担保一般是指"债权最高额"，即最高债权额是指包括主债权及其利息、违约金、损害赔偿金、保管担保财产的费用、实现债权或者实现担保物权的费用等在内的全部债权。但是，当事人可以约定最高额为"本金最高额"，这就为银行等金融机构发展业务提供了法律基础。

信贷管理建议：

虽然最高院的司法解释将最高额担保的"最高额"原则上认定为债权最高额，但是银行从服务实体经济发展的角度，客观上需要通过最高额担保满足企业循环使用信贷额度、循环开票等业务需求，同时，还需要将"利息、罚息、复利等债权"全部纳入担保范围内，否则，将面临资金损失的风险。从法律保障社会经济发展的职能考虑，"本金最高额说"具有客观需要。

根据笔者的实践经验，按照"约定本金最高额、放款债权最高额"相结合的思路，提供一种解决方案供读者参考。

首先，在最高额担保合同中明确约定，本合同中的最高额是指本金最高额，由本金所产生的利息、罚息、复利和违约金等均在担保范围之内，且享有优先受偿权。

其次，在信贷审批意见中明确，"本业务采取最高额担保方式，实际用信金额不得超过授信金额的70%"。这里设定70%的目的，是为了通过剩余未放款的30%来覆盖未来可能产生的利息、罚息、复利和违约金等。70%是一个可变量，银行可以根据利率和借款人信用情况进行灵活调整，一般控制在70%～90%，剩余的未放款比例至少要覆盖1.5年的利息，因为诉讼和执行的平均周期需要1.5年。

值得注意的是，上市公司需要对外披露授信和担保额度，它们不希望把未使用的额度对外公示，因此，上市公司一般会要求银行设计最低的比例，甚至要求按照100%的比例提款。这就需要银行在法律风险和业务收益之间进行平衡决策。银行对法律风险管理的目的是实现业务的盈利，如果业务的收益率可以覆盖违约损失率，这种做法也是可以采取的。退一步讲，我们在合同中约定的"本金最高额"也是最终在诉讼中可以使用的有力证据。

最后，在不良贷款诉讼中，我们要合理测算预期的本金、利息等所有债权是否超过了登记或合同约定的"最高额"。如果没有超过，我们的权利不存在争议，可以按照正常诉讼程序进行。如果超过了"最高额"，要按照"本金最高额说"的思路制定诉讼策略，收集相关判例，争取最大的权益。

法条链接：

民法典第四百二十条 为担保债务的履行，债务人或者第三人对一定期间内将要连续发生的债权提供担保财产的，债务人不履行到期债务或者发生当事人约定的实现抵押权的情形，抵押权人有权在最高债权额限度内就该担保财产优先受偿。

最高额抵押权设立前已经存在的债权，经当事人同意，可以转入最高额抵押担保的债权范围。

（已废止：物权法第二百零三条 为担保债务的履行，债务人或者第三人对一定期间内将要连续发生的债权提供担保财产的，债务人不履行到期债务或者发生当事人约定的实现抵押权的情形，抵押权人有权在最高债权额限度内就该担保财产优先受偿。最高额抵押权设立前已经存在的债权，经当事人同意，可以转入最高额抵押担保的债权范围。）

《最高人民法院关于适用〈中华人民共和国民法典〉有关担保制度的解释》第十五条 最高额担保中的最高债权额，是指包括主债权及其利息、违约金、损害赔偿金、保管担保财产的费用、实现债权或者实现担保物权的费用等在内的全部债权，但是当事人另有约定的除外。登记的最高债权额与当事人约定的最高债权额不一致的，人民法院应当依据登记的最高债权额确定债权人优先受偿的范围。

（已废止：担保法解释第八十三条 最高额抵押权所担保的不特定债权，在特定后，债权已届清偿期的，最高额抵押权人可以根据普通抵押权的规定行使其抵押权。抵押权人实现最高额抵押权时，如果实际发生的债权余额高于最高限额的，以最高限额为限，超过部分不具有优先受偿的效力；如果实际发生的债权余额低于最高限额的，以实际发生的债权余额为限对抵押物优先受偿。）

案例分享：

海口明光大酒店有限公司、海口农村商业银行股份有限公司龙昆支行金融借款合同纠纷（〔2017〕最高法民终230号）

本案中，海口农商银行和明光酒店公司、明光管理公司对最高债权额的理解存在分歧。海口农商银行上诉主张，此债权即贷款合同约定的贷款本金19 000万元，由本金产生的利息、复利、违约金等其他费用与本金相加即便超过最高额抵押登记的限额，海口农商银行仍享有优先受偿权。明光酒店公司、明光管理公司则认为，此债权包括本金、利息、违约金、损害赔偿金等费用，所有费用总和不得超过已登记的预定最高限额。

  法院认为，从海口农商银行在海口市国土资源局办理的最高额抵押登记及在中国人民银行征信中心办理的质押登记看，最高债权限额均为19 000万元。《最高额抵押合同》第4.1条虽约定抵押担保的范围包括主合同项下全部借款本金、利息、复利、罚息、违约金、赔偿金、实现抵押权的费用和所有其他应付的费用，但该担保范围内本金、利息、复利、罚息、违约金等合计已超过了登记的最高限额19 000万元。若依此，将使抵押权所担保的债权突破最高债权额，事实上成为无限额。这与抵押人签订《最高额抵押合同》的合同预期不符，亦与物权法、担保法的立法本意相悖。同时，根据物权法第二百二十二条关于最高额质权的规定，最高额质权除适用该节有关规定外，参照物权法第十六章第二节最高额抵押权的规定。同理，海口农商银行所享有的最高额质权也不应超过最高债权额19 000万元。故一审判决第三、四、五项判令海口农商银行在19 000万元限额内享有优先受偿权，并无不当。海口农商银行关于在登记的19 000万元限额外行使优先受偿权的上诉请求，理据不足，本院不予支持。

问题 15：最高额抵押业务中抵押物被查封后发放的贷款是否具有优先受偿权

问题难度：★★★

问题解答：

银行办理最高额抵押贷款后，可以多次循环为企业发放贷款或开立具有信用敞口的票证。为了提高业务效率，客户经理在授信到期前一般不查询抵押物的查封状态，直到本轮授信结束后重新办理抵押登记时才会查询抵押物是否查封。在最高额抵押期限内抵押物被查封后发放的贷款或开立有信用敞口的票证，具有较大的法律风险。

抵押物被查封后又发放的贷款或开立的敞口票证是否具有优先受偿权，核心要判断银行是否知情。如果银行不知情，后续办理的授信业务享有优先受偿权；如果银行知情，则查封后办理的授信业务不享有优先受偿权，仅查封前办理的业务享有优先受偿权。判断银行是否知情，主要看法院是否将查封的信息通知银行，或其他当事人是否有证据证明银行知道查封的事实。

这里需要重点对"法条链接"部分三个主要法条的适用关系进行说明。

按照新法优于旧法的原则，当2000年施行的担保法解释第八十一条（且已废止）与2008年修订的《关于人民法院民事执行中查封、扣押、冻结财产的规定》第二十七条的规定不一致时，应当适用2008年修订的《关于人民法院民事执行中查封、扣押、冻结财产的规定》。

另外，民法典第四百二十三条对物权法第二百零六条第四款的内容进行了调整，将最高额抵押债权确定的情形明确为"抵押权人知道或者应当知道抵押财产被查封、扣押"。民法典的规定与《关于人民法院民事执行中查封、扣押、冻结财产的规定》第二十七条规定的内容一致。

信贷管理建议：

结合实务经验提供以下建议供读者参考。

第一，授信审批阶段，应当在《授信审批批复》中明确："采取最高额抵押方式的，每次放款或开证前经办人应当查询抵押物是否被查封，并提供查询的书面说明"。随着查询渠道的多元化和便民化，目前可以通过公证处、不动产登记部门派驻银行的服务点、不动产登记机构的线上办事大厅等渠道查询。

第二，要加强银行内部行为管理，提升员工法律风险意识。如果银行员工收到法院送达的文书，应当第一时间通知信贷人员。信贷人员在得知抵押物被查封后，应当果断中止授信使用，直至追加新的有效担保方式或解除抵押物查封。

第三，在诉讼中，要积极举证证明银行对于抵押物查封不知情的事实，具体可以参考"案例分享"中最高院的说理部分。

法条链接：

民法典第四百二十三条 有下列情形之一的，抵押权人的债权确定：……

（一）抵押权人知道或者应当知道抵押财产被查封、扣押；……

（已废止：物权法第二百零六条 有下列情形之一的，抵押权人的债权确定：（四）抵押财产被查封、扣押；担保法解释第八十一条 最高额抵押权所担保的债权范围，不包括抵押物因财产保全或者执行程序被查封后或债务人、抵押人破产后发生的债权。）

《关于人民法院民事执行中查封、扣押、冻结财产的规定》第二十七条 人民法院查封、扣押被执行人设定最高额抵押权的抵押物的，应当通知抵押权人。抵押权人受抵押担保的债权数额自收到人民法院通知时起不再增加。人民法院虽然没有通知抵押权人，但有证据证明抵押权人知道查封、扣押事实的，受抵押担保的债权数额从其知道该事实时起不再增加。

案例分享：

福建上杭农村商业银行股份有限公司、王某二审（〔2018〕最高法民终 787 号）

本案中，双方争议焦点之一：关于上杭农商行最高额抵押权的债权何时确定的问题。

最高院认为，物权法第二百零六条规定："有下列情形之一的，抵押权人的债权确定：……（四）抵押财产被查封、扣押……"据此，当发生抵押财产被查封、扣押的情形时，最高额抵押权所担保债权确定。同时，查扣冻规定第二十七条规定："人民法院查封、扣押被执行人设定最高额抵押权的抵押物的，应当通知抵押权人。抵押权人受抵押担保的债权数额自收到人民法院通知时起不再增加。人民法院虽然没有通知抵押权人，但有证据证明抵押权人知道查封、扣押事实的，受抵押担保的债权数额从其知道该事实时起不再增加。"据此，人民法院在查封、扣押设定有最高额抵押权的抵押物时，应当通知最高额抵押权人，最高额抵押权人自收到人民法院查封通知时起受抵押担保的债权数额确定。上杭农商行上诉主张一审法院认定事实、适用法律错误均源于对物权法第二百零六条与查扣冻规定第二十七条的理解与争议。一审法院适用物权法第二百零六条的规定，即如果出现抵押物被查封的事实，则最高额抵押权的债权数额即确定，而上杭农商行则认为应当适用查扣冻规定第二十七条的规定，即最高额抵押债权数额的确定应当以收到人民法院通知为准。本院认为，物权法第二百零六条与查扣冻规定第二十七条的规定并不冲突，物权法第二百零六条是对最高额抵押权所担保债权确定事由作出的规定，即出现该条规定的几项事由时，最高额抵押债权数额的确定就满足了实体要件；而查扣冻规定第二十七条则是对最高额抵押债权数额的确定明确了具体的时间节点，即最高额抵押权担保的债权数额自抵押权人收到人民法院通知时或从抵押权人知悉抵押物被查封的事实时起不再增加，可以理解为最高额抵押债权数额确定的程序要件。既有债权数额确定的原因事由，又有债权数额确定的时间节点，物权法与查扣冻规定的规定结合起来就解决了何事、何时最高额抵押债权数额确定这一问题。本案中，案涉抵押房产于 2011 年 7 月 21 日被人民法院查封且未通知抵押权人上杭农商行，荣达公司与上杭农商行签订的《最高额抵押借款合同》约定的贷款最后到期日为2013年5月17日，上杭农商行在案涉抵押房产被查封后于2012年5月28日、6月20日、9月19日，2013年1月9日四次向荣达公司发放贷款共计1 200万元。根据本案已经查明的事实，荣达公司与上杭农商行共发生过十三笔贷款，前九笔贷款均已偿还完毕，即在上杭农商行向荣达公司发放贷款的过程中，荣达公司并未出现不能按时还款或者停止付息等资金异常情况，上杭农商行也基于荣达公司的资金正常状态从而在《最高额抵押借款合同》约定的时间和额度范围内继续发放贷款，并不存在过错。设定最高额抵押权主要目的是为连续性融资交易提供担保，提高交易效率，若在贷款还款没有异常情况下，要求最高额抵押权人在每次发放贷款时仍要对借款人或抵押物的状态进行重复实质审查，则有违最高额抵押权设立的立法目的。因此，最高额抵押债权数额的确定应当以人民法院查封抵押物且抵押权人收到人民法院通知时为准更为合理。

另，根据查扣冻规第二十七条第二款的规定，若有证据证明最高额抵押权人知道人民法院对抵押物查封的事实，则最高额抵押债权数额应当从其知道查封时确定。本案中，要分析人民法院向上杭农商行才溪支行送达协助执行通知书及相关民事裁定书能否视为上杭农商行已经知悉案涉房产被查封的事实。首先，才溪支行是上杭农商行的下属支行，其并非案涉《最高额抵押借款合同》的一方当事人，人民法院向才溪支行送达财产保全裁定及协助冻结林荣达的银行账号的通知并不能当然视为已向上杭农商行通知案涉房产查封的事实。其次，才溪支行虽不具有独立法人地位，但基于银行业的经营特殊性，其与单位的内设部门不同，支行在授权范围内有一定的自主经营管理能力，具有相对独立性，在本案中并无证据表明才溪支行有代表上杭农商行接收相关法律文书的权限和职责。最后，人民法院送达给才溪支行的〔2011〕闽民初字第22-2号民事裁定书的内容为"裁定冻结林荣某银行存款5 723万元或查封、扣押等值的财产"，才溪支行签署的《协助查询存款通知书（回执）》和《协助冻结存款通知书（回执）》，针对的也是查询并冻结林荣某的银行账户等事项，不能苛责才溪支行应从该裁定书及相关通知书中推断出人民法院要查封案涉上杭农商行已享有最高额抵押权的两处房产，更不能据此推定上杭农商行知道案涉房产已经被查封的事实。

据此，因现有证据不能证明上杭农商行在最高额抵押期限和范围内发放 1200 万元贷款前知道案涉抵押房产被查封的事实，故其对案涉抵押房产处置所得价款享有优先受偿权，一审判决该项认定事实和适用法律有误，本院予以纠正。

问题 16：价款优先权是"超级抵押权"吗

问题难度：★★

问题解答：

目前，在民法典的各种解读中，我们通常都会看到"超级抵押权"这个概念。实际上，这种说法有些夸张且不够准确，所谓"超级抵押权"是一种通俗的说法，在理论上的概念是"价款优先权"或"动产购买价款优先权"，是指债务人以所有权保留或融资租赁等方式购入动产，出卖人或出租人以及提供融资的债权人在该动产交付后十日内办理了动产所有权保留或融资租赁等公示，出卖人或出租人根据民法典第四百一十六条的规定享有的优先于浮动抵押权或者其他动产抵押权的优先受偿权，但是留置权人除外。从上述概念中可以看出，"超级抵押权"并非"超级"，主要有两个原因：一是出卖人、债权人或出租人必须在动产交付十日内办理公示登记；二是留置权优先于该权利受偿。

价款优先权的立法目的是通过增强对出卖人、债权人或出资人的法律保障，从而提升其交易和融资的信心，进而通过扩大融资行为增加动产的社会交易量，实现增加社会经济总量的目的。我国以前的担保法和物权法均未规定保护价款优先权的法律规则，但是，随着经济社会的发展，出卖人向买受人提供融资服务快速发展，尤其是融资租赁行业的快速发展，亟须法律保障其应有权利。该法律制度平衡了各方的利益，对于动产的出卖人或出租人而言，债权有了法律保障后可以更有信心地进行市场交易；对债务人而言，可以获得融资购入动产，增加生产经营规模；对于在先的浮动抵押债权人，当债务人的新增负债和新增融资同时增加后，其经营效益存在提升的可能，也可能间接有利于清偿各类债务，至少不会对浮动抵押债权人形成确定的不利影响。

判断价款优先权是否成立，主要从以下两个构成要件分析：第一，主债权是抵押物的价款，即债务人因购买动产形成的对出卖人的欠款或对出租人的租金；第二，出卖人或出租人在标的物交付后十日内必须办理抵押登记的公示。

《最高人民法院关于适用〈中华人民共和国民法典〉有关担保制度的解释》第五十七条将"价款优先权"的权利主体规定为三类，一是在该动产上设立抵押权或者保留所有权的出卖人；二是为价款支付提供融资而在该动产上设立抵押权的债权人；三是以融资租赁方式出租该动产的出租人。第二类债权人也包括作为购买动产资产的提供方银行。因此，该司法解释对银行较为有利，把银行也纳入法律保护的权益范围之内。

信贷管理建议：

价款优先权对银行信贷业务增加了不确定性。在以往的实务中，银行的主要法律纠纷集中在货物抵押业务，该领域存在三方利益的冲突——银行依据动产浮动抵押制度设立的抵押权、货物出售方设立的所有权保留权和融资租赁公司设立的租金优先权。在过去的法院判例中，三方均围绕动产的归属进行争论，法院遵循的主要原则是"登记在先，受偿在先"。

根据民法典四百一十六条和司法解释的规定，银行在信贷业务中应当进行适当调整。

一是在贷前调查阶段，查询企业的核心动产资产是否存在欠款、是否设定所有权保留或融资租赁。如存在这些情况，应当对企业的资产负债表进行修正。

二是在放款阶段，如果企业提供了动产抵押，应当增加类似放款条件：银行办理动产抵押登记十个工作日后再次查询动产登记情况，未发现其他登记才可以放款。

三是如果银行贷款的用途就是购买动产，那么银行也是"超级抵押权"的权利主体，应当在借款合同中明确贷款用途和购买产品的型号、数量等关键信息，并按照法律规定在十日内办理登记。

四是在不良贷款清收阶段，如果贷款用途是购买该抵押动产，并于动产交付后十日内办理了抵押登记，那么银行作为贷款方同样要积极争取价款优先权，以获得优先于其他抵押权人的受偿权利。

法条链接：

民法典 第四百一十六条 动产抵押担保的主债权是抵押物的价款，标的物交付后十日内办理抵押登记的，该抵押权人优先于抵押物买受人的其他担保物权人受偿，但是留置权人除外。

《最高人民法院关于适用〈中华人民共和国民法典〉有关担保制度的解释》第五十七条 担保人在设立动产浮动抵押并办理抵押登记后又购入或者以融资租赁方式承租新的动产，下列权利人为担保价款债权或者租金的实现而订立担保合同，并在该动产交付后十日内办理登记，主张其权利优先于在先设立的浮动抵押权的，人民法院应予支持：（一）在该动产上设立抵押权或者保留所有权的出卖人。（二）为价款支付提供融资而在该动产上设立抵押权的债权人。（三）以融资租赁方式出租该动产的出租人。买受人取得动产但未付清价款或者承租人以融资租赁方式占有租赁物但是未付清全部租金，又以标的物为他人设立担保物权，前款所列权利人为担保价款债权或者租金的实现而订立担保合同，并在该动产交付后十日内办理登记，主张其权利优先于买受人为他人设立的担保物权的，人民法院应予支持。同一动产上存在多个价款优先权的，人民法院应当按照登记的时间先后确定清偿顺序。

问题17：居住权是否对银行住房抵押贷款业务造成不利影响

问题难度： ★★

问题解答：

一段时期以来，我国房屋供应体系主要采用商品房购买和房屋租赁二元结构，并以经济适用房、两限房、廉租房等保障性住房为补充。其中，商品房购买能够保障购房人长期、稳定的居住权益，但由于价格因素，难以满足中低收入社会成员的居住需求。房屋租赁虽然价格低廉，但又存在期限较短等不确定因素。经济适用房、两限房、廉租房申请条件较为严格，对于户籍、收入水平等不符合条件的"夹心层"人群无能为力。近年来，以分时度假、以房养老等为代表的新型住房市场不断发展，传统的住房供应体系已经越来越难以满足中国特色社会主义新时代的要求。党的十九大报告指出："加快建立多主体供给、多渠道保障、租购并举的住房制度。"民法典物权编将居住权确定为一项法定用益物权，有效兼顾商品房购买的稳定性和房屋租赁的灵活性，有利于克服传统二元化房屋供应体系的弊端，是一项住房领域供给侧改革的重要成果，体现了以人民为中心的发展思想，对实现"人民群众住有所居"的目标具有现实意义。从民法典第三百六十六条至三百七十一条这六个条文规定来看，我国的居住权既沿袭为达到赡养、抚养或扶养目的的传统法律制度基础，又拓展了其社会保障属性，还凸显了房屋价值利用多元化的功能，具有鲜明的时代特征。

民法典颁布前，居住权一直未被我国民事立法所承认。但面对实践中涉及居住权的诉讼纠纷，人民法院并不能以法无明文规定为由拒绝裁判。司法实践中，涉居住权案件主要集中在离婚、继承、赡养以及涉公产住房、投资性住房纠纷等相关社会生活领域。如离婚后无住房一方及其未成年子女的居住权问题；订立遗嘱或遗赠人对房屋的处分意愿与居住权人的住房需求冲突问题；子女不履行赡养义务导致老年人无房可住的问题；公产住房居住人权利义务划分不明问题，以及将居住权作为投资方式进入市场流通引发的相关权利争议问题。在法律适用方面，各地法院在处理相关案件时适用法律也不统一，可供适用的法律包括《中华人民共和国民法通则》、合同法、、物权法、老年人权益保障法、婚姻法司法解释（一）等。

根据民法典第三百六十六条至三百七十一条的规定，居住权自登记时设立。根据物权债权两分的基本原则，居住权合同自签订时成立、生效，居住权则自登记时设立。居住权合同签订后，双方当事人即负有申请办理居住权登记的义务。合同一方以居住权未办理登记为由主张合同不成立或无效的，不应得到支持。

那么，居住权的设立，是否对抵押权造成不利影响，进而对银行的住房抵押贷款业务造成不利影响呢？从上述分析可以看出，我国设立居住权的目的是建立多元化的住房保障体系，保障弱势群体的居住权，是住房供给侧改革的重要内容，是一项利国利民的大政策。因此，作为负有重要社会责任的商业银行，应当全力支持这项政策的落实。另外，根据居住权登记设立的基本原则，居住权与抵押权同属于"他项权利"的一种类型，银行在办理业务时，可以查询住房是否设立居住权的情况。如果抵押权生效后设立居住权，此时的居住权类似"第二顺位抵押权"，不得对抗在先登记抵押权。因此，居住权的设立，不仅不会对银行的业务造成不利影响，相反在某些方面存在积极的影响。例如：实务中普遍存在的因居住人无其他住房导致强制执行无法腾退房屋的案件，就是因为没有居住权公示制度的存在，导致银行无法事先查询居住状况。将来不动产登记机构可以向银行提供居住权设立的有关信息，增加了银行信贷分析的信息数据来源，有利于银行管理信贷风险。

信贷管理建议：

最高人民法院关于居住权的司法解释出台之前，银行在办理住房抵押贷款时，应当重点从以下方面完善信贷管理。

首先，贷前调查阶段，要实地查看抵押物的实际使用者是否符合"居住权"的法定情形，并在不动产登记机关查询是否设立了居住权登记。例如，上海市在2003年就规定可以对居住权进行登记。如果发现上述情形，不宜办理住房抵押贷款业务。

其次，根据居住权设立的目的来看，居住权人承诺"将来在处置抵押物时主动放弃居住权"的单方承诺属于无效行为。因此，银行不宜采取这种方式防控风险。

最后，居住权作为一项新制度，在保障弱势群体居住权的同时，也不会损害抵押权等保障社会经济流转权能的实现。作为信贷工作人员，需要在实务中持续关于有关居住权的判例，适时对我们的信贷业务做出调整。

法条链接：

民法典第三百六十六条　居住权人有权按照合同约定，对他人的住宅享有占有、使用的用益物权，以满足生活居住的需要。

民法典第三百六十七条　设立居住权，当事人应当采用书面形式订立居住权合同。居住权合同一般包括下列条款：（一）当事人的姓名或者名称和住所。（二）住宅的位置。（三）居住的条件和要求。（四）居住权期限。（五）解决争议的方法。民法典第三百六十八条　居住权无偿设立，但是当事人另有约定的除外。设立居住权的，应当向登记机构申请居住权登记。居住权自登记时设立。民法典第三百六十九条　居住权不得转让、继承。设立居住权的住宅不得出租，但是当事人另有约定的除外。民法典第三百七十条　居住权期限届满或者居住权人死亡的，居住权消灭。居住权消灭的，应当及时办理注销登记。民法典第三百七十一条　以遗嘱方式设立居住权的，参照适用本章的有关规定。

问题 18：在建工程抵押是否属于合格抵押方式

问题难度：★★

问题解答：

根据法律规定，在建工程抵押的法律风险，主要是购房人优先权和建设工程价款优先权两项法定优先权。购房人优先权的立法目的是保护购房人的基本居住权，属于生存权的范畴。建设工程价款优先权的立法目的是保护建设工程应支付的工人工资和原材料费等，间接保护施工单位背后的工人的基本权利。因此，立法者认为，居住权与经营权相比，应当优先保护居住权。特殊经营权与一般抵押权相比，应当保护特殊经营权。因此，法律对这三项权利的保护顺序是：购房人的优先权 —— 建设工程价款优先权 —— 在建工程抵押权。

因此，在建工程抵押的主要法律风险是抵押人是否对购房人和施工方履行了约定的义务。任何一方的权益没有得到保障，都会成为在建工程抵押权实现的障碍。

信贷管理建议：

针对在建工程抵押存在的法律风险，笔者提出以下信贷管理建议。

首先，银行不宜将在建工程抵押作为主担保方式。基于上述分析，购房人和施工方的权益均优先于抵押权人，如果在建工程出现问题导致银行贷款逾期，那么相应的购房人和施工方的权益很可能也会被损害。在各方进入法律程序后，法院在保障了购房人和施工方的权益后，抵押权人的利益很可能无法保障。因此，最终受到损失的很可能是作为抵押权人的银行。

其次，应当将在建工程抵押作为销售控制和资金回笼的风险措施。一方面，随着消费者法律意识的提高，不具备"网签"资格的商品房难以被消费者接受。因此，银行要充分利用"已抵押在建工程不得办理网签"的管理要求，将项目的销售权牢牢控制在自己手中。另一方面，在项目具备销售条件后，应当与开发商积极沟通，按照"分批分次"逐步释放在建工程的方式，使开发商尽快实现销售，同时，按照销售比例归还银行贷款。

最后，如果将抵押物作为资金回收的来源，其维权之路很漫长，可能是信贷人员无法承受的时间。银行应当与开发主体积极沟通，在保证项目顺利完工交付的前提下，实现信贷资金的回收。

如果一笔授信业务最终走到了诉讼和执行程序，即使最终收回资金，那也证明授信的决策是失败的。任何项目贷款的安全回收，一定是基于项目本身的成功。

法条链接：

民法典第八百零七条　发包人未按照约定支付价款的，承包人可以催告发包人在合理期限内支付价款。发包人逾期不支付的，除根据建设工程的性质不宜折价、拍卖外，承包人可以与发包人协议将该工程折价，也可以请求人民法院将该工程依法拍卖。建设工程的价款就该工程折价或者拍卖的价款优先受偿。

（已废止：合同法第二百八十六条　发包人未按照约定支付价款的，承包人可以催告发包人在合理期限内支付价款。发包人逾期不支付的，除按照建设工程的性质不宜折价、拍卖的以外，承包人可以与发包人协议将该工程折价，也可以申请人民法院将该工程依法拍卖。建设工程的价款就该工程折价或者拍卖的价款优先受偿。）

《最高人民法院关于建设工程价款优先受偿权问题的批复》（法释〔2002〕16号）

一、人民法院在审理房地产纠纷案件和办理执行案件中，应当依照《中华人民共和国合同法》第二百八十六条的规定，认定建筑工程的承包人的优先受偿权优于抵押权和其他债权。

二、消费者交付购买商品房的全部或者大部分款项后，承包人就该商品房享有的工程价款优先受偿权不得对抗买受人。

三、建筑工程价款包括承包人为建设工程应当支付的工作人员报酬、材料款等实际支出的费用，不包括承包人因发包人违约所造成的损失。

四、建设工程承包人行使优先权的期限为六个月，自建设工程竣工之日或者建设工程合同约定的竣工之日起计算。

《执行异议和复议案件规定》第二十七条 申请执行人对执行标的依法享有对抗案外人的担保物权等优先受偿权，人民法院对案外人提出的排除执行异议不予支持，但法律、司法解释另有规定的除外。

《执行异议和复议案件规定》第二十九条 金钱债权执行中，买受人对登记在被执行的房地产开发企业名下的商品房提出异议，符合下列情形且其权利能够排除执行的，人民法院应予支持：（一）在人民法院查封之前已签订合法有效的书面买卖合同；（二）所购商品房系用于居住且买受人名下无其他用于居住的房屋；（三）已支付的价款超过合同约定总价款的百分之五十。

案例分享：
交通银行股份有限公司陕西省分行、郭某申请执行人执行异议之诉再审（〔2018〕最高法民申1571号）

2014年9月4日，郭某与瑞麟公司签订《商品房买卖合同》，约定郭某购买瑞麟君府南区×号楼××××号房屋，合同价款为62万元（以抵顶工程款的方式支付）。2014年12月30日，交通银行股份有限公司陕西省分行向法院申请公证执行，西安中院依据生效的债权文书《公证书》及《执行证书》作出（2014）西中执证字第00059-2号执行裁定：查封被执行人瑞麟公司所有的位于陕西省×××区东二环西侧瑞麟君府南区285套房产（预售证号：临预字201216号、临预字201215号、临预字201121号）；查封期限为两年。郭某购置的房屋在上述查封之列。

最高院对本案的主要争议焦点评析如下：

（一）郭某是否符合《执行异议和复议案件规定》第二十九条关于案外人的条件

郭某与瑞麟公司在人民法院查封之前已签订了合法有效的书面买卖合

同，郭某所购房屋性质为居住用房，西安房管局出具的《财产查询反馈信息表》显示，郭某名下未登记其他房屋。《执行异议和复议案件规定》第二十九条第二项中规定的"无其他用于居住的房屋"，系买受人在被执行房屋所在地名下无其他用于居住的房屋，而不是在全国范围内无其他用于居住的房屋。二审法院已查明郭某在陕西省无其他房产，故认定郭某名下无其他用于居住的房屋，并无不当。交行陕西分行再审申请提出，该条规定的"其名下"无其他用于居住的房屋，不仅包括购房者本人，还应包括购房者的配偶、子女名下也都没有其他用于居住的房屋。该理由没有法律依据，本院不予支持。

根据郭某向本院提交的情况说明、收据、商品房抵工程款协议、商品房抵工程款基本情况表等相关证据来看，西安三建建设有限公司系瑞麟君府小区的施工单位，因瑞麟公司无法按时向西安三建建设有限公司支付工程款，双方于 2014 年 8 月 10 日签订《商品房抵工程款协议》，就工程抵款事宜达成一致。西安三建建设有限公司将案涉房屋写于郭某名下，以冲抵工程款。《商品房抵工程款基本情况表》注明有"房号××××，郭某"。以上证据足以证明，郭某以工程抵款的方式购置了案涉房屋，可以认定为其已支付全部购房款。郭某在提供了瑞麟公司出具的《收据》后，再提供的以上这些证据能够相互印证，与其当庭陈述的事实可一一对应，本院依法予以认定。

（二）关于本案法律适用的问题

交行陕西分行认为，本案应适用《执行异议和复议案件规定》第二十七条，其对案涉房产享有对抗案外人郭某的优先受偿权，二审法院适用《执行异议和复议案件规定》第二十九条系适用法律错误。本院认为，《执行异议和复议案件规定》第二十七条规定："申请执行人对执行标的依法享有对抗案外人的担保物权等优先受偿权，人民法院对案外人提出的排除执行异议不予支持，但法律、司法解释另有规定的除外。"从该条规定来看，原则上申请执行人对执行标的依法享有对抗案外人的担保物权等优先受偿权的，人民法院对案外人提出的排除执行异议不予支持，但同时规定了例外情况，即"法律、司法解释另有规定的除外"。换言之，申请执行人对执行标的享有优先受偿权的，其对抗案外人的执行异议不是绝对的，如果法律、司法解释另有规定的，申请执行人即使对执行标的享有优先受偿权，也不能对抗案外人的执行异议。本院认为，《执行异议和复议案件规定》第二十九条就是第二十七条规定的"但法律、司法解释另有规定的除外"中的司法解释，第二十九条与第二十七条并不矛盾，因为它是第二十七条的但书内容。第二十九条之所以作为第二十七条的但书内容，是为了优先保护符合相关情形的房屋购买者的居住权，因为从价值衡量来看，该种情形下的居住权与抵押权相比，居住权优先。本案中，郭某已在原审中承担相应举证责任，提供的证据足以证明其符合《执行异议和复议案件规定》第二十九条规定的情形，二审法院参照适用该条规定，根据《民事诉讼法司法解释》第三百一十一条和第三百一十二条第一款第一项之规定，认定郭某享有足以排除强制执行的民事权益，适用法律正确。交行陕西分行认为，适用《执行异议和复议案件规定》第二十九条的前提条件是办理商品房预售登记。该主张没有法律依据，本院不予支持。

另，《中华人民共和国合同法》第二百八十六条规定："……建设工程的价款就该工程折价或者拍卖的价款优先受偿。"《最高人民法院关于建设工程价款优先受偿权问题的批复》第一条规定："人民法院在审理房地产纠纷案件和办理执行案件中，应当依照《中华人民共和国合同法》第二百八十六条的规定，认定建筑工程的承包人的优先受偿权优于抵押权和其他债权。"根据上述法律规定可以看出，建设工程的优先受偿权优先于抵押权和其他债权。本案中，案涉房屋系西安三建建设有限公司基于工程价款的优先受偿权，通过工程抵款方式登记于郭某名下，郭某对案涉房屋享有足以排除强制执行的权利。

据此，不论是参照适用《执行异议和复议案件规定》第二十九条还是依据《中华人民共和国合同法》第二百八十六条、《最高人民法院关于建设工程价款优先受偿权问题的批复》第一条，郭某都享有足以排除强制执行的民事权利。

问题19：开发商在办理《预售许可证》时，不动产登记机关要求银行出具"同意预售"的书面意见，是否意味着银行放弃了抵押权

问题难度：★★

问题解答：

银行在办理房地产开发贷款时，一般会要求开发商提供土地使用权抵押或者在建工程抵押。当项目具备预售条件后，开发商向房管部门申请办理预售许可证，房管部门会要求银行出具"同意预售的书面意见"。那么，银行出具了"同意预售的意见"，仅仅是同意预售，还是意味着放弃了抵押权？

理论上，这种书面意见只是银行同意为帮助开发商销售房屋以收回贷款的意见，银行的真实意思表示并非放弃抵押权，法律也没有规定这种意见属于放弃抵押权。但是，在实务中，法院从保护购房人利益和维护交易安全的角度，一般会将这种"意见"视为"银行放弃对购房人主张抵押权优先受偿权"，也就是说，银行的抵押权仍然有效，如果房屋未出售，银行可以主张实现抵押权优先受偿。但是，如果抵押房产已出售，购房人的所有权优先于银行的抵押权。

因此，银行在实务中，对于出具此类"意见"的审批，应当按照"放弃"抵押权的法律后果进行评估。

信贷管理建议：

实务中，银行在贷款未结清的情况下一般不会出具"同意解除抵押的意见"，因此，房管部门退而求其次要求银行出具"同意预售的意见"，但是，银行出具这类意见后，实际上已经产生了类似"同意解除抵押"的

法律效果。从银行的角度分析，银行为了安全收回资金，必须保证开发商及时进行预售，因此，"同意预售的意见"也符合银行的利益。如果银行坚决要求结清贷款后解除抵押，双方很可能陷入死循环，最终双方均遭受损失。既然银行出具"同意预售的意见"是符合业务实际需要的，那么，如何出具就成为关键的技术性问题。

根据我们以往的业务经验，银行在出具"同意预售的意见"时应当采取以下策略。

第一，分期、分栋、分单元出具。

第二，根据预售价格和预计销售率，合理测算销售回款可用于还贷的金额，要求开发商提前分期还款，做到"分次解除"和"分次还贷"的时间、金额相匹配，确保任何时点的抵押物价值或抵押率符合银行内部规定。

第三，最后20%的抵押物释放前，应当结清全部贷款本息。

第四，最后一批释放的抵押物应当是具有市场销售前景的房产，避免滞销房产。例如，住宅和商业混合的项目中，应当把最后一批释放的抵押物控制为住宅，而不是商业。

法条链接：

《北京市国土资源局、北京市建设委员会关于房地产开发项目在建工程抵押登记有关问题的通知》（京国土籍〔2007〕751号）房地产开发企业申请办理《北京市商品房预售许可证》时，对预售项目已办理了在建工程抵押登记的，需由抵押权人出具同意抵押房屋销售的证明。

《厦门市商品房预售管理规定》第二十二条 预售商品房设定土地抵押权的，应当先取得抵押权人对该套商品房的登记放行证明，方可办理商品房买卖合同登记备案。

案例分享：

哈尔滨中财房地产开发有限公司与中国农业银行股份有限公司哈尔滨道外支行借款合同纠纷（〔2016〕最高法民申887号）

法院认为，申请人农行道外支行依据《中华人民共和国民事诉讼法》

第二百条第二项、第六项之规定申请再审，在该事由项下，双方争议的焦点是：抵押权人同意抵押人销售抵押房产的情况下，能否认定抵押权消灭。

首先，《中华人民共和国物权法》第一百七十七条规定，债权人放弃担保物权的，担保物权消灭。对于债权人同意抵押人转让抵押物的情况下，能否认定抵押权已经消灭，结合《中华人民共和国物权法》第一百九十一条"抵押期间，抵押人经抵押权人同意转让抵押财产的，应当将转让所得的价款向抵押权人提前清偿债务或者提存"之规定，可以作出这样的理解，本条确立了"抵押权人同意方可转让"的基本原则，如果抵押权人同意转让抵押物的情况下，则不应由受让人代为清偿债务，在抵押物的交换价值实现之日即丧失了物上追及力，抵押权的效力仅及于转让价金。本案中，农行道外支行向哈尔滨市房地产交易中心出具了《关于允许抵押人继续售房的函》，同意转让抵押物，应视为放弃抵押权，此时农行道外支行对于在建房屋已不再享有抵押权，其只能对买受人支付的购房款行使价金代位权，而不能再追及于物上抵押权。至于农行道外支行因无法行使价金代位权而造成的损失，系农行道外支行与中财公司的债权债务关系，当事人应当另行主张。

其次，《中华人民共和国物权法》第一百七十条规定："担保物权人在债务人不履行到期债务或者发生当事人约定的实现担保物权的情形，依法享有就担保财产优先受偿的权利。"从该条规定来看，担保物权的法律效力主要体现在享有优先受偿权。抵押权作为担保物权，其优先的内容在于抵押物的价值，而非取得抵押物的所有权，在抵押物已经转让的情况下，作为购买人取得的是抵押物的所有权，特别是在购房人已经支付对价，并且是善意的情况下，如果再将抵押权的负担转移给购房人，显然不利于保护购房者的所有权。基于上述分析，原判决对于农行道外支行要求实现抵押权的诉讼请求未予支持，认定事实清楚，适用法律正确。

综上，再审申请人农行道外支行的再审申请不符合《中华人民共和国民事诉讼法》第二百条第二项、第六项规定之情形。本院依照《中华人民共和国民事诉讼法》第二百零四条第一款之规定，裁定如下：驳回中国农业银行股份有限公司哈尔滨道外支行的再审申请。

问题20：按揭贷款业务中办理的"抵押预告登记"是否享有抵押权的优先受偿权

问题难度：★★★

问题解答：

银行办理按揭贷款业务时，主担保方式是商品房抵押，次担保方式是开发商的阶段性保证担保。银行一般认为住房按揭贷款是低风险业务，主要原因是有住房作为抵押。随着房价的一路上涨，抵押物变现能力极强，但是，有很多按揭贷款的抵押物无法变现，主要原因是按揭贷款中办理的抵押属于"抵押预告登记"，未取得正式的抵押权。根据民法典第二百二十一条规定及法院的相关判例，抵押预告登记并非现实的抵押权，而是对未来实现抵押权的请求权，权利人在未办理抵押权登记之前，享有在抵押权登记条件成就时就办理抵押登记的请求权，可以对抗他人对该抵押物的处分行为，但并非对房屋享有现实的抵押权和优先受偿权。

信贷管理建议：

从上述分析可以看出，抵押预告登记是否可以享有优先受偿权的依据，关键在于最终抵押物的物权和抵押权能否成立。如果抵押物的物权能够确认，相应的抵押权也就能够成立，抵押预告登记也就转化为现实的抵押权。如果只办理了抵押预告登记，后续未办理正式抵押登记的，不享有优先受偿权。

办理按揭贷款时，要重点关注项目的合规性，尤其是项目"五证"办理情况。一般情况下，如果项目"五证"齐全，再配套银行的按揭贷款解决项目后续建设资金的需求，项目的完工风险和交付风险较小。只要项目"五证"齐全，且正常完工交付，办理物权和抵押权登记就只是时间的问题，银行可以在享有抵押权的条件下执行抵押物，也可以要求开发商承担阶段性保证责任。

银行业成熟的做法是："四证审批、五证放款"，即当项目取得《国有土地使用证、建设用地规划许可证、建设工程规划许可证和建筑工程施工许可证后，提交银行的授信审批机构审批；当项目取得《商品房预售许可证》后，开始办理按揭贷款的发放。

不良贷款诉讼中，应当首先要求开发商承担阶段性保证责任，按照合同约定扣划保证金或提起诉讼的方式追偿。如果开发商资金链断裂不具备代偿能力，则可以申请法院对已办理预抵押登记的商品房进行查封拍卖并以所得价款受偿。实务中，大多数地区的法院对"网签房"可以办理查封和拍卖。但是，法院将"网签"房产视为开发商的一般财产进行拍卖，如果存在多个债权人，银行很难得到优先受偿的权利。

法条链接：

民法典第二百二十一条　当事人签订买卖房屋的协议或者签订其他不动产物权的协议，为保障将来实现物权，按照约定可以向登记机构申请预告登记。预告登记后，未经预告登记的权利人同意，处分该不动产的，不发生物权变动的效力。预告登记后，债权消灭或者自能够进行不动产登记之日起九十日内未申请登记的，预告登记失效。

（已废止：物权法第二十条　当事人签订买卖房屋或者其他不动产物权的协议，为保障将来实现物权，按照约定可以向登记机构申请预告登记。预告登记后，未经预告登记的权利人同意，处分该不动产的，不发生物权效力。预告登记后，债权消灭或者自能够进行不动产登记之日起三个月内未申请登记的，预告登记失效。）

案例分享：

招商银行股份有限公司武汉分行、杨某金融借款合同纠纷（〔2019〕鄂 01 民终 7717 号）

2009 年 12 月 28 日，招行武汉分行与杨某、陈某、武汉市利嘉置业有限公司签订《个人购房借款及担保合同》，约定：贷款金额38万元，贷款期限120个月，抵押人自愿以所购房产（武汉市东湖新技术开发区步行街南路17号光谷世界城西班牙风情街1栋C座×层×××号）的全部权益抵押给贷款人。2010年2月1日，上述抵押房屋在武汉东湖新技术开发区房产管理局办理《武汉市期房抵押证明》。

贷款逾期后，招行武汉分行向法院主张就抵押房产折价拍卖、变卖后优先受偿。

武汉中院认为，抵押权的设立，需以抵押人拥有其具备完全物权的抵押财产，并按当事人之间的合意结果，在完善抵押权登记手续后才能成就。在预售商品房抵押贷款中，如果房屋产权未登记至借款人名下，则抵押权设立登记无法完成。本案中，借贷双方通过签署2009年12月28日《个人购房借款及担保合同》约定，本合同签订时，杨某、杨某尚未办妥产权证书，其应配合贷款人招行武汉分行及售房人利嘉置业公司办理房屋抵押预告登记，且办理正式抵押登记手续的条件，系以抵押人取得该商品房的产权证书而具备物权登记要件为前提。同时，双方就不能履行抵押权本登记的违约责任作出了相应的约定。故，该部分约定内容已充分表明，当事双方对于抵押权设立的法定条件均是知悉的。虽然杨某为向招行武汉分行进行按揭贷款时，以其购买的预售商品房作抵押，在相关房地产行政管理部门办理了《武汉市期房抵押证明》，但在杨某至今尚未取得该套商品房的物权凭证之下，因杨某与利嘉置业公司间的房屋买卖合同并不产生终局的物权效力，该份《武汉市期房抵押证明》应是招行武汉分行为限制债务人处分诉争不动产，保障其将来取得物权而作的登记，其性质应为抵押预告登记。据此，一审法院就该抵押证明性质的认定，并无不当。依《中华人民共和国物权法》第二十条"当事人签订买卖房屋或者其他不动产物权的协议，为保障将来实现物权，按照约定可以向登记机构申请预告登记。预告登记后，未经预告登记的权利人同意，处分该不动产的，不发生物权效力。预告登记后，债权消灭或者自能够进行不动产登记之日起三个月内未申请登记的，预告登记失效"之规定，招行武汉分行并不能依据预告登记获得现实的抵押权，其作为案涉房屋抵押权预告登记的权利人，在未办理房屋抵押权设立登记前，所享有的是当抵押登记条件成就或约定期限届满时，对该房屋办理抵押权登记的请求权，并可排他性地对抗他人针对该房屋的处分。即，预告登记不同于直接产生支配效力的抵押登记，而是抵押权预告登记权利人待房屋建成并在交付借款人后对该房屋设立抵押权的一种预先的排他性保全。其设立目的在于期房买卖中，债权行为的成立和不动产的转移登记之间常常因房屋建造等各种原因而导致相当长的时间间隔，为平衡不动产交易中各方利益，维护交易安全所赋予抵押预告登记能够对抗第三人的物权效力。因此，在不动产物权尚未成立，不具备法定的抵押登记条件之下，抵押预告登记不产生优先受偿的效力。故，招行武汉分行不能对诉争的预售商品房行使抵押权，其认为享有抵押优先受偿权的上诉观点，本院不予支持。

第三章

放款阶段的法律问题

问题 21：违反监管部门文件要求的格式合同是否有效

问题难度： ★

问题解答：

银行业监督管理文件分两类：一类是部门规章，例如"三个办法一个指引"。另一类是非规范性文件，例如《中国银监会关于整治银行业金融机构不规范经营的通知》。根据我国合同法司法解释一，确认合同无效，应当以全国人大及其常委会制定的法律和国务院制定的行政法规为依据，不得以地方性法规、行政规章为依据。因此，银行违反《中国银监会关于整治银行业金融机构不规范经营的通知》等银行业管理文件的行为不会导致合同无效，但是这些行为属于违反行政管理规定的行为，可以被行政机关处以相应处罚。

信贷管理建议：

违反《中国银监会关于整治银行业金融机构不规范经营的通知》的行为，最终被法院确认具有法律效力，就是鼓励银行违规经营吗？关于这个问题，应当辩证地看待。法院依据法律规定作出判决的目的，是为了维护交易安全、保护经济秩序。从这个角度看，法律保护的是经济秩序这个"大利益"，目的是保障经济的顺畅运行。针对银行的违规经营，监管部门可以通过行政手段予以惩处，因此，二者并不矛盾，实质是辩证统一的关系，商业银行必须始终坚持合规经营的底线。

法条链接：

（已废止：合同法解释一第四条　合同法实施以后，人民法院确认合同无效，应当以全国人大及其常委会制定的法律和国务院制定的行政法规为依据，不得以地方性法规、行政规章为依据。）

《中国银监会关于整治银行业金融机构不规范经营的通知》（银监发〔2012〕3号）

一、银行业金融机构要认真遵守信贷管理各项规定和业务流程，按照国家利率管理相关规定进行贷款定价，并严格遵守下列规定。

（一）不得以贷转存。银行信贷业务要坚持实贷实付和受托支付原则，将贷款资金足额直接支付给借款人的交易对手，不得强制设定条款或协商约定将部分贷款转为存款。

（二）不得存贷挂钩。银行业金融机构贷款业务和存款业务应严格分离，不得以存款作为审批和发放贷款的前提条件。

（三）不得以贷收费。银行业金融机构不得借发放贷款或以其他方式提供融资之机，要求客户接受不合理中间业务或其他金融服务而收取费用。

（四）不得浮利分费。银行业金融机构要遵循利费分离原则，严格区分收息和收费业务，不得将利息分解为费用收取，严禁变相提高利率。

（五）不得借贷搭售。银行业金融机构不得在发放贷款或以其他方式提供融资时强制捆绑、搭售理财、保险、基金等金融产品。

（六）不得一浮到顶。银行业金融机构的贷款定价应充分反映资金成本、风险成本和管理成本，不得笼统将贷款利率上浮至最高限额。

（七）不得转嫁成本。银行业金融机构应依法承担贷款业务及其他服务中产生的尽职调查、押品评估等相关成本，不得将经营成本以费用形式转嫁给客户。

案例分享：
海口明光大酒店有限公司、海口农村商业银行股份有限公司龙昆支行金融借款合同纠纷，（〔2017〕最高法民终230号）

本案中，双方的争议焦点之一是：贷款合同中关于诚信奖励金及贡献奖励金的约定是否无效。

2014年10月16日，海口农商银行与明光酒店公司签订的《固定资产贷款合同》《流动资金贷款合同》第三条"贷款年率、诚信奖励金、贡献奖励金"第3.1条约定："本合同项下的贷款年利率为10.45%，其中包含诚信奖励金率和贡献奖励金率。"第3.1.1约定："若借款人每期都按本合同约定还本付息，无任何违约记录，则贷款人按年率2%给予借款人诚信奖励金。"第3.1.2约定："若借款人在贷款期间及以后积极向贷款人营销存款、中间业务等支持贷款人发展，贷款人将按年率1%给予借款人贡献奖励金。"分析上述约定可知，双方当事人在《贷款合同》中明确约定贷款年利率为10.45%，当借款人符合贷款合同第3.1.1和3.1.2约定的情形时，贷款人将以年率2%诚信奖励金、年率1%贡献奖励金方式给予借款人奖励。依照合同法第二百零四条及《中国人民银行关于调整金融机构存、贷款利率的通知》第二条的规定，贷款合同约定的贷款年利率10.45%并未违反中国人民银行关于贷款利率上限管理的规定。同时，根据《最高人民法院关于适用〈中华人民共和国合同法〉若干问题的解释（一）》第四条的规定，人民法院确认合同无效，应当以全国人大及其常委会制定的法律和国务院制定的行政法规为依据，不得以地方性法规、行政规章为依据。而诚信奖励金、贡献奖励金是贷款人给予借款人的附条件奖励，系当事人真实意思表示，并未违反法律、行政法规的强制性规定，合法有效。明光酒店公司以贷款合同中诚信奖励金、贡献奖励金的约定违反了《中国银监会关于整治银行业金融机构不规范经营的通知》（银监发〔2012〕3号）的规定为由主张其无效，本院不予支持。

问题 22：银行在合同中约定的利息、罚息、复利、违约金和其他实现债权的费用，是否可以超过一年期贷款市场报价利率的四倍

问题难度：★

问题解答：

《关于审理民间借贷案件适用法律若干问题的规定》（法释〔2020〕6号）于 2020 年 8 月 20 日施行后，民间借贷司法保护的利率上限不再适用"24%、36% 的两线三区间"规则，而是直接规定为不超过"合同成立时一年期贷款市场报价利率四倍"。那么，该规定除约束民间借贷行为以外，是否对金融借款纠纷适用？实践中一直存在争议。

最高院《关于进一步加强金融审判工作的若干意见》（法发〔2017〕22号）规定"金融借款合同的利息、罚息、复利、违约金、其他费用约定过高的，总计超过 24% 的部分，可以调减"。该规定依据的是最高院《关于审理民间借贷案件适用法律若干问题的规定》（法释〔2015〕18号）第二十六的规定。当前，《关于审理民间借贷案件适用法律若干问题的规定》的利率保护上限已经修订，相应最高院对金融借款合同的利率保护上限也要进行调整，而且实务中已经出现类似判例，因此，银行应当按照不超过"合同成立时一年期贷款市场报价利率四倍"的规定预估司法保护上限。对于合同成立时没有贷款市场报价利率的，应当按照"起诉时一年期贷款市场报价利率四倍"预估司法保护上限。

另外，司法解释中规定的"其他费用"是否包括律师费，实践中存在争议且各地法院判决不一。笔者认为，司法保护的利率上限是对"资金价格"的合理预测，以月或年为周期循环计算。而律师费则是出借人为了维护权益支付的额外费用，无法在事先合理预测，不属于"资金价格"的部分，因此，律师费不应当计算在司法保护的上限范围之内。

信贷管理建议：

关于银行在合同中约定的利息、罚息、复利、违约金和其他实现债权的费用之和，应当参照民间借贷司法解释规定："对超过一年期贷款市场报价利率四倍的部分进行调减"。因此，银行应当从合规经营和履行普惠金融职责的角度，主动调整合同条款，将总计金额控制在"一年期贷款市场报价利率四倍"之内。

对于司法解释施行前已经签订的超过"一年期贷款市场报价利率四倍"的合同，因为最终在审判阶段大概率不会得到法院的支持，建议银行将超过"一年期贷款市场报价利率四倍"的部分作为清收不良贷款的谈判条件，授权给清收人员自主减免，以提高直接清收率。

法条链接：

最高院《关于进一步加强金融审判工作的若干意见》(法发〔2017〕22号)："金融借款合同的借款人以贷款人同时主张的利息、复利、罚息、违约金和其他费用过高，显著背离实际损失为由，请求对总计超过年利率24%的部分予以调减的，应予支持，以有效降低实体经济的融资成本。"

最高院《关于审理民间借贷案件适用法律若干问题的规定》（法释〔2020〕6号）第二十六条　出借人请求借款人按照合同约定利率支付利息的，人民法院应予支持，但是双方约定的利率超过合同成立时一年期贷款市场报价利率四倍的除外。前款所称"一年期贷款市场报价利率"，是指中国人民银行授权全国银行间同业拆借中心自2019年8月20日起每月发布的一年期贷款市场报价利率。

（已废止：最高院《关于审理民间借贷案件适用法律若干问题的规定》（法释〔2015〕18号）第二十六条　借贷双方约定的利率未超过年利率24%，出借人请求借款人按照约定的利率支付利息的，人民法院应予支持。借贷双方约定的利率超过年利率36%，超过部分的利息约定无效。借款人请求出借人返还已支付的超过年利率36%部分的利息的，人民法院应予支持。）

案例分享：

（一）平安银行股份有限公司温州分行与洪某金融借款合同纠纷（〔2020〕浙 0304 民初 3808 号）

法院判决认为，原告主张按约定月利率 2% 计算 2018 年 5 月 5 日至 2020 年 7 月 5 日期间的期内利息、本金罚息、复利。其总和已超过一年期贷款市场报价利率四倍保护限度，本院参照原告起诉时一年期贷款市场报价利率四倍进行计算，计 52744.27 元。

（案例解读：该案例在裁判文书网发布之后，引发了媒体和金融从业人员的广泛讨论，主要焦点就是民间借贷司法解释是否适用于金融借款合同纠纷。2020 年 11 月 12 日，温州市中级人民法院进行二审的公开宣判，温州中院称，本案系金融借款纠纷，根据新民间借贷司法解释第一条第二款的规定，经金融监管部门批准设立的从事贷款业务的金融机构及其分支机构，因发放贷款等相关金融业务引发的纠纷，不适用该司法解释。故一审判决将本案金融借款合同中约定的利息、复利和逾期利息参照上述司法解释的规定按一年期贷款市场报价利率四倍进行调整，属适用法律错误，应予纠正。对于平安银行温州分行的二审上诉请求，根据合同约定，案涉贷款的月利率为 1.53%，即年化利率为 18.36%；贷款逾期后，如按合同约定的月息加收 50% 标准计收罚息，则逾期利率达到年化 27.54%。本案中，平安银行温州分行一审起诉和二审上诉请求均主张按月息 2% 即年化 24% 计收案涉贷款利息，平安银行温州分行的上诉请求成立，二审依法予以支持。）

（二）平安银行股份有限公司北京分行与王某金融借款合同纠纷（〔2019〕京 0102 民初 16408 号）

平安银行与王某签署个人信用贷款合同，并相应产生个人贷款出账凭证，约定以下合同要素：贷款金额 300 000 元，贷款期限 36 个月，贷款年利率 22.68%，还款方式为按月等额还本付息法还款，逾期偿还本息构成违约，逾期还款计收罚息，罚息利率为约定利率上浮 50%，按罚息利率计收复利。

法院认为，平安银行与王某签订的《个人信用贷款合同》，均为双方的真实意思表示，经审查亦无合同无效的法定情形，故双方均应受此协议的约束，全面履行自己的义务，否则，应承担相应的违约责任。平安银行按照约定向王某发放贷款，王某应依约偿还借款本息，其逾期偿还借款本息的行为，已经构成违约。

王某主张利率过高。根据《最高人民法院关于进一步加强金融审判工作的若干意见》规定，金融借款合同的借款人以贷款人同时主张的利息、复利、罚息、违约金和其他费用过高，显著背离实际损失为由，请求对总计超过年利率24%的部分予以调减的，应予支持，以有效降低实体经济的融资成本。本案中，贷款年利率为22.68%，逾期还款计收罚息，罚息利率为约定利率上浮50%，按罚息利率计收复利。在被告逾期还款的情况下，年利率综合计算将超过24%。为有效降低实体经济的融资成本，本院予以酌情调减，王某每年给付利息、复利、罚息的上限，为欠款本金的24%。

最终，法院判决被告王某于判决生效之日起十日内偿还原告平安银行股份有限公司北京分行借款本金281 984.94元以及至实际清偿之日止的利息、罚息、复利（利息、罚息、复利以实际欠款数额为基数，按照个人信用贷款合同、个人贷款出账凭证约定的标准计算，每年给付利息、罚息、复利的上限，为欠款本金的24%）。

问题 23：银行信贷人员在签订格式合同时如何履行提示义务

问题难度：★★

问题解答：

银行与客户签订的大多数合同均为格式合同。根据民法典第四百九十六条的相关规定，银行必须按照合同对方的要求对格式条款进行说明，并且应当主动提示对方注意格式条款的内容，尤其是可能涉嫌免除己方责任、限制对方权利的条款。

同时，民法典第四百九十六条在延续了合同法规定的基础上，对于"未履行提示或说明义务"的格式条款，赋予合同相对方"主张该条款不成为合同的内容"的权利。

信贷管理建议：

银行作为格式合同的提供方承担着提示或说明的义务，因此，建议在实际工作中重点关注以下环节。

一是在合同起草时，起草人要坚持按照"公平原则"确定合同条款，尽可能保持双方权利义务的平衡，避免出现"霸王条款"。

二是在合同中用"加粗""倾斜"等较为明显的字体对格式条款进行重点标识，要在合同首页和签字页重点提示。

三是客户经理在签订合同时，也要提示客户重点看一下"加粗"的条款。如有异议，要充分说明。

法条链接：

民法典第四百九十六条　格式条款是当事人为了重复使用而预先拟定，并在订立合同时未与对方协商的条款。采用格式条款订立合同的，提供格式条款的一方应当遵循公平原则确定当事人之间的权利和义务，并采取合理的方式提示对方注意免除或者减轻其责任等与对方有重大利害关系的条款，按照对方的要求，对该条款予以说明。提供格式条款的一方未履行提示或者说明义务，致使对方没有注意或者理解与其有重大利害关系的条款的，对方可以主张该条款不成为合同的内容。

民法典第四百九十七条　有下列情形之一的，该格式条款无效：（一）具有本法第一编第六章第三节和本法第五百零六条规定的无效情形。（二）提供格式条款一方不合理地免除或者减轻其责任、加重对方责任、限制对方主要权利。（三）提供格式条款一方排除对方主要权利。

民法典第四百九十八条　对格式条款的理解发生争议的，应当按照通常理解予以解释。对格式条款有两种以上解释的，应当作出不利于提供格式条款一方的解释。格式条款和非格式条款不一致的，应当采用非格式条款。

（已废止：合同法第三十九条　采用格式条款订立合同的，提供格式条款的一方应当遵循公平原则确定当事人之间的权利和义务，并采取合理的方式提请对方注意免除或者限制其责任的条款，按照对方的要求，对该条款予以说明。格式条款是当事人为了重复使用而预先拟定，并在订立合同时未与对方协商的条款。）

案例分享：

山西大土河焦化有限责任公司、平安银行股份有限公司西安分行合同纠纷（〔2018〕最高法民辖终384号）

山西大土河公司向最高院上诉称：该公司与平安银行股份有限公司西安分行签订的《最高额保证担保合同》第七条约定"发生纠纷可协商解决，协商不成，可向甲方即平安银行股份有限公司西安分行所在地人民法院进行诉讼解决"，该管辖条款属于银行的格式条款。《中华人民共和国合同法》

第三十九条规定:"采用格式条款订立合同的,提供格式条款的一方应当遵循公平原则确定当事人之间的权利和义务,并采取合理的方式提请对方注意免除或者限制其责任的条款,按照对方的要求,对该条款予以说明。"本案中,对于该格式条款,平安银行西安分行未采取合理形式对山西大土河公司进行提醒及说明,违反了诚实信用原则,对提供格式条款的相对方是显失公平的。因此,该条款对山西大土河公司不发生效力。请求撤销一审裁定,将本案移送至山西省高级人民法院审理。

最高院认为,格式条款是当事人为了重复使用而预先拟定,并在订立合同时未与对方协商的条款。本案平安银行西安分行与山西大土河公司签订的《最高额保证合同》第7.4条载明:"甲乙双方在履行本合同过程中所发生的争议,由双方协商解决;协商不成的,按下列第(2)项方式解决:(1)向申请仲裁。(2)向甲方所在地人民法院提起诉讼。(3)向人民法院提起诉讼。"该条款中,"按下列第(2)项方式解决"的"(2)"系手写,第(1)(3)项空白处均已手写勾画,由此可见,该条款可由当事人自由选择管辖方式,并不属于格式条款,不应适用格式条款相关法律否定其效力。此外,即便该条款系平安银行西安分行预先填写、未经双方协商,但因该条款所选择和排除的管辖方式均系手写,与合同其他文本有明显区别,足以引起当事人充分注意,无须特别提醒说明,并且该约定本身也不存在显失公平之处。综上,山西大土河公司的上诉请求不能成立,本院不予支持。

综上,一审法院裁定驳回山西大土河公司对本案管辖权提出的异议并无不当,本院予以维持。

问题 24：合同条款中约定的"签字盖章后生效"如何认定

问题难度：★★

问题解答：

银行签订的各类合同，在"合同生效条件"部分一般会有几种表述方式。

第一种是"签字并加盖公章后生效"，这种表述是并列关系，需要公司的法定代表人（授权代表）签字并加盖公章后生效。

第二种是"签字、盖章后生效"。根据《中华人民共和国国家标准－标点符号用法 GB/T 15834—1995》，顿号是句内点号，表示语段中并列词语之间或某些序次语之后的停顿，因此，这种表述也应该理解为并列关系，即公司的法定代表人或授权代表签字并加盖公章后生效。

第三种是"签字或盖章后生效"，"签字和盖章"是选择关系，即法定代表人（授权代表）签字或加盖公章成就其一后生效。

第四种是"签字盖章后生效"，这种表述的争议较大，可以理解为"签字或盖章后生效"，也可以理解为"签字并盖章后生效"。关于这种表述，最高院在判例中认为应当根据合同法第一百二十五条的规定，结合合同的目的、交易习惯和诚信原则等几个角度去综合判断。从判例来看，主流观点认为"签字盖章"是选择关系，即法定代表人（授权代表）签字或加盖公章后生效。

信贷管理建议：

信贷实务中，建议采取"合同约定选择关系，具体签订并列关系"的业务管理模式。即：在合同条款中约定"签字或盖章后生效"。但是在银行内部的信贷管理文件中，应要求客户经理按照"签字并加盖公章"办理具体业务。

放款审核环节，对于合同生效条件中"签字盖章"的审核要从事后举证的角度进行。因为放款审核的主要职责是防控法律风险和操作风险，所以应当按照确保合同生效的原则从严把握，要求合同相对方"签字并加盖公章"。此外，即便客户经理一时疏忽，或者一些强势客户要求"法定代表人不签字仅加盖公章"，银行也可以保障自己的合法权益。

法条链接：

民法典第四百九十条　当事人采用合同书形式订立合同的，自当事人均签名、盖章或者按指印时合同成立。在签名、盖章或者按指印之前，当事人一方已经履行主要义务，对方接受时，该合同成立。

（已废止：合同法第三十二条　当事人采用合同书形式订立合同的，自双方当事人签字或者盖章时合同成立。）

民法典第一百四十二条　有相对人的意思表示的解释，应当按照所使用的词句，结合相关条款、行为的性质和目的、习惯以及诚信原则，确定意思表示的含义。无相对人的意思表示的解释，不能完全拘泥于所使用的词句，而应当结合相关条款、行为的性质和目的、习惯以及诚信原则，确定行为人的真实意思。

（已废止：合同法第一百二十五条　当事人对合同条款的理解有争议的，应当按照合同所使用的词句、合同的有关条款、合同的目的、交易习惯以及诚实信用原则，确定该条款的真实意思。合同文本采用两种以上文字订立并约定具有同等效力的，对各文本使用的词句推定具有相同含义。各文本使用的词句不一致的，应当根据合同的目的予以解释。）

案例分享：

（一）海南昌江鑫龙房地产开发有限公司、陈某民间借贷纠纷（〔2019〕最高法民申 2570 号）

在本案中，根据借款合同第四条"本协议一式六份，三方各执二份，自三方签字盖章之日起生效"的约定，合同三方当事人对合同的生效要件进行了约定。但纠纷发生后，合同三方当事人对该条款理解产生了分歧，××忠认为"签字盖章"是选择关系，即签字或者盖章都可以产生合同生效的法律效力，而鑫龙公司和恒基公司则认为"签字盖章"是并列关系，需要同时满足才能产生合同生效的法律效力。

最高院认为，根据《中华人民共和国合同法》第一百二十五条规定，当事人对合同条款的理解有争议的，应当按照合同所使用的词句、合同的有关条款、合同的目的、交易习惯以及诚实信用原则，确定该条款的真实意思。首先，从合同的目的来看，借款合同约定鑫龙公司为了顺利履行与献林公司开发"山海黎巷"项目的《建设工程施工合同书》，向××忠借款 2 500 万元，所以鑫龙公司需要该笔借款帮助其开发"山海黎巷"项目，其以不盖公章的方式否认合同的效力并拒绝该笔借款，不符合合同的目的。其次，从交易习惯来看，法定代表人在以公司名义进行民事活动时，其签字具有代表公司的法律效力，而并非必须同时具备法人公章；再次，从诚实信用原则来看，××忠已实际交付 2 200 万元，鑫龙公司指定收款人陈某已收取借款 2 200 万元，鑫龙公司也有意开发"山海黎巷"这个项目，因此，鑫龙公司向××忠借款符合当事人的真实意思表示，鑫龙公司应当忠实和善意履行合同，而不应不顾诚信轻易否认法定代表人代表公司的签字效力，破坏双方交易活动的稳定性。因此，将"签字盖章"解释为选择关系，更符合合同目的、交易习惯和当事人的真实意思表示，并能平衡当事人之间利益，从而维护民事交易的稳定性。

（二）醴陵市华强房地产开发有限公司、赵某建设工程施工合同纠纷（〔2018〕最高法民申 2428 号）

最高院认为，《中期结算协议书》实质是桔洲公司、华强公司对双方债权债务的确认。结合桔洲公司、周某向赵某出具的《授权及说明、承诺书》，可以认定桔洲公司将其对华强公司享有债权转移给赵某的事实。从赵某多次向华强公司催收款项的行为也可推知，华强公司实际已经知悉债权转让的事实。由此，原审判决认定涉案 1500 万元债权已经转让，赵某有权提起本案诉讼予以主张，并无不当。《中期结算协议书》落款有华强公司法定代表人姚某、桔洲公司项目部负责人周某及赵某签名。协议书文本中"签字盖章"的含义，一般认为只要签字或盖章即构成对协议的签署确认行为，而非必须同时具备签字与盖章才发生法律效力。华强公司仅以双方未加盖公章为由主张《中期结算协议书》尚未生效，理据不足，依法不予采信。

问题 25：自然人作为借款人或担保人，是否可以授权委托他人全程办理业务

问题难度：★★

问题解答：

理论上，自然人作为借款人或担保人授权委托他人全程办理业务具有法律效力，也有个别银行和公证处办理这种业务。但是，这种业务潜在的法律风险极大。对于银行而言，经办人未充分履行尽职调查的义务，不符合监管部门的相关要求。如果形成损失，可能面临问责甚至构成违法发放贷款罪。对于公证机构而言，这种公证赋予了受托人过高的权利，很可能出现损害委托人利益的情况。在实务中，一些从事"套路贷"且"涉黑涉恶"的组织也利用了全程委托的规则，对借款人的利益造成严重损害。因此，司法部于 2017 年发布《司法部关于公证执业"五不准"的通知》（司发通〔2017〕83 号），对全程授权委托进行了限制。

因此，在银行信贷业务中，应当明确"禁止全程授权委托办理业务"。当事人因特殊原因确实无法亲自办理的，建议银行和公证处的工作人员上门服务或赴异地办理。

法条链接：

《司法部关于公证执业"五不准"的通知》（司发通〔2017〕83 号）

一、不准为未查核真实身份的公证申请人办理公证。公证机构、公证员应严格审查公证申请人的身份，告知冒充他人、伪造证件、骗取公证书的法律责任后果，未经证件视读、单独谈话、交叉印证、身份证识别仪核验等程序，不得办理公证。申请人使用临时身份证，公证员未到公安部门核实的，不得受理公证申请。对涉及敏感、重大权益事项的公证申请，应

当由有经验的公证人员认真审核。

二、不准办理非金融机构融资合同公证。在有关管理办法出台之前，公证机构不得办理自然人、法人、其他组织之间及其相互之间（经人民银行、银监会、证监会、保监会，商务主管部门、地方人民政府金融管理部门批准设立的从事资金融通业务的机构及其分支机构除外）的融资合同公证及赋予强制执行效力公证。

三、不准办理涉及不动产处分的全项委托公证。公证机构、公证员办理涉及不动产处分的委托公证，应当按照"重大事项一次一委托"的原则，告知当事人委托抵押、解押、出售、代收房款等的法律意义和法律后果，不得办理一次性授权全部重要事项的委托公证，不得在公证书中设定委托不可撤销、受托人代为收取售房款等内容。

四、不准办理具有担保性质的委托公证。公证机构、公证员在办理涉及不动产处分的委托公证时，应当严格审查申请人的真实意思表示，审查其与受托人是否具有亲属关系，不得办理名为委托实为担保，或者可能存在担保性质的委托公证。

五、不准未经实质审查出具公证书。公证机构、公证员应当尽到更高标准的审查注意义务，不得片面依赖书面证据材料而忽视沟通交流，不得只重程序合规而轻实体内容审查。对涉及敏感、重大权益事项的公证事项，除通过交叉询问、分别谈话等形式进行审查外，还要综合使用仪器识别、联网查询等方式进行审查核实，全过程记录存档，必要时应当全程录音录像。公证员对"合理怀疑"的公证申请，应当及时提请公证机构进行会商研究，进一步核实有关情况，所需时间不计入法定办理期限。要严格审查申请人的真实目的和公证书的用途，不得以签名（印鉴）属实公证替代委托公证，以原件与复印件相符公证规避对实质内容的审查。

问题26：贷款用途为"借新还旧"，是否需要重新办理抵押登记

问题难度：★★

问题解答：

"借新还旧"贷款又称"以贷还贷""转据""倒贷"，是指在借款人旧的贷款到期后尚未清偿的情况下，银行再次为其发放一笔新的贷款，用以归还全部或部分原贷款的行为。

近几年，受经济持续下行的影响，个人和企业的还款能力明显下降，借新还旧的需求显著增加。实务中，以抵押类贷款为例，如果正常办理续贷业务，需要结清旧贷并注销抵押登记，办理新的抵押登记后发放新贷，这个过程通常需要7～15个工作日。大多数企业和个人需要通过"过桥资金"解决这段时间的资金需求。"过桥资金"的利率高，企业和个人需负担高额的财务成本。同时，我国法律新增了对"职业放贷人"的刑事惩罚措施，很多"职业放贷人"慑于刑法的威慑力不再放贷，导致企业和个人不得不面对更为艰难的现状——即使有意愿支付高额的"过桥费"，也找不到愿意出借的资金方。

基于这一客观存在的问题，银保监会鼓励商业银行办理"无还本续贷"业务（实质就是借新还旧），从而解决"过桥资金"的问题。但是，对于一般抵押贷款而言，在办理"无还本续贷"（或借新还旧）业务时，重新办理抵押登记成为新的障碍。实践中，解决此类问题的一种做法是：新贷办理第二顺位抵押，放款后注销旧贷的抵押登记，新贷的抵押权轮换为第一顺位，但有的不动产登记机关在办理第二顺位抵押时，以抵押物"剩余价值"为限，导致旧贷抵押率超过50%的均不能办理第二顺位抵押。另一种做法是，新贷不办理抵押登记，债权人和抵押人约定"旧贷的抵押物继

续为新贷设定抵押担保"。这种方法可能存在被司法查封影响抵押权效力等法律风险。这两种做法各有利弊，实务中一直存在争议。最高院《九民纪要》针对这一问题，给出了明确的解答。《最高人民法院关于适用〈中华人民共和国民法典〉有关担保制度的解释》第十六条也对《九民纪要》的观点赋予了法律效力，我们可以通俗地理解为：在办理借新还旧业务时，如果当事人以书面形式约定"原抵押物继续为新贷提供担保"，旧贷的抵押物仍然可以为新贷提供抵押担保，不需要重新办理抵押登记。

信贷管理建议：

银行依据《最高人民法院关于适用〈中华人民共和国民法典〉有关担保制度的解释》第十六条规定办理"借新还旧"贷款时，应当重点注意以下环节。

第一，在新贷的调查报告、审查报告、会议纪要、授信批复等内容文件中贷款用途必须表述为"借新还旧"，尤其是新贷借款合同中的用途必须是"借新还旧"，切勿出现流动资金周转等用途，而且要将用途明确为"归还……号合同……号借据的本金和利息"。

第二，办理新贷时，银行应当与借款人、抵押人签订新的续贷协议（也可以是其他名称），核心内容应当明确"抵押人明确知晓贷款用途是借新还旧，并同意以该抵押物继续为新贷提供抵押担保"。

第三，办理新贷过程中，如果发现抵押物被依法查封，建议不再办理借新还旧业务，待将来司法解释或最高院指导案例对此问题作出明确意见后再酌情确定。

法条链接：

《九民纪要》第五十七条 [借新还旧的担保物权] 贷款到期后，借款人与贷款人订立新的借款合同，将新贷用于归还旧贷，旧贷因清偿而消灭，为旧贷设立的担保物权也随之消灭。贷款人以旧贷上的担保物权尚未进行注销登记为由，主张对新贷行使担保物权的，人民法院不予支持，但当事人约定继续为新贷提供担保的除外。

《最高人民法院关于适用〈中华人民共和国民法典〉有关担保制度的解释》第十六条　主合同当事人协议以新贷偿还旧贷，旧贷的物的担保人在登记尚未注销的情形下同意继续为新贷提供担保，在订立新的贷款合同前又以该担保财产为其他债权人设立担保物权，其他债权人主张其担保物权顺位优先于新贷债权人的，人民法院不予支持。

案例分享：
孙某、亚太投资二号有限公司金融不良债权追偿纠纷二审（〔2020〕浙民终147号）

本案二审中，上诉人孙某主张：涉案借款涉及借新还旧，原始担保物权消灭。榕伟公司以自有房地产抵押给原债权人浦发银行，最高额抵押合同中约定所担保的主债权为办理各类融资业务发生的债权，但一审已经查明涉案借款的性质为借新还旧，而借新还旧并不是融资业务产生的债权，不在最高额抵押合同约定的担保范围之内。《全国法院民商事审判工作会议纪要》第57条规定：贷款到期后，借款人与贷款人订立新的借款合同，将新贷用于归还旧贷，旧贷因清偿而消灭，为旧贷设立的担保物权也随之消灭。贷款人以旧贷上的担保物权尚未进行注销登记为由，主张对新贷行使担保物权的，人民法院不予支持，但当事人约定继续为新贷提供担保的除外。本案中，针对浦发银行的借新还旧，浦发银行与榕伟公司并未明确约定继续为新贷款提供担保，则榕伟公司在旧贷上的担保物权已经消灭。原审判决信达公司对榕伟公司名下的不动产享有抵押优先权错误。同样，原审被告童某与浦发银行签订的最高额保证合同中也明确约定，保证担保的主债权为浦发银行与榕伟公司之间办理各类融资业务发生的债权，本案借新还旧不是融资业务，并非保证合同约定主债权，保证人对新贷不应承担保证责任。

二审法院认为，根据一审查明的事实，本案积欠的19笔贷款用途确实约定为借新还旧，用于偿还榕伟公司原积欠浦发银行的22笔贷款。借贷用途虽为借新还旧，但借款性质仍属本案最高额抵押合同与最高额保证合同约定的浦发银行与榕伟公司办理的融资类业务所发生的债权。该19笔贷款发生在 2015 年 3 月 30 日至 2015 年 11 月 17 日间，而榕伟公司与浦发银行签订的三份最高额抵押合同约定的抵押担保期间分别为 2014 年 3 月 14 日至 2017 年 3 月 13 日与 2011 年 1 月 31 日至 2017 年 6 月 15 日，本案借款全部发生在抵押物担保期限内，即借新还旧的借款属于抵押担保的范围。据此，榕伟公司根据本案《最高额抵押合同》的约定，应当对全部借款承担抵押担保责任。原判判令信达公司对涉案抵押物享有优先受偿权正确。《最高人民法院关于适用〈中华人民共和国担保法〉若干问题的解释》第三十九条第一款规定：主合同当事人双方协议以新贷偿还旧贷，除保证人知道或者应当知道的外，保证人不承担民事责任。第二款规定：新贷与旧贷系同一保证人的，不适用前款的规定。孙某、童某与浦发银行签订的《最高额保证合同》约定的连带责任保证期间为 2014 年 5 月 15 日至 2016 年 5 月 15 日，而本案 19 笔借款均发生保证期间，落入保证担保的范围。而浦发银行与榕伟公司于 2014 年 4 月 2 日至 2015 年 3 月 23 日发生的 22 笔旧贷中，除 2014 年 4 月 2 日的 500 万元、5 月 5 日的 450 万元两笔贷款发生在《最高额保证合同》签订之前，其他旧贷也均发生在孙某、童某的连带责任保证期限。鉴于孙某、童某系夫妻关系，且系合计持有榕伟公司 100% 股权的股东，对于本案借款偿还该两笔旧贷的情形应当明知，故，根据我国担保法及其前述司法解释的规定，原判判令孙某、童某对本案借款应在约定的保证范围内承担连带清偿责任，并无不当。孙某关于本案抵押担保和保证担保责任消灭的上诉理由，没有事实和法律依据。

问题 27：贷款展期是否必须办理抵押期限变更登记

问题难度： ★★

问题解答：

《不动产登记暂行条例实施细则》第六十八条规定，债务履行期限变更的应当办理抵押权变更登记。该实施细则属于自然资源部制定的部门规章，违反该规定不会导致合同无效的法律风险。另外，民法典第三百九十三条规定的担保物权消灭的法定情形，也不包括未办理变更登记。因此，银行在办理贷款展期业务时，不是必须办理抵押期限变更登记。未办理抵押期限变更登记的，不会导致银行丧失抵押权。

信贷管理建议：

根据上述分析，虽然法律没有强制要求债权人办理抵押期限变更登记，但是，作为银行等专业金融机构，应当主动接受法律的指引作用，按照《不动产登记暂行条例实施细则》的规定，对展期业务办理抵押期限变更登记。

实务中，经常遇到以下问题：因工作人员疏忽大意未办理展期登记、个别地区不动产登记机关不予办理延期登记。另外，在特殊情况下，银行为了季末或年末压降不良贷款，需要抢时间快速办理展期业务，就会出现未完成变更登记之前办理展期的情况。

对于上述问题，笔者提供以下信贷管理建议供读者参考。

首先，在展期合同中明确约定"展期"的性质为原债权债务的延期，非新债务。避免因主债权消灭导致抵押权消灭。

其次，在展期前取得抵押人的书面同意，可以在"展期协议"中直接约定并签字，也可以单独制作抵押人同意展期意见书。

再次，在展期前，应当查询抵押物是否存在司法查封、是否存在后顺位抵押等与第三人相关的权利。如果存在上述情况，不得办理展期。

最后，如果展期后的贷款形成不良贷款，应当在展期前主债权首次诉讼时效内提起诉讼，不宜拖延，避免适用诉讼时效中止、中断等规定。

法条链接：

民法典第三百九十三条 有下列情形之一的，担保物权消灭：（一）主债权消灭。（二）担保物权实现。（三）债权人放弃担保物权。（四）法律规定担保物权消灭的其他情形。

（已废止：物权法第一百七十七条 有下列情形之一的，担保物权消灭：（一）主债权消灭；（二）担保物权实现；（三）债权人放弃担保物权；（四）法律规定担保物权消灭的其他情形。）

《不动产登记暂行条例实施细则》 第六十八条 有下列情形之一的，当事人应当持不动产权属证书、不动产登记证明、抵押权变更等必要材料，申请抵押权变更登记：

（一）抵押人、抵押权人的姓名或者名称变更的。

（二）被担保的主债权数额变更的。

（三）债务履行期限变更的。

（四）抵押权顺位变更的。

（五）法律、行政法规规定的其他情形。

因被担保债权主债权的种类及数额、担保范围、债务履行期限、抵押权顺位发生变更申请抵押权变更登记时，如果该抵押权的变更将对其他抵押权人产生不利影响的，还应当提交其他抵押权人书面同意的材料与身份证或者户口簿等材料。

案例分享：

交通银行股份有限公司连云港分行与王某1、王某2等金融借款合同纠纷（〔2013〕连商初字第0165号）

2012年3月19日，诺安公司与交行连云港分行签订小企业流动资金借款合同，合同约定交行连云港分行向诺安公司提供贷款1 000万元用于购货，期限不超过12个月，到期日为2013年3月19日；同日，吉某与交行连云港分行签订抵押合同，合同约定由吉某、王某1提供位于江苏省南京市江宁区秣陵街道上元大街×号亲水湾花园××号房屋为诺安公司上述债务作抵押担保。该房屋的共有人王某1在共有条款中声明知悉并同意抵押人以抵押物向抵押权人提供担保。双方就该抵押合同项下的不动产至南京市江宁区住房和城乡建设局办理了不动产抵押登记，他项权证载明债权数额为1 000万元。2012年3月20日，诺安公司向交行连云港分行申请提款，交行连云港分行向诺安公司发放贷款1 000万元。

2013年3月18日，诺安公司、吉某、王某1、杨某、王某2、富舟公司与交行连云港分行签订展期合同，合同约定展期合同是对上述借款合同、保证合同、抵押合同的补充，除了展期合同另有约定外，债权人、债务人和担保人间的权利义务及有关事项仍按照原合同和原担保合同的约定执行。

被告吉某辩称：对吉某为诺安公司1 000万元借款提供担保的事实无异议，但双方于2013年3月18日签订展期合同后，吉某与王某1没有重新办理抵押手续，因此原告不享有优先受偿权。

法院认为，展期合同明确约定该合同是原借款合同、保证合同、抵押合同的补充，仅是在借款金额、借款利息及还款时间上作了变更，故该展期合同并非新的合同。另展期合同中也明确约定担保人继续为债务人的展期债务担保，该担保应当包括吉某、王某1与王某2、杨某的保证担保，也包括吉文玮、王某1的抵押担保，故从展期合同的约定中可以看出吉某、王某1存在继续为变更后的债务担保的意思表示。因展期合同中诺安公司的债务与原借款合同的债务是同一笔债务而非新的债务，仅是债权数额、利息及还款时间作了变更，故某与王某1的抵押担保不需要重新办理登记，故原告交行连云港分行对吉某与王某1提供抵押的房产在登记机关的登记金额范围内享有优先受偿权。

问题 28：未经保证人或抵押人同意，银行与借款人达成的展期协议是否有效

问题难度：★★★

问题解答：

展期，是对原贷款的期限进行调整。展期后的贷款仍是原债权债务，并未产生新的债权债务，因此原贷款的保证人和抵押人仍承担担保责任。

但是，这种责任是有限制的：就保证人而言，如展期未经保证人同意，保证人对展期后加重的债务部分不承担担保责任，例如"展期后产生的利息"就属于加重的债务，包括延长期限产生的利息和因贷款期限变更导致基准利率或贷款市场报价利率利率变化增加的利息。另外，保证人的保证期间和诉讼时效起算时间适用原贷款的到期日，不适用展期后的到期日。就抵押人而言，抵押人对加重的债务部分同样不承担担保责任，抵押诉讼时效的计算也可能适用原贷款的到期日。

另外，展期未经抵押人同意，当然也就没有在展期时办理"抵押登记"，这种情况不影响抵押权的效力，抵押权有效。

信贷管理建议：

办理展期业务时，应当要求所有保证人和抵押人签署同意继续担保的书面文书或协议，同时，对抵押登记做变更登记，当地不动产登记部门不予办理变更登记的除外。

遇到季度末、年度末等特殊时期，如果该笔展期业务对整体不良贷款指标有重大影响，但是个别保证人或抵押人拒不配合的，可以采取以下措施：一是在未经保证人或抵押人同意的情况下，直接与借款人签订展期协议，并办理展期业务，压降不良贷款率等核心指标；二是在原贷款

的诉讼时效和保证期间内提起诉讼，将借款人和其他拒不配合的保证人、抵押人一并列为被告，确保保证人和抵押人承担担保责任。

法条链接：

民法典第六百九十五条　债权人和债务人未经保证人书面同意，协商变更主债权债务合同内容，减轻债务的，保证人仍对变更后的债务承担保证责任；加重债务的，保证人对加重的部分不承担保证责任。债权人和债务人变更主债权债务合同的履行期限，未经保证人书面同意的，保证期间不受影响。

（已废止：担保法解释第三十条　保证期间，债权人与债务人对主合同数量、价款、币种、利率等内容作了变动，未经保证人同意的，如果减轻债务人的债务的，保证人仍应当对变更后的合同承担保证责任；如果加重债务人的债务的，保证人对加重的部分不承担保证责任。债权人与债务人对主合同履行期限作了变动，未经保证人书面同意的，保证期间为原合同约定的或者法律规定的期间。债权人与债务人协议变动主合同内容，但并未实际履行的，保证人仍应当承担保证责任。）

案例分享：

宁夏银行股份有限公司灵武支行与许某某、谢某等金融借款合同纠纷（〔2018〕宁0181民初1163号）

宁夏银行股份有限公司灵武支行向许某某借款50万元，双方签订个人借款合同，约定借款金额50万元，借款期限12个月，自2016年7月4日至2017年7月3日，由被告宁夏华骏特担保有限责任公司、谢某某、何某某对上述借款提供保证担保，保证方式为连带责任保证，担保范围为借款本金、利息、逾期利息、罚息、诉讼费、保全费及其他一切相关费用。合同签订后，原告按约定向被告许某某发放借款50万元。2017年7月3日，原告与被告许某某签订借款展期协议，约定展期金额为50万元，展期期限2017年7月3日至2018年6月3日，由被告宁夏华骏特担保有限责任公司、谢某某对上述借款提供保证担保，保证方式为连带责任保证。

庭审中，何某某辩称其未在展期协议上签字担保，故不承担担保责任。

法院认为，何某某对被告许某某的上述借款承担连带责任，虽借款展期协议变更了主合同的履行期限、利率，对该变更何某某作为保证人，未作出书面同意，不应因此认为何某某同意对展期后的贷款，按照展期后的履行期限承担保证责任。根据《最高人民法院关于适用〈中华人民共和国担保法〉若干问题的解释》第三十条第二款的规定：债权人与债务人对主合同履行期限作了变动，未经保证人书面同意的，保证期间为原合同约定的或者法律规定的期间。故就本案借款，何某某仍应在原保证合同约定的借款期限和保证期限范围内，承担保证责任，即在主合同借款期限届满之日（2017年7月3日）之次日起两年内承担保证责任，本院予以支持。判决被告许某某、谢某某于本判决生效后十日内向原告宁夏银行股份有限公司灵武支行偿还借款50万元，支付利息、复利、罚息34 222.18元，本息合计534 222.18元；按合同约定利率计算，支付2018年3月14日至本判决确定的给付之日期间的利息、复利、罚息；被告何某某对上述借款本金50万元，利息1 377.5元承担连带清偿责任。

问题 29：他项权利证书上登记的"担保金额"与合同中约定的"担保金额"不一致，应当以哪个为准

问题难度：★★★

问题解答：

我们经常遇到这样的问题：抵押合同中约定的担保范围包括本金、利息、罚息以及实现债权的其他费用等，但是，他项权利证书上记载的担保范围仅为"本金"数额，其他尚未确定的金额均不予登记。个别地方的不动产登记中心会按照抵押物评估价值确定登记金额，这就会出现"登记金额"低于债权本金金额的情况。

担保法解释第六十一条规定："抵押物登记记载的内容与抵押合同约定的内容不一致的，以登记记载的内容为准"。那么，是否可以得出"登记金额就是担保上限"的结论呢？从法院的判决来看，实务中有争议，个别法院会根据上述规定判决登记数额为担保范围，超出的部分没有优先受偿权。但是，最高院的主流观点认为：担保法解释第六十一条是对登记信息不一致的处理规定，不是对担保范围的规定，不能得出"登记数额＝担保范围"的结论，合同双方当事人已经在抵押合同中对担保范围作出了明确的合意，约定范围内的其他债权仍受法律保护。目前，担保法解释已废止，最高院的主流观点将成为裁判的主流。

对于他项权利证书以抵押物评估价值作为登记上限且评估价格又低于债权金额的情况，要具体区分在登记时备案的主合同记载的债权数额是全部债权数额还是部分债权数额。如果主合同的债权数额是全部债权数额，而他项权利证书登记的是评估价值，则担保范围是主合同的全部债权数额。如果备案的主合同按照抵押物价值被拆分为若干合同，则担保范围仅限于备案的主合同金额。例如，债权100万元，房屋评估价50

万元，他项权登记的担保金额 50 万元。如果备案的主合同金额为 100 万元，那么房屋的担保范围就是 100 万元以及相应的利息等。如果备案的主合同金额为 50 万元，那么担保范围就是 50 万元及利息等。个别地区这种拆分登记的方式不符合法律规定，根据物权法第九十九条和民法典的最新规定可以看出，法律允许抵押物重复抵押，当然也可以超出评估价值设定抵押，因此，在实务中，债权人应当尽量协调不动产登记部门调整登记方式，将主债权的金额作为担保金额。

实务中，笔者还遇到过一种特殊情况：不动产登记机关备案的合同是由登记机关提供的制式合同并由当事人在登记时现场签订。这种制式合同中约定的担保范围表述为"被担保债权 100 万元"，未明确"100 万元"是本金还是债权上限，这种合同的内容和备案方式均对债权人构成非常不利的影响，因此，银行要在自己的抵押合同中增加一条补充条款，即"本合同与不动产登记机关备案合同的内容不一致的，以本合同为准"。

信贷管理建议：

首先，在贷款的办理阶段，应当将债权本金金额作为他项权利登记的担保金额，不宜拆分办理。如果遇到不动产登记机关的特殊要求，也应当尽力沟通协调。拆分主债权登记的法律风险很大，存在部分主债权没有对应担保物，以及银行内部合同借据等重要证据与登记信息不一致等法律瑕疵。

其次，合同中约定的担保范围部分，应当明确担保范围包括本金、利息、罚息以及实现债权费用等，同时应当明确"本合同约定的担保范围与他项权利证书记载的担保范围以及不动产登记机关制式备案合同内容不一致的，以本合同约定为准"。

最后，在诉讼阶段，如果出现法院按照他项权利证书金额认定担保范围的情况，应当积极上诉，争取更高级别法院的审理，参照最高院的判例维护银行权益。

法条链接：

民法典 第四百一十四条 同一财产向两个以上债权人抵押的，拍卖、变卖抵押财产所得的价款依照下列规定清偿：

（一）抵押权已经登记的，按照登记的时间先后确定清偿顺序。

（二）抵押权已经登记的先于未登记的受偿。

（三）抵押权未登记的，按照债权比例清偿。

其他可以登记的担保物权，清偿顺序参照适用前款规定。

（已废止：物权法第一百九十九条 同一财产向两个以上债权人抵押的，拍卖、变卖抵押财产所得的价款依照下列规定清偿：（一）抵押权已登记的，按照登记的先后顺序清偿；顺序相同的，按照债权比例清偿；（二）抵押权已经登记的先于未登记的受偿；（三）抵押权未登记的，按照债权比例清偿。）

（已废止：担保法解释第六十一条 抵押物登记记载的内容与抵押合同约定的内容不一致的，以登记记载的内容为准。）

案例分享：

天津隆侨商贸有限公司与中航信托股份有限公司申请复议执行裁定书（最高法〔2015〕执复字第 38 号）

中航公司于 2013 年 7 月 12 日向天津高院申请强制执行，天津高院于 2013 年 7 月 22 日立案执行，并向被执行人隆侨公司送达了（2013）津高执字第 0009 号执行通知书，通知被执行人在通知书送达之日起 10 日内履行下列义务：向中航公司支付贷款本金 200 000 000 元、利息 20 400 000 元、违约金 60 000 000 元、罚息 10 200 000 元；支付中航公司实现债权而发生的费用；负担案件申请执行费 1 494 800 元。隆侨公司于 2013 年 8 月 9 日签收了上述执行通知书。

隆侨公司认为，抵押房产的他项权证及房管部门登记备案均载明：抵押权利价值共计 2.255 亿元。根据《最高人民法院关于适用〈中华人民共和国担保法〉若干问题的解释》第六十一条的规定："抵押物登记记载的内容与抵押合同约定的内容不一致的，以登记记载的内容为准。"据此，中航公司可实现的抵押权数额应为抵押物登记记载的 2.255 亿元，而〔2012〕洪青经证字第 347 号执行证书确定的执行标的数额却高达 4 亿余元。

法院认为，隆侨公司的理由是对法律的错误理解，该条文是对抵押登记内容的规定，而非对抵押担保范围的规定，执行证书根据抵押合同的约定，认定执行标的为全部债务，并无不妥。

第四章

贷后管理阶段的法律问题

问题 30：借款人在催收通知书上签字或盖章的行为，是否可以恢复诉讼时效

问题难度：★★

问题解答：

诉讼时效是指民事权利受到侵害的权利人在法定的时效期间内不行使权利，当时效期间届满时，债务人获得诉讼时效抗辩权。

法律规定的诉讼时效期间内权利人提出请求的，人民法院可以强制义务人履行所承担的义务。而在法定的诉讼时效期间届满之后，权利人行使请求权的，人民法院就不再予以保护。值得注意的是，诉讼时效届满后，义务人虽可拒绝履行其义务，权利人请求权的行使权发生障碍，权利本身及请求权并不消灭。当事人超过诉讼时效后起诉的，人民法院应当受理。受理后，如另一方当事人提出诉讼时效抗辩且查明无中止、中断、延长事由的，判决驳回其诉讼请求。如果另一方当事人未提出诉讼时效抗辩，则视为其自动放弃该权利，法院不得依照职权主动适用诉讼时效。诉讼时效是一种时效的抗辩权，主债务超过诉讼时效，债务人即取得了时效的抗辩权。

超过诉讼时效的借款人在"催收通知书"上签字或盖章的行为，并不能产生诉讼时效恢复的法律后果。鉴于此类行为确实是借款人的真实意思表示，所以最高院的司法批复中将该行为明确规定为"对原债务的重新确认"并受法律保护。

信贷管理建议：

根据上述法律规定，债务人在催收通知书上签字或盖章的行为，虽然不能产生诉讼时效恢复的效力，但是，可以认定为"对原债务的重新确认"，对银行而言具有相同的事实结果。《催收通知书》应当至少满足以下要求：1. 原债务的基本要素齐全，包括本金、利率、期限、担保方式等；2. 明确表示了银行的催收意思和债务人的愿意归还意思。因此，对于《催收通知书》内容和签署的方式应当特别注意。

实务中，个别债务人签订了贷款对账单、贷款告知书等。这些文书的标题并不重要，关键看它的实质内容是否体现了"银行催收"和"债务人愿意归还"的意思表示。如果没有这些核心的意思表示，则不能发生"原债务重新确认"的法律效力。

法条链接：

《最高人民法院关于超过诉讼时效期间借款人在催款通知单上签字或者盖章的法律效力问题的批复》（法释〔1999〕7号）

河北省高级人民法院：

你院〔1998〕冀经一请字第38号《关于超过诉讼时效期间信用社向借款人发出的"催收到期贷款通知单"是否受法律保护的请示》收悉。经研究，答复如下：

根据《中华人民共和国民法通则》第四条、第九十条规定的精神，对于超过诉讼时效期间，信用社向借款人发出催收到期贷款通知单，债务人在该通知单上签字或者盖章的，应当视为对原债务的重新确认，该债权债务关系应受法律保护。

案例分享：

中国东方资产管理公司大连办事处诉辽宁华曦集团公司等借款担保纠纷上诉案（〔2003〕民二终字第93号）

中国东方资产管理公司大连办事处受让中国银行对畜产公司的贷款债权后，作为新的债权人向畜产公司和担保人提起诉讼。中国银行与畜产公司签订的95001号借款合同于1995年7月14日到期，债务人畜产公司于1995年6月15日至1996年7月31日分别偿还省中行五笔贷款利息，因此，主债务的诉讼时效应当从1996年8月1日起算，到1998年7月31日届满。经本院审理，现无证据证明省中行（原债权人）与畜产公司之间存在约定延期还款的事实，而省中行是在1999年8月31日、1999年9月13日向畜产公司发出催收贷款通知书的，因此，省中行对畜产公司的债权已经超过诉讼时效，债务人依法取得时效届满的抗辩权。但省中行于1999年8月31日、1999年9月13日两次向畜产公司发出催收通知书，畜产公司均在通知书上加盖印章，依照本院法释〔1999〕7号《关于超过诉讼时效期间借款人在催款通知单上签字或者盖章的法律效力问题的批复》的规定，畜产公司在催收通知书上加盖印章应视为对原债务的重新确认，故该债权仍受法律保护。依据该司法解释，借款人畜产公司在催收通知书上的盖章行为属于对原债权已过诉讼时效期间带来的抗辩权的放弃，原审法院裁判畜产公司对原债权承担偿还责任，符合司法解释的规定，应予维持。

问题 31：保证人在催收通知书上签字或盖章的行为，是否可以恢复保证期间

问题难度：★★

问题解答：

保证期间，是指当事人约定的或者法律规定的，保证人承担保证责任的期限。保证人与债权人约定保证期间的，按照约定执行。根据民法典第六百九十二条的最新规定，保证人和债权人未约定保证期间或约定不明的，保证期间为主债务履行期限届满之日起六个月，保证期间均自主债务履行期届满之日起计算。一般保证的债权人在保证期间内未对债务人提起诉讼或者申请仲裁的，保证人免除保证责任；连带责任保证的债权人在保证期间内没要求保证人承担保证责任的，保证人免除保证责任。保证期间是确定保证人承担保证责任的期间，不发生中止、中断和延长。

相较于诉讼时效而言，保证期间因涉及的是债务人以外的第三人，因此法律规定更为严格，对保证人的保护也更为明显。例如：诉讼时效超过的，除当事人主张，法院在审理中不得主动适用。但是，保证期间届满的，法院在审理中要主动向当事人释明，并作为案件基本事实给予查明。

很多读者容易将保证期间与诉讼时效、除斥期间混淆。实际上，保证期间既不是诉讼时效，也不是除斥期间，它是独立于二者的，根据上述解答可以提炼出保证期间的三个重要特征：1. 保证期间届满，保证责任免除；2. 保证期间固定不变，不因任何事由发生中止、中断和延长；3. 法院必须依职权主动向保证人释明。

另外，银行信贷人员还要掌握保证期间和诉讼时效的转换节点，即：在保证期间内，当债权人向保证人有效催收并确定保证责任时，保证期间结束，与此同时开始计算"保证诉讼时效"。此后，如果债权人仅向债务

人追偿，则主债务诉讼时效中断，保证诉讼时效不中断。如果债权人仅向保证人追偿，则保证诉讼时效和主债务诉讼时效均中断。

最高院司法解释明确规定：保证期间届满后，保证人在催收通知书上签字或盖章的行为，并不能认定保证人继续承担保证责任。除非该催收通知书的内容符合担保合同成立的条件，可以将其视为新的保证担保。

可以看出，同样是在催收通知书签字或盖章的行为，法律对债务人和保证人确定了不同的认定标准。针对债务人，只要催收通知书体现出"催收"和"愿意归还"的意思即可产生"原债务重新确认"的效力。针对保证人，催收通知书必须具备担保法和合同法关于保证合同成立的条件才能认定"保证人继续承担保证责任"。

信贷管理建议：

综上所述，催收通知书的内容是解决上述法律风险的关键。如果要求银行的客户经理或催收人员根据具体情况设计催收通知书的内容以达到法律规定的要求，难度较大且不具有操作性。因此，银行法务人员应当根据本行业务的特点，设计若干类型的催收通知书供客户经理或催收人员使用，可以将催收通知书的内容设计为符合借款合同和保证合同的标准，体现出"要约"和"承诺"的意思表示，从而满足诉讼时效和保证期间管理的要求。

在实务中，笔者一般要求借款人和保证人同时签订"还款计划书"或"还款承诺书"，以同时实现"债权债务的重新确认"和"保证担保关系的重新成立"。鉴于各家银行业务的类型不同，因此无法提供统一的模板，建议由银行专业的律师或法务人员制定。

法条链接：

《最高人民法院关于适用〈中华人民共和国民法典〉有关担保制度的解释》第三十四条 人民法院在审理保证合同纠纷案件时，应当将保证期间是否届满、债权人是否在保证期间内依法行使权利等事实作为案件基本事实予以查明。债权人在保证期间内未依法行使权利的，保证责任消灭。保证责任消灭后，债权人书面通知保证人要求承担保证责任，保证人在通知书上签字、盖章或者按指印，债权人请求保证人继续承担保证责任的，人民法院不予支持，但是债权人有证据证明成立了新的保证合同的除外。

（已废止：《最高人民法院关于人民法院应当如何认定保证人在保证期间届满后又在催款通知书上签字问题的批复》 法释〔2004〕4号
云南、河北、四川省高级人民法院：

云高法〔2003〕69号《关于保证人超过保证期间后又在催款通知书上签字应如何认定性质和责任的请示》、〔2003〕冀民二请字第1号《关于如何认定已过了保证期间的保证人在中国长城资产管理公司〈债权转移确认通知书〉上盖章的民事责任的请示》和川高法〔2003〕266号《关于保证期届满后保证人与债务人同日在催款通知书上签字或者盖章的法律效力问题的请示》收悉。经研究，答复如下：

根据《中华人民共和国担保法》的规定，保证期间届满债权人未依法向保证人主张保证责任的，保证责任消灭。保证责任消灭后，债权人书面通知保证人要求承担保证责任或者清偿债务，保证人在催款通知书上签字的，人民法院不得认定保证人继续承担保证责任。但是，该催款通知书内容符合合同法和担保法有关担保合同成立的规定，并经保证人签字认可，能够认定成立新的保证合同的，人民法院应当认定保证人按照新保证合同承担责任。）

案例分享：

李某诉范某、韩某、刘某间借贷纠纷案 （〔2016〕辽0291民初7164号）

（一）基本案情

2014年7月25日，被告韩某向原告李某借款248万元，约定还款期至2015年7月24日；逾期不还，按月利息2%支付利息。上述协议落款处有"借款人韩某，担保人范某"的签字确认。2014年7月28日，原告李某通过银行转账方式向被告韩某支付借款200万元，剩余48万元未予支付。2016年6月21日，原告李某向被告韩某、被告范某发出催款通知，载明：借款人韩某，担保人范某于2014年7月25日按月息2%从出借人李某处借款200万元，截止到 2016 年 7 月 24 日本息合计 296 万。期间已归还 42 万元，尚欠 254 万元，请于 2016 年 7 月 24 日前一次性偿还。如不能按期足额归还借款，借款人有权向大连开发区人民法院提起诉讼。上述催款通知落款处有借款人韩某、担保人范某的签字确认。庭审中，原告李某自认被告韩某在借款期间已偿还利息 42 万元。

关于被告范某是否应承担保证责任，根据《中华人民共和国担保法》第十九条之规定："当事人对保证方式没有约定或者约定不明确的，按照连带责任保证承担保证责任"。第二十六条之规定："连带责任保证的保证人与债权人未约定保证期间的，债权人有权自主债务履行期届满之日起六个月内要求保证人承担保证责任。在合同约定的保证期间和前款规定的保证期间，债权人未要求保证人承担保证责任的，保证人免除保证责任"。本案中，案涉借款协议并未对被告范某的保证方式及保证期间进行约定，故被告范某应承担连带保证责任，其保证期间为 2015 年 7 月 25 日起至 2016 年 1 月 24 日。原告于 2016 年 6 月 21 日发出催款通知，此时，被告范某的保证责任已超过保证期间。根据《最高人民法院关于适用〈中华人民共和国担保法〉若干问题的解释》第三十一条之规定："保证期间不因任何事由发生中断、中止、延长的法律后果"。依据《最高人民法院关于人民法院应当如何认定保证人在保证期间届满后又在催款通知书上签字问题的批复》中规定，"保证期间届满债权人未依法向保证人主张保证责任的，保证责任消灭。保证责任消灭后，债权人书面通知保证人要求承担保证责任或清偿债务，保证人在催款通知书上签字的，人民法院不得认定保证人继续承担保证责任。但是，该催款通知书内容符合合同法和担保法有关担保合同成立的规定，并经保证人签字认可，能够认定成立新的保证合同的，人民法院应当认定保证人按照新保证合同承担责任"。本案中，原告在保证人范某保证期间届满后发出催款通知，虽然被告范某在催款通知上签字，但《催款通知》上载明的内容只是对到期债务的催收，没有继续履行保证合同的意思表示，催款通知所载明的内容不符合保证合同的构成要件，该《催款通知》不足以认定原告李某与被告范某之间形成新的保证合同关系。故原告要求被告范某承担连带偿还责任的诉讼请求，于法无据，法院不予支持。

问题32：借名贷款的性质如何认定？名义借款人和担保人是否承担责任

问题难度：★★★

问题解答：

借名贷款是指实际贷款人因各种原因不能按照正常程序在银行获得贷款，从而采取借用他人名义在银行获取的贷款。常见的表现形式为"多户贷一户用"。

认定借名贷款的性质，关键要判断银行是否知情。如果银行不知情，借名贷款的性质就是普通的借贷法律关系，按照合同相对性原则，由名义借款人承担还款责任，名义借款人偿还后可以向实际用款人追偿，同时，担保人也要承担相应的担保责任。如果银行知情，则构成民法典第九百二十五条规定的隐名代理，由委托人（实际用款人）偿还贷款，受托人（名义借款人）没有还款义务。同时，如果银行可以举证证明担保人明知借名贷款的事实，担保人应承担担保责任；如果银行不能举证证明，则担保人不承担担保责任。

法院认定"银行是否知情"，主要判断银行的主要工作人员是否知情。实务中，法院认为：银行的认知只有通过工作人员才得以体现。银行的信贷员、客户经理、分管信贷的支行副行长、支行行长等信贷流程上的关键员工知情，即可以认定银行知情，而不需要上升至银行高管或会议决策层面。认定知情的证据包括刑事判决书确认的事实、公安机关的笔录、录音录像等。

信贷管理建议：

借名贷款对银行的危害极大，对银行资金造成损失的同时，更对银行的内控体系和员工职业信仰形成破坏。聚集性的借名贷款，往往会伴随着刑事案件，并引发群体性上访事件，也会成为新闻媒体关注的热点，进而形成声誉风险。更为严重的，会给机构和高管带来问责的压力和监管部门的处罚。

从法院判例的数据分析来看，借名贷款在国有银行和股份制银行相对较少，在城商行、农商行和农信社较多，借名贷款的高发机构有以下特征：一是员工法律素质较低，缺乏自我保护的法律意识；二是内控体系不健全，未严格落实"审贷分离、审放分离"的制度要求，形成"一支笔"的贷款发放流程；三是缺乏系统培训，长期以来"老人带新人"养成了工作惯性，个别信贷人员甚至在判刑后仍然认为借名贷款是正常业务模式，目的就是通过"化整为零"满足客户资金需求，完全没意识到"借名贷款"是高风险的犯罪行为。

基于上述分析，笔者提出以下信贷管理建议供读者参考。

首先，要建立"审贷分离、审放分离"的内控制约机制，将调查岗、审查审批岗和放款审核岗分离。在岗位分离的基础上，可以进一步实行条线化垂直管理，使审批岗和放款审核岗从经营单位（支行）内部分离出来，形成营销和风控两大条线之间的制约，从机制上降低借名贷款发生的概率。这也是大型国有银行等成熟机构与农信社等机构在内控管理上的显著区别。

其次，作为银行管理者，一旦发生聚集性的借名贷款案件，有两种处理方式：一种是贷款重组，将所有借名贷款重组到实际用款人名下，这种方式的关键是判断重组后的实际用款人是否有还款来源，其经营的项目是否有市场价值，同时，必须制订切实可行的还款计划。只有当重组后的贷款全部结清后，重组才算真正成功。如果重组贷款形成不良，经办人和管理者很可能涉嫌"违法发放贷款罪"，职业风险较高。另一种方式是采取刑事手段予以打击，请求公安机关按照"贷款诈骗罪"或"骗取贷款罪"立案侦查。立案后，要随时关注公安机关侦查过程中是否发现"银行工作人员对借名贷款知情的证据"。如果没有相关证据，可以在刑事案件结束后，继续诉讼名义借款人和保证人。如果发现存在"银行工作人员对借名贷款知情的证据"，则要在侦查阶段积极与名义借款人、保证人和实际用款人协商还款事宜，甚至可以采取停息挂账、减免罚息等方式引导还款，最大化地回收贷款，减少损失。当案件宣判后，"银行工作人员知情的证据"就会被刑事判决书赋予证据效力，名义借款人和担保人可以全部免责，实际用款人被判刑入狱，最终形成实质损失。

最后，对于因特殊原因必须选择"借名"方式办理的贷款，可以将名义借款人和实际用款人列为"共同借款人"，回归业务真实状态，让担保人出具明确"贷款真实用款人"的确认书。这样既可以正常办理业务，也不会埋下风险隐患。

法条链接：

民法典第九百二十五条　受托人以自己的名义，在委托人的授权范围内与第三人订立的合同，第三人在订立合同时知道受托人与委托人之间的代理关系的，该合同直接约束委托人和第三人；但是，有确切证据证明该合同只约束受托人和第三人的除外。

民法典第九百二十六条　受托人以自己的名义与第三人订立合同时，第三人不知道受托人与委托人之间的代理关系的，受托人因第三人的原因对委托人不履行义务，受托人应当向委托人披露第三人，委托人因此可以行使受托人对第三人的权利。但是，第三人与受托人订立合同时如果知道该委托人就不会订立合同的除外。受托人因委托人的原因对第三人不履行义务，受托人应当向第三人披露委托人，第三人因此可以选择受托人或者委托人作为相对人主张其权利，但是第三人不得变更选定的相对人。委托人行使受托人对第三人的权利的，第三人可以向委托人主张其对受托人的抗辩。第三人选定委托人作为其相对人的，委托人可以向第三人主张其对受托人的抗辩以及受托人对第三人的抗辩。

（已废止：1.合同法第四百零二条　受托人以自己的名义，在委托人的授权范围内与第三人订立的合同，第三人在订立合同时知道受托人与委托人之间的代理关系的，该合同直接约束委托人和第三人，但有确切证据证明该合同只约束受托人和第三人的除外。2.合同法第四百零三条　受托人以自己的名义与第三人订立合同时，第三人不知道受托人与委托人之间的代理关系的，受托人因第三人的原因对委托人不履行义务，受托人应当向委托人披露第三人，委托人因此可以行使受托人对第三人的权利，但第三人与受托人订立合同时如果知道该委托人就不会订立合同的除外。受托人因委托人的原因对第三人不履行义务，受托人应当向第三人披露委托人，第三人因此可以选择受托人或者委托人作为相对人主张其权利，但第三人不得变更选定的相对人。委托人行使受托人对第三人的权利的，第三人可以向委托人主张其对受托人的抗辩。第三人选定委托人作为其相对人的，委托人可以向第三人主张其对受托人的抗辩以及受托人对第三人的抗辩。）

案例分享：

（一）李某、昌黎县农村信用合作联社金融借款合同纠纷（〔2017〕冀民申 1661 号）

法院认为，李某作为具有完全民事能力的成年人，其应理解自己行为的相应法律后果，该案中借款申请书、借款合同、借款借据上均有李某签名捺印，李某也没有证据表明被申请人昌黎信用社与他人恶意串通的问题，故原审认定借款合同是李某本人与昌黎信用社双方的真实意思表示合法有效，并无不妥。借款合同签订后，昌黎信用社已经将款项打入了合同中李某指定的账号，发放了贷款，即使存在所谓"借名贷款"的问题，亦不影响李某作为借款人的还款义务，其承担责任后可向实际用款人追偿。

（二）中国工商银行股份有限公司绍兴越城支行、浙江绍兴永美纺织制衣有限公司金融借款合同纠纷（〔2017〕浙 06 民终 3225 号）

本院认为，本案主要争议焦点在于案涉两笔总计 1 500 万元贷款的主债务人如何确定及柏富公司、俞某是否需要承担相应债务的连带清偿责任。工行越城支行与永美公司签订两份总金额为 1 500 万元的借款合同，工行越城支行依约向永美公司发放了贷款，永美公司本应按期归还借款本息。但是，（2016）浙 0602 刑初 720 号刑事判决认定，工行越城支行分管企业授信、贷款业务的副行长赵某对本案中 1 500 万元贷款的实际借款人是和畅公司，对永美公司只是名义借款人情况是明知的，生效刑事判决具有既判力，该事实在本案中亦应予以确认。赵某是工行越城支行分管企业授信、贷款业务的副行长，以工行越城支行的名义审核贷款、签订贷款合同、发放贷款是其主要工作内容，具体贷款业务产生的收益或损失亦归于工行越城支行，赵某的行为应认定系履职行为，相应的民事法律后果由工行越城支行承担。工行越城支行的认知只有通过其工作人员才能得以显现，赵某履职过程中知道的放贷事项应视为工行越城支行的明知事项，一审法院依据生效刑事判决认定工行越城支行对1500万元贷款的实际借款人是和畅公司，永美公司只是名义借款人是明知的，并无不当。《中华人民共和国合同法》第四百零二条规定，受托人以自己名义，在委托人的授权范围内与第三人订立的合同，第三人在订立合同时知道受托人与委托人之间的代理关系的，该合同直接约束委托人和第三人。本案中，工行越城支行明知两笔总计1500万元贷款的实际借款人是和畅公司，永美公司只是接受和畅公司的委托与其签订借款合同，该借款合同依法应当直接约束和畅公司而非永美公司。因此，永美公司对该1500万元贷款无须承担还款责任，相应也无须承担与之对应的律师费，工行越城支行的该项上诉请求不能成立。

工行越城支行主张柏富公司应当对前述1500万元贷款债务及相应的律师费用在约定的限额内承担连带清偿责任，因柏富公司是为永美公司的债务提供担保，现已查明永美公司只是名义借款人，工行越城支行应举证证明柏富公司对该事实是明知的，方能要求柏富公司承担担保责任。工行越城支行未能提交相应的证据，应当承担举证不力的法律后果。

工行越城支行主张某刚应当对全案2288万元债务及相应的律师费用在约定的限额内承担连带清偿责任，但鉴定意见已明确保证合同中"俞某"的签名并非俞某所签，即俞某并未与工行越城支行签订书面的保证合同，录音证据中的对话内容表意亦不明确，据此尚不足以证明工行越城支行的主张。

法院驳回工行越城支行的诉讼请求，名义借款人永美公司和担保人柏富公司和俞某均不承担还款责任。（工行越城支行可以另外起诉实际借款人和畅公司要求还款）

问题33：在未经总行批准的情况下，银行的分支机构对外提供担保是否有效

问题难度：★★★

问题解答：

为了达到非法目的，银行工作人员或分支机构负责人擅自通过加盖公章或签字的方式对外担保。这种案例屡见不鲜，也凸显出银行的印章管理和内控流程存在重大漏洞。

民法典实施前，实务中有两种观点，一种观点认为，根据担保法第十条和第二十九条规定，银行总行书面授权的分支机构对外担保有效，未经总行书面授权的无效，参见"案例分享一"。另一种观点认为，担保法第十条和第二十九条规定的授权包括具体授权和概括授权，具体授权指书面授权书，概括授权是指以工商登记的"经营范围"作为授权内容，概括授权同样具有法律效力。银行内部使用的总行对分支机构的业务授权书只是一种内部管理手段，第三人无法获知。因此，当银行内部的业务授权书与工商登记的经营范围内容冲突时，应当按照对外公示的经营范围作为授权范围，参见"案例分享二"。另外，如果银行工商登记的"经营范围"不明确的，从目前的大多数判决来看，均认为银行没有授权，也有个别判例认为银行对分支机构进行了授权，具体要结合案件其他细节予以确认。

民法典实施后，民法典并未延续担保法第十条和第二十九条的规定。《最高人民法院关于适用〈中华人民共和国民法典〉有关担保制度的解释》第十一条做出了更具体明确的规定：金融机构的分支机构在其营业执照记载的经营范围内开立保函，或者经有权从事担保业务的上级机构授权开立保函，属于有效担保。金融机构的分支机构未经金融机构授权提供保函之外的非典型担保，一般属于无效担保，但是，当事人善意的除外。

如果法院认定银行分支机构对外担保有效，银行需要全额承担担保责任。如果法院认定银行分支机构对外担保行为无效，银行需要分两种情况承担责任，详见民法典提及部分司法解释第十七条。债权人是否存在过错，主要分析债权人在接受担保过程中，是否尽到了合理的注意义务，需要综合判断，例如：债权人是否亲自到银行工作场所办理担保业务、是否与银行高管人员确认、是否签订银行标准的格式文书等。

信贷管理建议：

关于银行分支机构对外提供担保，笔者从诉讼和管理两个层面提供参考建议：

首先，在诉讼过程中，应当从两个方面进行补救：一方面，要通过法院的判例尽可能引导法官按照"具体授权"的思路审理，认可银行的内部业务授权书是唯一有效的授权形式；另一方面，收集债权人有过错的证据，例如：未在银行工作场所办理、未向银行主要负责人征求意见、签订的文本非银行制式合同等，以减轻银行的责任。

其次，在银行内部管理方面，应当强化对"工商登记经营范围的管理"，建立经营执照内容变更的审批程序，尽可能地将经营范围与实际业务授权相统一。常见的现象是：银行为了工作便利，只要监管部门允许，就尽可能多地在营业执照上增加经营范围，认为内部可以通过业务授权书控制风险。通过案例分析，我们知道内部业务授权书并不能对抗工商登记的经营范围，而且"概括授权"的裁判思路逐步成为主流，也说明法院对银行在业务办理过程中要求更高的注意义务。

最后，强化独立保函等重要空白凭证的管理。从银行败诉的案例来看，很多银行分支机构是未经有权上级审批，擅自对外提供了具有标准格式的独立保函。如果银行内部对重要空白凭证的管理到位，那么，重要空白凭证的使用必然要求履行授信审批程序，相应也就不会出现分支机构擅自对外出具的现象。

第四章 贷后管理阶段的法律问题

法条链接：

民法典第七十四条 法人可以依法设立分支机构。法律、行政法规规定分支机构应当登记的，依照其规定。分支机构以自己的名义从事民事活动，产生的民事责任由法人承担；也可以先以该分支机构管理的财产承担，不足以承担的，由法人承担。

（已废止：1. 担保法第十条 企业法人的分支机构、职能部门不得为保证人。企业法人的分支机构有法人书面授权的，可以在授权范围内提供保证。2. 担保法第二十九条 企业法人的分支机构未经法人书面授权或者超出授权范围与债权人订立保证合同的，该合同无效或者超出授权范围的部分无效，债权人和企业法人有过错的，应当根据其过错各自承担相应的民事责任；债权人无过错的，由企业法人承担民事责任。）

《最高人民法院关于适用〈中华人民共和国民法典〉有关担保制度的解释》第十一条 金融机构的分支机构在其营业执照记载的经营范围内开立保函，或者经有权从事担保业务的上级机构授权开立保函，金融机构或者其分支机构以违反公司法关于公司对外担保决议程序的规定为由主张不承担担保责任的，人民法院不予支持。金融机构的分支机构未经金融机构授权提供保函之外的担保，金融机构或者其分支机构主张不承担担保责任的，人民法院应予支持，但是相对人不知道且不应当知道分支机构对外提供担保未经金融机构授权的除外。

（已废止：1. 担保法解释第七条 主合同有效而担保合同无效，债权人无过错的，担保人与债务人对主合同债权人的经济损失，承担连带赔偿责任；债权人、担保人有过错的，担保人承担民事责任的部分，不应超过债务人不能清偿部分的二分之一。2. 担保法解释第八条 主合同无效而导致担保合同无效，担保人无过错的，担保人不承担民事责任；担保人有过错的，担保人承担民事责任的部分，不应超过债务人不能清偿部分的三分之一。）

案例分享：

（一）吕某、中国农业发展银行临邑县支行民间借贷纠纷（〔2016〕最高法民申2412号）

最高院认为，吕某关于农发行临邑支行应对奇力公司借款承担连带清偿责任的再审申请理由不能成立。一、关于担保条款的效力问题。根据《最高人民法院关于适用〈中华人民共和国担保法〉若干问题的解释》第十七条关于"企业法人的分支机构未经法人书面授权提供保证的，保证合同无效"的规定，农发行临邑支行作为中国农业发展银行的分支机构，在本案中为奇力公司的借款向吕某提供担保未获得其法人的书面同意，二审判决认定借款协议书中的担保条款无效有相应的事实和法律依据。二、关于农发行临邑支行承担责任的数额问题。《最高人民法院关于适用〈中华人民共和国担保法〉若干问题的解释》第七条规定，"主合同有效而担保合同无效，……债权人、担保人有过错的，担保人承担民事责任的部分，不应超过债务人不能清偿部分的二分之一"。农发行临邑支行作为分支机构应当知道自己无权进行担保，却为奇力公司向吕新华的借款提供担保。吕某系完全民事行为能力人，其向奇力公司出借巨额资金，却对金融机构农发行临邑支行是否具有法定担保人资格未尽到应尽的审慎和注意义务。二审判决认定农发行临邑支行与吕某在本案中均存在过错，并判令农发行临邑支行对奇力公司不能清偿部分的二分之一承担民事清偿责任，符合法律规定。

（二）刘某、中国工商银行股份有限公司鹰潭分行保证合同纠纷（〔2016〕最高法民终221号）

法院认为，第一，从担保授权类型看，工行鹰潭分行的担保业务在工々总行的授权范围内，二审中工行鹰潭分行也未举证其每笔保函业务均需取得工商总行的具体授权，应认为工行鹰潭分行已取得工商总行的概括授权。第二，从担保授权性质看，商业银行因相关业务需要进行的上级银行书面批准和内部授权，属于银行上下级之间的业务监督和内部授权，本质上是银行内部管理和风险防控，并不影响其对外民事行为的法律效力。《中华人民共和国合同法》第五十条规定，法人或其他组织的法定代表人、负责人超越权限订立的合同，除相对人知道和应该知道其超越权限的以外，该代表行为有效。作为担保受益人，刘某判断工行鹰潭分行是否具有担保业务范围，只能根据其营业范围，不可能知道其内部是否授权或经过批准，工行鹰潭分行以内部未予审批否定担保合同效力，依法无据。第三，从法律及司法解释规定看，担保法第二十九条规定"企业法人的分支机构未经法人书面授权或者超出授权范围与债权人订立保证合同的，该合同无效"。该规定的所谓授权应包括具体授权和概括授权，一审法院认为仅包括具体授权，并据此认定工行鹰潭分行出具的银行保函无效，属适用法律错误。第四，从银行保函的发展趋势看，随着金融业的发展，本案所涉银行保函具有独立担保性质，不仅不为法律和行政法规的强制性规定所禁止，而且已逐渐得到法律及司法解释的认可和支持，也成为商业银行扩展业务的领域之一。据此，本案所涉银行保函依法有效，工行鹰潭分行应当承担保证责任。

问题 34：银行行长以个人名义为"过桥资金"提供担保，银行是否承担责任

问题难度：★★

问题解答：

银行行长以个人名义为"过桥资金"提供担保的效力是否对银行发生法律效力，要结合以下几个要素判断：一是担保的目的是什么？是为了收回银行贷款，还是为了谋取个人利益；二是担保的金额是否超过了个人可承受的范围；三是其他证据是否可以补充证明银行对该担保事项知情。通过分析法院判例发现，如果银行行长个人的担保是为了银行收回贷款，且金额明显超过个人担保的能力范围，法院会将行长的行为认定为职务行为，应当由银行承担责任。

信贷管理建议：

作为银行行长，来自不良贷款考核的压力很大，为了借助"过桥资金"转办不良贷款，个人提供各种形式担保的现象较为常见。面对这种情况，银行行长应当把合规经营和职业操守放在首要位置，即使为了经营指标，也不能突破合规经营的底线。合规经营既是对单位负责，也是对个人和家庭负责。

法条链接：

民法典第一百七十条　执行法人或者非法人组织工作任务的人员，就其职权范围内的事项，以法人或者非法人组织的名义实施的民事法律行为，对法人或者非法人组织发生效力。法人或者非法人组织对执行其工作任务的人员职权范围的限制，不得对抗善意相对人。

（已废止：合同法 第五十条 法人或者其他组织的法定代表人、负责人超越权限订立的合同，除相对人知道或者应当知道其超越权限的以外，该代表行为有效。）

案例分享：
中国农业发展银行大荔县支行、简某保证合同纠纷 （〔2017〕最高法民申 4155 号）

本案中，简某作为"过桥资金"提供方，与借入方金紫阳公司签订了金额为 1 900 万元的借款合同，用于归还农业银行大荔县支行的贷款，时任农业银行大荔县支行行长刘某在担保人处签字。事后，农业银行未向金紫阳公司发放贷款，且金紫阳公司进入破产程序。简某作为债权人，将农业银行大荔县支行起诉至法院要求其承担保证责任。

最高院再审审查认为：

关于原判决认定刘某在借款合同上签字系代表农行大荔支行所为的职务行为而非个人行为是否缺乏证据证明的问题。根据本案已经查明的事实，金紫阳公司向简某借款的目的是归还金紫阳公司之前在农行大荔支行的贷款，金紫阳公司和简某亦在借款合同中约定，金紫阳公司向简某还款的款项来源为农行大荔支行向其发放的贷款。且在双方签订借款合同的当天，农行大荔支行即向简某出具一份《确认函》，函中记载内容显示农行大荔支行对该借款合同的签订和内容是知晓的。《确认函》载明就金紫阳公司的担保物在农行大荔支行实现抵押权时，简某享有受偿权。借款合同涉及的款项，均是农行大荔支行的贷款，该借款合同签订与否与农行大荔支行的利益息息相关，刘某虽在借款合同担保人处签字并书写了手机号和身份证号码，但借款合同涉及金额为 1 900 万元，刘某个人与涉案该笔借款能否实现并无太大关系，其若以个人身份为该笔大额款项作担保，亦不符合生活常理。原判决由此认定刘某在借款合同上的签字是代表农行大荔支行的职务行为这一基本事实并不缺乏证据证明。

关于农行大荔支行在本案中是否应承担责任的问题。根据《中华人民共和国担保法》第十条"企业法人的分支机构、职能部门不得为保证人"

及第二十九条"企业法人的分支机构未经法人书面授权或者超出授权范围与债权人订立保证合同,该合同无效或者超出授权范围的部分无效,债权人和企业法人有过错的,应该根据其过错各自承担相应的民事责任;债权人无过错的,由企业法人承担民事责任"之规定,农行大荔支行作为中国农业发展银行的分支机构,法律规定其不能作保证人,本案中亦没有证据证明其提供的保证行为经过中国农业发展银行的授权,故该保证无效,农行大荔支行应承担保证无效的过错赔偿责任。农行大荔支行作为专业金融机构,应当知晓其对外担保是无效的,为了确保金紫阳公司的贷款能够及时偿还,其时任行长刘某仍在借款合同担保人处签字,农行大荔支行的过错是显而易见的。简某作为债权人并无过错。原判决根据《最高人民法院关于适用〈中华人民共和国担保法〉若干问题的解释》第七条"主合同有效而担保合同无效,债权人无过错的,担保人与债务人对主合同债权人的经济损失,承担连带赔偿责任"的规定,判令农行大荔支行对涉案债务承担赔偿责任,并不存在适用法律错误的问题。正是由于农行大荔支行的担保行为无效,其在本案中承担的是过错赔偿责任,农行大荔支行主张利息应计算至金紫阳公司破产日的主张没有法律依据,原判决认定借款利息应计算至实际付清之日亦不存在法律适用错误的问题。简某虽起诉要求农行大荔支行承担保证责任,但由于农行大荔支行的保证无效,原判决认定农行大荔支行在本案中应承担过错赔偿责任,亦不存在原判决超出诉讼请求的问题。

问题35：抵押人是否有权转让抵押物

问题难度：★★

问题解答：

民法典第四百零六条规定，抵押期间，抵押人可以转让抵押财产。该规定对原物权法第一百九十一条"抵押期间，抵押人未经抵押权人同意，不得转让抵押财产"的规定进行了实质性修订。这也是民法典诸多修订中对银行业务具有重大影响的一项内容。

在民法典物权编的立法过程中，一种观点认为，物权法的规定存在以下问题：一是抵押权是存在于抵押财产上的权利，是属于权利人的绝对权，抵押权对抵押财产具有追及效力是其物权属性的体现，应当予以明确规定；二是要求抵押人将转让抵押财产的价款提前清偿债务，违背了抵押权作为担保物权具有的或然性特征，设定抵押不是债务承担或者债务替代，提前清偿债务损害抵押人的期限利益，在第三人作为抵押人的情形中尤其不公正，立法只需考虑抵押人处分抵押财产时是否会损害抵押权，再赋予抵押权人相应的救济手段；三是转让抵押财产，必须消除该财产上的抵押权，影响了交易实践的发展，例如：在房屋按揭买卖中，需要先由买受人支付部分款项，以供出卖人提前清偿按揭贷款从而涂销抵押权，再由买受人与银行签订抵押贷款合同，重新办理抵押登记，增加了交易成本。建议规定抵押期间抵押人转让抵押财产的，抵押权不受影响，只有在转让行为有可能损害抵押权时，抵押权人可以要求抵押人提前清偿债务或者将转让价款提存。

另一种观点认为，允许抵押财产不经抵押权人同意而转让可能有以下不利影响：一是增加了债务人的道德风险，在不清偿债务或提存的情况下，允许抵押人转让抵押财产，转让后的财产所有人与债务人无直接关联，将削弱因财产担保对债务人产生的约束，进而影响到债务的偿还。二是影响抵押权的实现，虽然该建议明确了抵押权的追及效力，但是抵押权人对因抵押财产转让给第三人而导致的抵押财产处置困难的情况缺乏控制力，可能增加抵押权人的权利行使成本。

立法者认为，如果当事人设立抵押权时进行了登记，受让人可以知悉财产上是否负担抵押权，受让人知道或者应当知道该财产上设有抵押权仍受让的，应当承受相应的风险；如果当事人设立抵押权时没有进行登记，则不能对抗善意的受让人，受让人将获得没有抵押负担的财产所有权。随着我国不动产统一登记制度的建立以及动产抵押登记制度的完善，抵押人转让抵押财产时抵押权人和抵押财产的买受人可能承担的风险大大降低，为了充分发挥物的效用，促进交易便捷，应当允许抵押人在抵押期间转让抵押财产并承认抵押权的追及效力。同时，应当允许当事人对抵押期间能否转让抵押财产另行约定，以平衡抵押人与抵押权人之间的利益，保护抵押权人为行使抵押权而作的预先安排，尊重当事人之间的意思自治。

综上所述，民法典第四百零六条对该问题给出了明确的答案，即：抵押人有权转让抵押物，同时，抵押权具有追及效力，即使抵押物被转让，抵押权人始终拥有对抵押物的优先受偿权。另外，基于抵押权的物上代位性，如果抵押权人有证据证明转让行为可能损害抵押权的，抵押权人可以要求抵押人就转让价款提前清偿债务或提存。

信贷管理建议：

民法典第四百零六条的立法目的是充分发挥抵押物的效能，促进交易便捷，这有利于整个社会资源的充分流动和分配。从银行信贷业务的角度来看，该规定对银行造成了正反两方面的影响。

正面的影响是：随着民法典的实施，"带押转让"将逐步被社会大众所接受。银行在不良贷款清收中，可以主动帮助抵押人变卖抵押物（非法院拍卖程序），尤其是住房按揭贷款中，买房人可以打消"因合同无效导致无法过户"的顾虑，从而有利于抵押物的交易流转，也为银行"转按揭贷款"业务提供了法律依据。

反面的影响是：抵押人可以和第三人串通制造"带押转让"的事实，

并有意让"名下没有住房"的第三人作为买受人。最终使银行面临强制执行困难的事实。（参阅问题：银行是否可以申请执行被执行人名下的唯一住房？）

鉴于目前法院尚未公布此类判例，笔者提示信贷人员审慎办理，并提出以下信贷管理建议：

1. 银行在抵押合同中约定"抵押物不得转让"的内容，必须在办理不动产抵押登记时进行公示登记。随着法律规定的调整，不动产登记部门未来会在他项权利证书上增加"是否可以转让"的内容。

2. 银行在抵押合同中不宜约定"抵押物不得转让"，建议约定为"未经银行同意，不得转让抵押物"，这样既对抵押物的转让做出了限制，又为以后处置抵押物留下了空间。

3. 贷后管理过程中，要对抵押物重点增加"实地走访"的环节。如果发现抵押物被转让且未通知银行，那么银行要进一步判断抵押人是否具备"恶意逃债"的意图，并决定是否启动法律程序。

法条链接：

民法典第四百零六条　抵押期间，抵押人可以转让抵押财产。当事人另有约定的，按照其约定。抵押财产转让的，抵押权不受影响。抵押人转让抵押财产的，应当及时通知抵押权人。抵押权人能够证明抵押财产转让可能损害抵押权的，可以请求抵押人将转让所得的价款向抵押权人提前清偿债务或者提存。转让的价款超过债权数额的部分归抵押人所有，不足部分由债务人清偿。

（已废止：物权法第一百九十一条　抵押期间，抵押人经抵押权人同意转让抵押财产的，应当将转让所得的价款向抵押权人提前清偿债务或者提存。转让的价款超过债权数额的部分归抵押人所有，不足部分由债务人清偿。抵押期间，抵押人未经抵押权人同意，不得转让抵押财产，但受让人代为清偿债务消灭抵押权的除外。

《最高人民法院关于适用〈中华人民共和国民法典〉有关担保制度的解释》第四十三条　当事人约定禁止或者限制转让抵押财产但是未将约定

登记，抵押人违反约定转让抵押财产，抵押权人请求确认转让合同无效的，人民法院不予支持；抵押财产已经交付或者登记，抵押权人请求确认转让不发生物权效力的，人民法院不予支持，但是抵押权人有证据证明受让人知道的除外；抵押权人请求抵押人承担违约责任的，人民法院依法予以支持。当事人约定禁止或者限制转让抵押财产且已经将约定登记，抵押人违反约定转让抵押财产，抵押权人请求确认转让合同无效的，人民法院不予支持；抵押财产已经交付或者登记，抵押权人主张转让不发生物权效力的，人民法院应予支持，但是因受让人代替债务人清偿债务导致抵押权消灭的除外。

问题 36：保证金账户被法院冻结后，银行是否有权主张解除冻结

问题难度：★★

问题解答：

根据现行法律规定，银行的保证金账户被法院冻结后，银行有权主张解除冻结，但是，银行需要举证证明以下两个重要事实。

一是保证金账户"特定化"，即银行与保证金账户所有权人签订了"保证金质押协议"或"最高额保证金质押协议"，且协议中明确约定了保证金账户的户名、账号、开户行等基本信息，同时，该账户内的资金进出均与保证金所担保的业务相关，不存在其他不相关的资金划转。这里需要注意的是，"特定化"不等于"固定化"，保证金账户在运用于按揭贷款、担保公司等业务中，会出现资金的频繁出入，银行需要做到每笔资金划转均有明确的记录且与被担保业务有关，切勿与企业日常资金往来混同于一个账户。

二是保证金账户"转移至银行占有"，实际操作中有两种方式：第一种是保证金账户的户名仍是"某企业保证金"，但是该账户资金的进出均由银行控制。第二种是保证金账户的户名是"某银行——某企业保证金"，即账户是银行所有，同时通过二级标题标示出了具体的归属。

银行的保证金账户满足了上述两个核心条件后，即可以向法院提出执行异议申请解除司法冻结。如执行异议未得到法院支持，可以向法院提起执行异议之诉。

信贷管理建议：

银行对保证金账户的管理，应当严格按照保证金质押的两个核心构成要件进行管理，即"特定化"和"转移占有"。

关于"特定化"，应当做到以下三点：1. 保证金账户名称中明确显示"某企业保证金"；2. 保证金质押协议中写明该账户的账号等主要信息；3. 账户要专项使用，资金仅限保证金的进出，企业其他日常结算资金另行开户。

关于"转移占有"，应当做到：1. 保证金账户在银行可控范围之内。如核心系统允许，尽量在账户信息中体现"已质押"的字样；2. 银行实际控制账户的资金划款，账户所有权人不得操作账户。

最后，银行要加强柜面人员的业务培训。从案例数据分析可以看出，银行在保证金账户举证方面经常出现困难，主要原因是内部人操作失误所致，例如：保证金账户书写错误、未填写保证金账号、误将其他资金转入保证金账户又转出等。如果保证金的质押属性被法院否定，银行很可能面临保证金被强行扣划后的损失。

法条链接：

《最高人民法院关于适用〈中华人民共和国民法典〉有关担保制度的解释》第七十条 债务人或者第三人为担保债务的履行，设立专门的保证金账户并由债权人实际控制，或者将其资金存入债权人设立的保证金账户，债权人主张就账户内的款项优先受偿的，人民法院应予支持。当事人以保证金账户内的款项浮动为由，主张实际控制该账户的债权人对账户内的款项不享有优先受偿权的，人民法院不予支持。在银行账户下设立的保证金分户，参照前款规定处理。

（已废止：担保法解释第八十五条 债务人或者第三人将其金钱以特户、封金、保证金等形式特定化后，移交债权人占有作为债权的担保，债务人不履行债务时，债权人可以以该金钱优先受偿。）

《最高人民法院、中国人民银行关于依法规范人民法院执行和金融机构协助执行的通知》（法发〔2000〕21号）第九条 人民法院依法可以对银行承兑汇票保证金采取冻结措施，但不得扣划。如果金融机构已对汇票承兑或者已对外付款，根据金融机构的申请，人民法院应当解除对银行承兑汇票保证金相应部分的冻结措施。银行承兑汇票保证金已丧失保证金功能时，人民法院可以依法采取扣划措施。

最高人民法院关于人民法院能否对信用证开证保证金采取冻结和扣划措施问题的规定（法释〔1997〕4号）

第一条　人民法院在审理或执行案件时，依法可以对信用证开证保证金采取冻结措施，但不得扣划。如果当事人认为人民法院冻结和扣划的某项资金属于信用证开证保证金的，应当提供有关证据予以证明。人民法院审查后，可按以下原则处理：对于确系信用证开证保证金的，不得采取扣划措施；如果开证银行履行了对外支付义务，根据该银行的申请，人民法院应当立即解除对信用证开证保证金相应部分的冻结措施；如果申请开证人提供的开证保证金是外汇，当事人又举证证明信用证的受益人提供的单据与信用证条款相符时，人民法院应当立即解除冻结措施。

第二条　如果银行因信用证无效、过期，或者因单证不符而拒付信用证款项并且免除了对外支付义务，以及在正常付出了信用证款项并从信用证开证保证金中扣除相应款额后尚有剩余，即在信用证开证保证金账户存款已丧失保证金功能的情况下，人民法院可以依法采取扣划措施。

案例分享：

张某、上海浦东发展银行股份有限公司沈阳分行执行异议之诉再审审查与审判监督民事裁定书（〔2018〕最高法民申1209号）

原告张某作为申请执行人与被执行人鑫环球公司、郑某民间借贷纠纷一案，依据〔2014〕沈中民初字第111号民事调解书，沈阳中级人民法院于2015年1月4日立案执行，执行案号为〔2015〕沈中执字第51号。于2015年2月3日冻结被执行人鑫环球公司在浦发银行沈阳分行的银行存款1800万元人民币，对71×××14账户作只进不出冻结。浦发银行沈阳分行作为案外人因此提出执行异议。

一审法院查明的事实：2013年7月24日，鑫环球公司作为甲方与作为乙方的浦发银行沈阳分行签订了编号为20130724的担保合作协议，该协议的第二条约定"鑫环球公司向浦发银行沈阳分行承诺的保证责任实行总量控制，在操作时按担保额度逐笔受控。本次合作担保总额度为人民币5000万元，保证金放大倍数为5倍，期限为一年，单户被保额度不得超过1000万元"。

第七条约定"鑫环球公司担保浦发银行沈阳分行的授信业务，在浦发银行沈阳分行缴存保证金，鑫环球公司担保的任何一个主债务人违约，主债务履行期限届满之日起经过30日该笔债务的主债务人仍没有全部清偿或根据主合同之约定浦发银行沈阳分行宣布主债务部分或全部提前到期的，浦发银行沈阳分行可直接扣划保证金归还债务人所欠本息，扣划的范围包括鑫环球公司缴存在浦发银行沈阳分行的全部保证金及其利息。扣划保证金后，鑫环球公司应在一个月内补足。保证金未补足之前，停止办理新的业务。"本协议合作期为2013年7月24日到2014年6月27日。2013年10月24日，鑫环球公司在浦发银行沈阳分行开立保证金账户并存入定期存款额度1 000万元，账户名为浦发银行其他定期保证金辽宁鑫环球融资担保有限公司，账号为71×××14。2014年5月13日，鑫环球公司与浦发银行沈阳分行签订了编号为BZ201401006的《保证金最高额质押合同》，在该合同第九条第一款中约定"（1）主合同为债务人与债权人在2014年5月12日至2015年5月11日止的期间内连续签署的一系列合同。（2）主合同项下债务人为：鑫环球公司通过出具同意担保函所确认的所有债务人。"并约定质物为以保证金形式特定化的金钱（壹仟万元整），且被担保的主债权余额在债权发生期间内以最高不超过肆仟万元整人民币为限。2014年6月27日，鑫环球公司与浦发银行沈阳分行又签订了编号为XHQ20140627001的担保合作协议。协议约定：浦发银行沈阳分行与鑫环球公司进行担保合作，鑫环球公司在浦发银行沈阳分行开立保证金账户，存入保证金1 000万元，为符合贷款条件的企业提供贷款担保，担保总额度为4 000万元；鑫环球公司担保的任何一个主债务人违约，浦发银行沈阳分行均有权直接扣划保证金归还所欠本息，扣划的范围包括保证金及其利息。

最高院再审认为：关于浦发银行沈阳分行与鑫环球公司之间是否存在质押担保关系的问题。《中华人民共和国物权法》第二百一十二条规定："质权自出质人交付质押财产时设立。"《最高人民法院关于适用〈中华人民共和国担保法〉若干问题的解释》第八十五条规定："债务人或者第三人将其金钱以特户、封金、保证金等形式特定化后，移交债权人占有作为债权的担保，债务人不履行债务时，债权人可以以该金钱优先受偿。"

金钱质押作为特殊的动产质押，不同于一般的动产质押，也不同于不动产抵押和权利质押，由于其本身的特殊性质，应当符合将金钱进行特定化并将该特定化的金钱移交债权人占有两个要件，以使该特定化之后的金钱既不与出质人其他财产相混同，又能独立于质权人的财产。本案中，鑫环球公司与浦发银行沈阳分行于 2013 年 7 月 24 日签订担保合作协议中约定了保证金专用账户及账号，鑫环球公司按照约定向浦发银行沈阳分行设立的担保保证金专用账户缴存保证金 1 000 万元，该 1 000 万元以保证金特定化形式移交浦发银行沈阳分行占有作为债权的担保。2014 年 5 月 13 日，鑫环球公司与浦发银行沈阳分行签订保证金最高额质押合同，约定对鑫环球公司出具同意担保函所确认的所有债务人承担保证责任。本案中，海亮尤尼克公司的 500 万元借款和万锋塑料公司的 500 万元借款，不仅有鑫环球公司与浦发银行沈阳分行签订的保证合同，且鑫环球公司分别于 2014 年 5 月 25 日、2014 年 9 月 23 日向浦发银行沈阳分行出具了同意担保函，将案涉两笔借款纳入 1 000 万元保证金担保的范围之内。现海亮尤尼克公司、万锋塑料公司的借款逾期未归还，按照双方当事人的约定，浦发银行沈阳分行作为质权人对保证金账户内存款享有优先受偿权，具有足以排除他人强制执行的权利。

问题 37：借款人采取"受托支付"获得贷款后又挪作他用的，担保人是否可以免责

问题难度：★★★

问题解答：

根据监管部门"三法一指引"的要求，银行发放贷款必须有明确的用途且采取"受托支付"的方式直接将款项支付到第三方。当满足监管要求与银行化解不良贷款或借款人偿还"过桥资金"的真实需求不一致时，实务中出现了两种违规操作方式：第一种是银行将贷款按照受托支付发放至第三方后，借款人与第三方协商解除交易合同，合同解除后第三方将款项直接退回借款人；另一种是银行将贷款按照受托支付发放至第三方后，第三方直接按照借款人的指示支付到其他主体。

银行和借款人的上述操作是否导致担保合同无效？担保合同包括抵押合同、保证合同和质押合同。关键要看担保人是否能够证明银行与借款人之间的"串通行为"，如果担保人能够证明银行知情且与借款人串通，担保人可以免责。如果担保人不能证明银行知情，担保人应当承担担保责任。这里需要注意的是，银行的信贷工作人员知情，即视为银行知情。另外，即使银行知情，但是担保人同样知情的，也要承担担保责任。

民法典第一百五十四条对担保法第三十条和担保法解释第四十条的内容进行了替代，法律在保护善意担保人方面的立法会越来越完善。

信贷管理建议：

首先，作为银行工作人员，应当明确知晓"采取受托支付发放贷款后又挪作他用的行为"是严重违规行为，属于严重违反银行业监督管理法规的行为。虽然实务中这种情况较为常见，甚至有存在的客观性和必然性，

但是其违法性是不可否认的。

其次,我们基于对这种行为违法性的定性,提出的管理建议是:回归业务真实状态,按照监管要求办理业务。银行可以采取"无还本续贷、借新还旧、债务重组"等方式办理贷款,在担保合同或担保声明书中真实表述贷款用途。虽然这种方式可能对银行的贷款五级分类有负面影响,但是相较于"脱保"的责任,应当按照"两权相害取其轻"的原则做出选择。

最后,如果银行工作人员认为必须采取受托支付放款后再进行业务处理的,那么,应当要求担保人在放款当日签订担保责任告知书,告知书中明确贷款用途变更的事实并要求担保人签字确认。退一步,也可以在贷后检查报告中明确告知担保人贷款用途变更的事实并征得担保人的同意。上述证据可以在未来的诉讼中作为担保人知情的有利证据。

法条链接:

民法典第一百五十四条　行为人与相对人恶意串通,损害他人合法权益的民事法律行为无效。

(已废止:担保法第三十条　[保证责任的免除]有下列情形之一的,保证人不承担民事责任:(一)主合同当事人双方串通,骗取保证人提供保证的。担保法解释第四十条　主合同债务人采取欺诈、胁迫等手段,使保证人在违背真实意思的情况下提供保证的,债权人知道或者应当知道欺诈、胁迫事实的,按照担保法第三十条的规定处理。)

案例分享:

(一)郭某、中信银行股份有限公司郑州分行确认合同效力纠纷([2017]豫01民终3475号)

本案中,中信银行向丰太公司发放的105万元贷款由郭某提供房屋抵押。郭某上诉称,该笔贷款名为购买玉米,实为购买不良贷款,系中信银行与丰太公司恶意串通损害抵押人的行为,应当确认抵押合同无效。

法院认为,在中信银行对好嘉利公司的贷款到期时,一方面在有物的担保的情况下,中信银行不是直接实现物的担保以收回贷款,而是放弃抵押物的优先受偿权且绕过让丰太公司等担保人直接承担担保责任的路径，将其对好嘉利公司的债权转让给担保人丰太公司。另一方面，在丰太公司未支付债权转让款的情况下，2014年11月5日，中信银行与丰太公司签订本案贷款合同并于2014年12月2日发放了本案贷款105万元及（2016）豫0191民初4120号案件的480万元贷款。2014年12月5日，丰太公司向案外人睢县粮油公司账户转款585万元。同日，案外人睢县粮油公司向王某转款2笔共计585万元，交易摘要：转现金。同日，案外人王某向娄某（丰太公司会计）转款2笔共计585万元，转账用途：转娄某。同日，案外人娄某向被告丰太公司账户转款621万元，摘要/附言：程某房贷。同日，丰太公司向中信银行转款6 243 823.53元，用途：丰太购买好嘉利债权；丰太公司向中信银行转款600万元，备注：丰太购买好嘉利债权。从上述资金流向来看，本案贷款105万元中信银行向丰太公司发放后，虽然经过多次转款，但在贷款发放的当天就最终流向中信银行，用途为丰太公司购买好嘉利债权。丰太公司对本案借款起因、经过、用途的陈述能够与本案证据相印证。因此，可以认定中信银行与丰太公司串通，假借购买玉米贷款用于偿还好嘉利公司债务，向郭某隐瞒真实的贷款用途，使郭楠在违背真实意思情况下签订本案合同。根据上述法律规定，应免除郭楠的担保责任，另，双方担保合同第6.2条约定，即便改变实际用途（包括但不限于以贷还贷等情形），仍应按照合同承担担保责任，因以贷还贷明显加重担保人的责任，属于法律明确规定的免除担保人责任的情形，故该约定属于格式合同中加重担保人责任的条款，根据《中华人民共和国合同法》第三十九条、四十条的规定，中信银行应采取合理的方式提请郭某注意，但从本案情况看，该条款与其他条款无异，既未加粗、加黑，也没有采取其他方式使该条款明显区别于其他条款。中信银行也未提交证据证明其切实尽到了提示、说明义务。故该条款对郭某没有约束力。法院确认郭某与中信银行股份有限公司郑州分行于2014年11月5日签订的抵押合同无效。免除郭某的保证责任。

（二）辛某、赵某与山西尧都农村商业银行股份有限公司等借款合同纠纷（〔2017〕晋10民终683号）

第四章 贷后管理阶段的法律问题

法院认为，本案的焦点问题是涉案借款合同的双方当事人是否协商改变了借款用途，上诉人辛某、赵某作为保证人对此是否知情，可否免除其保证责任。根据查明事实、各方当事人所提供证据及当庭陈述，可以认定原审被告乔某与被上诉人农商银行协商 2014 年 5 月先由农商银行工作人员找人代为偿还乔某在该行之前的贷款，乔某以购买×××电器之名贷款后，再转款给替其还款人员的事实。经查，原审被告乔某 2013 年 5 月 9 日在被上诉人农商银行贷款 80 万元款项，虽然当时的保证人为上诉人辛某，但是 2014 年 5 月 9 日止该笔贷款的本息已全部还清，该笔债务消灭，因此，上诉人辛某的保证责任亦因被保证债务的消灭而消灭，此后，2014 年 5 月 12 日，原审被告乔某在被上诉人农商银行贷款 79 万元时，贷款合同中明确写明贷款用途为购×××电器，但实际上乔某与被上诉人农商银行协商用该 79 万元贷款清偿他人所垫付的款项时，并未将其双方所协商事项内容如实告知上诉人辛某、赵某，被上诉人农商银行与原审被告乔某、王红欣以购买电器的名义共同骗取上诉人辛某、赵某提供保证，有违诚信原则。根据《中华人民共和国担保法》第二十四条"有下列情形之一的，保证人不承担民事责任：（一）主合同当事人双方串通，骗取保证人提供保证的……"的规定，上诉人辛某、赵某不应再承担保证责任。

问题 38：以贷款用于"借新还旧"为由，担保人是否可以免除担保责任

问题难度：★★★

问题解答：

根据《中国人民银行关于借款合同有关法律问题的复函》（银办函〔1997〕320号）规定，以贷还贷（或借新还旧）是指借款人向银行贷款以清偿先前所欠同一银行贷款的行为。对于借新还旧的认定，分为狭义和广义两种观点：狭义的借新还旧是指新贷用于归还同一借款人名下贷款的行为，新旧贷的金额和担保方式基本一致。广义的借新还旧是指新贷用于归还同一借款人、关联借款人、其他主体名下贷款的行为。从司法判例来看，法院逐步倾向将借新还旧定义为广义的概念。

《最高人民法院关于适用〈中华人民共和国民法典〉有关担保制度的解释》第十六条的规定，保证人对"借新还旧贷款"承担保证责任的情况有两种：一种是保证人同时为新贷和旧贷提供担保；另一种是虽然保证人仅对新贷提供担保，但是保证人对新贷用于归还旧贷是知情的。实际上，这里的法律风险，重点是办理借新还旧时"新追加的保证人"，这些"新追加的保证人"必须明知贷款的用途是借新还旧才承担保证责任，否则将免除保证责任。

信贷管理建议：

在银行的信贷业务中，普遍存在"名为正常贷款、实为借新还旧贷款"的现象。如果银行按照贷款的真实用途办理借新还旧贷款，会出现两个弊端：一是银行的新贷款按照商业银行"五级分类"等相关制度必须划分为"次级类"，从而增加银行不良贷款余额和不良率；二是借款人的征信报告会

出现一笔不良贷款，对借款人的后续融资及其他经营活动产生负面影响。这两方面的因素，导致银行和借款人铤而走险，把借新还旧的贷款采用流动资金贷款、经营性贷款、消费贷款等形式发放，再通过多次划转资金的方式归还旧贷，从而扩大了新贷的法律风险。据不完全统计，续贷业务中实际用于"借新还旧"的贷款占比约60%，因此，银行和借款人默默承担着违规风险甚至刑事责任的风险。

2018年以来，银监会在《中国银监会关于完善和创新小微企业贷款服务提高小微企业金融服务水平的通知》《中国银监会关于进一步落实小微企业金融服务监管政策的通知》等文件中鼓励银行通过"无还本续贷"的方式解决小微企业融资难的问题。那么，相对"借新还旧"而言，"无还本续贷"有哪些优势？银行应该如何选择？

"无还本续贷"指对流动资金周转贷款到期后仍有融资需求、又临时存在资金困难的小微企业，经其主动申请，银行业机构可以提前按新发放贷款的要求开展贷款调查和评审，符合相关条件的，在原流动资金周转贷款到期前与小微企业签订新的借款合同，需要担保的签订新的担保合同，落实借款条件，通过新发放贷款结清已有贷款等形式，允许小微企业继续使用贷款资金。

从"无还本续贷"的定义可以看出，其实质就是"借新还旧"。"无还本续贷"与"借新还旧"最大的区别在于："无还本续贷"不需要将贷款调入"次级类"，因此，银行和客户均可以按照真实的用途在信贷资料和合同中表述，从而规避"人为"造成的法律风险。因此，对于银行和客户而言，应当选择"无还本续贷"业务，不再采取"借新还旧"的业务模式。

法条链接：

《最高人民法院关于适用〈中华人民共和国民法典〉有关担保制度的解释》第十六条 主合同当事人协议以新贷偿还旧贷，债权人请求旧贷的担保人承担担保责任的，人民法院不予支持；债权人请求新贷的担保人承担担保责任的，按照下列情形处理：（一）新贷与旧贷的担保人相同的，人民法院应予支持。（二）新贷与旧贷的担保人不同，或者旧贷无担保新贷有担保的，人民法院不予支持，但是债权人有证据证明新贷的担保人提供担保时对以新贷偿还旧贷的事实知道或者应当知道的除外。

（已废止：担保法解释第三十九条 主合同当事人双方协议以新贷偿还旧贷，除保证人知道或者应当知道的外，保证人不承担民事责任。新贷与旧贷系同一保证人的，不适用前款的规定。）

案例分享：
大竹县农村信用合作联社与西藏华西药业集团有限公司保证合同纠纷最高院（〔2011〕民申字第429号）

本案中，大竹县农村信用合作联社向阜康公司发放了1 200万元贷款，由华西药业提供连带责任保证担保。华西药业提出：该笔贷款用途是归还旧贷，要求免除保证责任。

法院认为，首先，保证担保借款合同上有阜康公司、华西药业及大竹信用联社三方签章及法定代表人签字，华西药业在本案最初的一审、二审和再审中对合同均未提出异议，虽然之后提出了合同第十一条"借款方如到期不归还，担保方负责偿还并负连带责任"系添加的问题，因该条与合同第四条华西药业自愿作为借款方按期偿还本合同中借款本息的保证人，对借款方转移贷款用途等违反本合同的行为，承担连带责任的约定并不矛盾，故不影响华西公司应承担连带保证责任的认定。

其次，贷款发放后，华西药业及其关联公司代阜康公司支付利息至2004年12月31日，其间，大竹信用联社三次向阜康公司及华西药业发出的逾期贷款催收通知书均得到华西药业的确认，应视为华西公司对担保责任的进一步确认。

再次，保证担保借款合同第四条约定关于华西药业对借款方转移贷款用途等违反本合同的行为承担连带责任的意思表示并不违反法律规定。华西公司承诺对阜康公司转移贷款用途等行为仍然承担连带责任，应当预见到阜康公司转移贷款用途带来的各种担保风险。以贷还贷系转移贷款用途的一种，即使本案存在以贷还贷的情形，因华西药业承诺在先，其主张阜康公司与大竹信用联社恶意串通改变贷款用途的理由也不成立，华西公司仍应依据合同承担担保责任。阜康公司的工商登记材料与达市农行〔2000〕306号文件中涉及的阜康公司股东情况等内容一致，华西药业作为阜康公司的担保人在本案原一、二审中对阜康公司的工商登记材料均无异议，即对陈某的阜康公司股东和监事身份没有异议，构成其对这一事实的自认，因此，上述证据与华西药业在诉讼中的自认行为相印证，可以认定陈某系阜康公司持有50%股份的股东及阜康公司的监事，本案中阜康公司工商登记材料里陈某的签名是否真实不影响其对外的公示公信效力。故即使本案存在以贷还贷的情况，根据陈某系华西药业法定代表人、阜康公司监事及两名股东之一的特殊身份以及华西药业及其关联公司代阜康公司偿还贷款利息的行为，华西药业亦应当知晓贷款的实际用途，则依据最高人民法院《关于适用〈中华人民共和国担保法〉若干问题的解释》第三十九条的规定，华西药业仍应当承担本案担保责任。

问题 39：以银行贷后管理不尽职为由，担保人是否可以免除责任

问题难度：★★

问题解答：

银行在信贷审批时，经常会附加一些贷后管理的要求，例如：资金封闭运行、定期提供纳税证明、按季提供企业财务报表等。如果银行没有按照贷后管理的要求尽责履职，是否可以作为保证人免除或减轻责任的依据？

根据最高院判例的观点分析，最高院的主流观点认为：贷后管理是银行风险控制的手段和措施，国家管理部门对银行贷后管理的相关规定属于行业内的管理型规范。即使银行违反这些规定，也不会导致合同无效。保证人是基于与债务人的利益关系或对债务人偿债能力的信任而提供的担保，并非依据银行等债权人的管理能力提供的担保。因此，保证人不得以此作为免除或减轻责任的依据。

需要注意的是，如果银行工作人员与债务人有串通挪用资金等违法行为，则银行存在过失，保证人属于受害人，保证责任有可能免除或减轻。

信贷管理建议：

银行在信贷资料的编制和整理中，建议区分内部资料和外部资料。对于内部资料，应当严格要求落实信贷审批的相关要求，尽可能明确表述放款条件和贷后管理要求，防止操作风险，同时为将来可能开展的责任认定工作提供依据。对于外部资料，不宜过度明确，建议使用概括性的文字表述。例如：在内部的调查报告和审查报告中，应当详细描述证明贷款用途的贸易合同和项目建设合同等主要内容，并依据合同测算还款能力。但是，在借款合同和担保合同中，贷款用途仅表述为"流动资金周转"或"项目建设"，而不再具体到流动资金的具体明细或项目建设的具体环节和内容。

法条链接：

民法典第六百八十一条　保证合同是为保障债权的实现，保证人和债权人约定，当债务人不履行到期债务或者发生当事人约定的情形时，保证人履行债务或者承担责任的合同。

民法典第六百八十二条　保证合同是主债权债务合同的从合同。主债权债务合同无效的，保证合同无效，但是法律另有规定的除外。保证合同被确认无效后，债务人、保证人、债权人有过错的，应当根据其过错各自承担相应的民事责任。

案例分享：

中国农业发展银行灯塔市支行与辽阳宾馆有限责任公司、辽阳罕王湖农业集团有限公司金融借款合同纠纷（〔2015〕民二终字第251号）

2007年8月22日，佳禾米业公司与贷款人农发行灯塔支行签订一份流动资金借款合同，合同约定：本合同项下的借款为粮食收购贷款2 000万元，借款用途为收购水稻。同日，农发行灯塔支行作为债权人与保证人辽阳宾馆签订一份保证合同，合同约定，主合同项下约定的业务种类为粮食收购贷款。

贷款逾期后，农发行起诉至法院，辽阳宾馆辩称：本案证据证明，借贷双方没有履行封闭运行管理义务，恶意改变借款用途，保证人辽阳宾馆应依法免责。请求法院依法驳回农发行灯塔支行的起诉或驳回其诉讼请求。

最高院认为，本案争议焦点在于：关于辽阳宾馆应否对案涉债务承担担保责任及该担保责任能否减轻乃至免除的问题。

担保合同是一种以保障债权人实现债权为目的的单务合同。在债务人不履行到期债务时，债权人有权要求保证人按照约定履行债务或承担责任。在担保法律关系中，保证人应是基于对债务人利益的考虑及对债务人履约能力的信任而向债权人作出的承诺。债务人是否如约履行合同义务，是保证人是否承担保证责任的关键。本案中，辽阳宾馆主张其是基于主债务是粮食收购贷款、农发行灯塔支行会履行封闭运行管理义务才提供的连带责任保证，但封闭运行管理仅是债权人对贷款风险进行防范和控制的手段，如债权人不履行封闭管理义务，则导致其贷款不能收回的风险加大，使债权人处于一种不利益状态，但并不影响债务人的利益，也不超出保证人承担责任的预期。辽阳宾馆将其提供保证的基础归结于农发行灯塔支行的封闭运行管理义务而非对债务人履约能力的信任，与担保制度的目的与特点不符，其主张不能成立。

在债务人未能按期履行债务之情形下，为了保障债权人债权的实现，保证人行使抗辩权应基于法律的明确规定或合同双方的特别约定。本案中，农发行灯塔支行与辽阳宾馆在保证合同中并未约定辽阳宾馆可以免责的抗辩事项，故应审查辽阳宾馆依照法律规定提出的三项抗辩事由是否成立。

一、辽阳宾馆主张农发行灯塔支行与罕王湖公司双方串通，骗取其提供保证，依照《中华人民共和国担保法》第三十条第一项的规定，其不应承担保证责任。首先，辽阳宾馆对其主张并未提供证据予以证明，仅以其所认为的农发行灯塔支行自始没有准备对涉案粮食收购贷款实行封闭运行管理为由，作出此项推断，缺乏事实依据。其次，辽阳宾馆与罕王湖公司在签订流动资金借款合同及保证合同时，属关联企业，辽阳宾馆基于罕王湖公司的利益提供连带责任保证，应系辽阳宾馆真实意思表示。依照现有在案证据，不足以认定"骗取"情形的存在，辽阳宾馆的此项抗辩事由不能成立。

二、辽阳宾馆主张罕王湖公司采取欺诈、胁迫等手段，使其在违背真实意思的情况下提供保证，农发行灯塔支行知道或者应当知道欺诈、胁迫事实，依照《最高人民法院关于适用〈中华人民共和国担保法〉若干问题的解释》第四十条的规定，其不应承担保证责任。如前所述，辽阳宾馆对其该项主张并未提供证据予以证明，并且其基于和罕王湖公司的关联企业关系，为罕王湖公司提供连带责任保证，应系其真实意思表示。依照现有在案证据，不能认定"欺诈、胁迫"情形的存在，辽阳宾馆的此项抗辩事由不能成立。

三、辽阳宾馆主张农发行灯塔支行与罕王湖公司擅自变更借款的性质及用途，无限加重其保证责任，依照《最高人民法院关于适用〈中华人民共和国担保法〉若干问题的解释》第三十条的规定，其不应承担保证责任。首先，辽阳宾馆未能举证证明农发行灯塔支行与罕王湖公司就借款性质及用途的变更达成合意。按照合同约定的借款性质及用途使用借款是罕王湖公司负有的合同义务，如果借款被挪作他用，应属罕王湖公司的违约行为。其次，借款在发放后，由罕王湖公司实际掌控，罕王湖公司对借款性质及用途的变更不同于《最高人民法院关于适用〈中华人民共和国担保法〉若干问题的解释》第三十条所规定的借款数量、价款、币种、利率等内容的变更，并未加重罕王湖公司的债务，辽阳宾馆的保证责任亦不能因该条法律规定而免除。故辽阳宾馆的此项抗辩事由亦不能成立。

另外，一审判决认定对粮食收购贷款承担封闭运行管理系农发行灯塔支行的法定义务，并据此减轻了保证人辽阳宾馆的保证责任。诚然，农发行灯塔支行作为政策性银行的分支机构，应当按照国务院及中国发展银行的相关文件，对粮食收购贷款进行封闭运行管理，以实现对贷款风险的防范和控制，否则即应按照相关文件规定承担相应责任。但法定义务是直接依据法律规定产生的义务，国务院规范性文件及中国农业发展银行行业规定，均非法律范畴，在法律无明确规定之情形下，不能将之涉及事项直接认定为法定义务。

综上所述，辽阳宾馆作为保证人，与农发行灯塔支行签订多份保证合同，为农发行灯塔支行与罕王湖公司之间的金融借款合同提供连带责任保证。上述保证合同为各方当事人真实意思表示，内容不违反法律、行政法规的强制性规定，合法有效。农发行灯塔支行是否对案涉贷款进行封闭运行管理并履行资金监管义务，不影响保证人辽阳宾馆基于其对罕王湖公司履约能力的信任所作出的保证承诺。辽阳宾馆应当按照其与农发行灯塔支行的合同约定，对于罕王湖公司对农发行灯塔支行所负的全部债务履行连带保证义务。

问题 40：抵押权人未在主债权诉讼时效期间内行使抵押权，抵押人是否可以要求注销抵押登记

问题难度：★

问题解答：

实务中，由于银行内部工作人员失职，导致主债权诉讼时效届满且未在主债权诉讼时效期间内行使抵押权。这种情况下，抵押人一般会要求银行注销抵押登记，而银行基于内部责任追究等原因可能会拒绝注销，导致抵押人诉至法院要求解除抵押登记。根据《九民纪要》第五十九条的规定，抵押人申请注销抵押权登记的，人民法院依法予以支持。

信贷管理建议：

在民法典和《九民纪要》对此均有了明确规定之后，银行应当主动接受法律的调整，在信贷工作中积极调整工作方式：首先，信贷人员应当建立抵押物登记台账，设定抵押权到期日，一般设定为放款后 2 年或 3 年均可，在贷后检查中重点关注抵押权到期消灭的日期。另外，具备条件的银行，可以在押品管理系统中设置此类预警功能。其次，在不良贷款清收阶段，可以将注销抵押权作为谈判条件促成清收。但是，如果对方已经明确掌握了相关法律规定并积极主张注销抵押权登记，银行应当按照法律规定履行注销手续，避免声誉风险。最后，建议银行对造成此类失职、渎职问题的责任人严肃问责。

法条链接：

民法典第四百一十九条　抵押权人应当在主债权诉讼时效期间行使抵押权；未行使的，人民法院不予保护。

第四章 贷后管理阶段的法律问题

（已废止：物权法第二百零二条 抵押权人应当在主债权诉讼时效期间行使抵押权，未行使的，人民法院不予保护）

《九民纪要》第五十九条 ［主债权诉讼时效届满的法律后果］抵押权人应当在主债权的诉讼时效期间内行使抵押权。抵押权人在主债权诉讼时效届满前未行使抵押权，抵押人在主债权诉讼时效届满后请求涂销抵押权登记的，人民法院依法予以支持。以登记作为公示方法的权利质权，参照适用前款规定。

案例分享：
王某诉李某抵押合同纠纷案（〔2018〕京03民终8680号）

原告王某诉称：2009年8月12日，王某与被告李某签订房产抵押合同及借款合同，约定用王某名下的位于北京市通州区A房屋作为抵押，并办理抵押登记。因款项实为案外人兰某向李某所借，王某仅是应兰某要求提供房本，所有的款项均由兰某本人偿还，与王某无关。至于李某如何与兰某进行协商，王某并不清楚。王某并未收到李某给付的借款50万元。因实际借款人为兰某，且李某未在主债权诉讼时效期间行使抵押权，故抵押权不予保护。现诉至法院，请求判令：李某协助王某办理注销通州区A房屋的抵押登记手续。

法院认为，本案争议焦点之一：在主债权已过诉讼时效的前提下，法院认为上诉人李某的抵押权已消灭，抵押人王某主张解除抵押登记的请求应予支持。然需特别指出的是，由于该争议焦点的本质涉及对《中华人民共和国物权法》（以下简称物权法）第二百零二条的理解，且与当事人的诉求和抗辩直接相关，故法院以法理为基，以规范为据，对于作出如上认定的理由阐释如下：

物权法第二百零二条规定："抵押权人应当在主债权诉讼时效期间行使抵押权，未行使的，人民法院不予保护"。该条款中"不予保护"含义的明确依赖于对诉讼时效和抵押权性质的分析。

首先，就诉讼时效而言，其以请求权人怠于行使权利持续至法定期间的状态为规制对象，目的在于让罹于时效的请求权人承受不利益，以起到促其及时行使权利之作用，依民法理论通说，其适用范围限于债权请求权。而就抵押权而言，其属于支配权，并非请求权的范围，更非债权请求权的范围，如将抵押权纳入诉讼时效的规制范围，无疑有违民法原理。

其次，就抵押权而言，其目的在于担保债务的履行，以确保抵押权人对抵押物的价值享有优先受偿的权利。为实现上述目的，抵押权对物之本身必将产生权能上的限制，对物的使用和转让均会发生影响。故，若对抵押权人行使抵押权的期限不进行限制，将使抵押财产的归属长期处于不稳定状态，不仅不利于保护当事人的合法权益，亦不利于物之使用和流通效能的发挥。此外，如果允许抵押权人在任何时候均可行使抵押权，则意味着在主债权经过诉讼时效且债务人因此取得抗辩权之后，债权人依然可从抵押人处获得利益，进而将抵押人和债务人之间的追偿和抗辩置于困境，换言之，也意味着抵押人将长期处于一种不利益的状态，其义务也具有不确定性，若如此，对于抵押人来说未免过于苛刻亦有失公允。

再次，从权利分类角度分析，在数项权利并存时，依据权利的相互依赖关系，有主权利与从权利之分，凡可以独立存在、不依赖于其他权利者，为主权利；必须依附于其他权利、不能独立存在的则为从权利。举例而言，在债权与为担保债的履行的抵押权并存时，债权是主权利，抵押权为从权利。在主权利已经丧失国家强制力保护的状态下，抵押物上所负担的抵押权也应消灭方能更好地发挥物的效用，亦符合物权法之担保物权体系的内在逻辑。故物权法第二百零二条规定：抵押权行使期间的重要目的之一当在于促使抵押权人积极地行使抵押权，迅速了结债权债务关系，维系社会经济秩序的稳定。综合上述分析，应当认定在法律已设定行使期限后，抵押权人仍长期怠于行使权利时，法律对之也无特别加以保护的必要，应使抵押权消灭。具体到本案中，因上诉人李某在主债权诉讼时效期间并未向被上诉人王某主张行使抵押权，故对李某的抵押权，人民法院不予保护，该抵押权消灭，王某请求解除抵押登记的请求应予支持。

问题 41：银行是否可以向社会普通投资者转让不良贷款？

问题难度：★★

问题解答：

债权转让作为银行化解不良贷款的重要手段，在实务中被广泛运用。就国有银行而言，其资本实力雄厚且经营稳健，一般采取向持牌的资产管理公司（AMC）批量转让不良资产。这样做，既可以保证转让程序的合规性，又可以避免国有资产流失的可能。就中小银行而言，向持牌的资产管理公司批量转让不良资产折扣率较低，转让后形成的损失无法自行消化。因此，很多中小银行尝试向社会普通投资者转让不良贷款，以求获得更高的转让价款，从而降低银行损失。

根据民法典第五百四十五条和《中国银行业监督管理委员会关于商业银行向社会投资者转让贷款债权法律效力有关问题的批复》规定，笔者认为银行以公开方式向社会第三方转让"单笔"不良贷款是有效的。相反，如果银行批量（等于或大于三笔）向社会第三方转让不良贷款，属于违反监管规定的行为，有可能被认定为无效且面临监管处罚。

信贷管理建议：

从信贷风险管理的角度，银行向社会第三方投资者转让不良贷款应当做到以下几点。

一是要制定银行内部的不良贷款转让管理办法，明确不良贷款转让的调查审查审批流程，以及资产的定价方式和转让方式。

二是要在具有交易资格的交易所公开竞价。必要时，也可以对拟转让债权委托第三方评估，以确定拍卖的起拍价。同时，转让的债权原则上为单笔债权，最多为两笔债权。

三是要对参与竞买方的条件进行设置，要求竞买方证明资金来源合法、与拟转让债权涉及的利益主体无关联等。原则上，银行的关联方也不得参与竞买。

四是要在事后及时向监管部门报备。

法条链接：

民法典第五百四十五条 债权人可以将债权的全部或者部分转让给第三人，但是有下列情形之一的除外：（一）根据债权性质不得转让。（二）按照当事人约定不得转让。（三）依照法律规定不得转让。当事人约定非金钱债权不得转让的，不得对抗善意第三人。当事人约定金钱债权不得转让的，不得对抗第三人。

民法典第五百四十六条 债权人转让债权，未通知债务人的，该转让对债务人不发生效力。债权转让的通知不得撤销，但是经受让人同意的除外。

民法典第五百四十七条 债权人转让债权的，受让人取得与债权有关的从权利，但是该从权利专属于债权人自身的除外。受让人取得从权利不应该从权利未办理转移登记手续或者未转移占有而受到影响。

（已废止：1.合同法第七十九条 债权人可以将合同的权利全部或者部分转让给第三人，但有下列情形之一的除外：（一）根据合同性质不得转让；（二）按照当事人约定不得转让；（三）依照法律规定不得转让。2.《合同法》第八十条 债权人转让权利的，应当通知债务人。未经通知，该转让对债务人不发生效力。债权人转让权利的通知不得撤销，但经受让人同意的除外。3.《合同法》第八十一条 债权人转让权利的，受让人取得与债权有关的从权利，但该从权利专属于债权人自身的除外。）

《中国银行业监督管理委员会关于商业银行向社会投资者转让贷款债权法律效力有关问题的批复》（银监办发〔2009〕24号）
广东银监局：

你局《关于商业银行将债权转让给个人有关问题的请示》（粤银监报〔2009〕5号）收悉。经研究，现就有关问题批复如下：

一、对商业银行向社会投资者转让贷款债权没有禁止性规定，转让合同具有合同法上的效力。社会投资者是指金融机构以外的自然人、法人或者其他组织。

二、转让具体的贷款债权，属于债权人将合同的权利转让给第三人，并非向社会不特定对象发放贷款的经营性活动，不涉及从事贷款业务的资格问题，受让主体无须具备从事贷款业务的资格。

三、商业银行向社会投资者转让贷款债权，应当建立风险管理制度、内部控制制度等相应的制度和内部批准程序。

四、商业银行向社会投资者转让贷款债权，应当采取拍卖等公开形式，以形成公允的价格，接受社会监督。

五、商业银行向社会投资者转让贷款债权，应当向银监会或其派出机构报告，接受监管部门的监督检查。

二〇〇九年二月五日

案例分享：

宁夏新运运输有限责任公司、阿拉善盟新运矿业有限责任公司追偿权纠纷（〔2020〕最高法民申 141 号）

新运运输公司、新运矿业公司申请再审称：原审判决适用法律错误。《最高人民法院关于审理涉及金融资产管理公司收购、管理、处置国有银行不良贷款形成的资产的案件适用法律若干问题的规定》《金融资产管理公司条例》等法律、行政法规将银行不良债权的受让人范围限定为取得资质的资产管理公司，一般的社会投资机构和个人无权受让银行的不良债权。《中国银行业监督管理委员会关于商业银行向社会投资者转让贷款债权法律效力有关问题的批复》非法律、行政法规，原审判决依据该批复认定案涉的债权转让协议有效，适用法律错误。

鑫鼎公司提交意见称，原审判决认定事实及适用法律正确，应驳回新运运输公司、新运矿业公司的再审申请。石嘴山银行股份有限公司惠农支行向鑫邦达公司转让债权合法有效，鑫邦达公司作为新的债权人与鑫鼎公司均为独立的法人，鑫鼎公司向鑫邦达公司偿还全部债权后取得追偿权，鑫鼎公司向新运运输公司、新运矿业公司及其他债务人主张权利是合法的。

原审法院就本案适用《中国银行业监督管理委员会关于商业银行向社会投资者转让贷款债权法律效力有关问题的批复》是正确的。

最高院认为，鑫鼎公司在原审中提交的债权转让协议、中国建设银行单位客户专用回单、债权转让公告书、代偿协议书、电汇凭证、黄河农村商业银行进账单等证据，能够证明石嘴山银行股份有限公司将案涉债权转让给鑫邦达公司后，鑫鼎公司代主债务人惠冶镁业公司清偿贷款本息 10 438 625 元的事实。新运运输公司、新运矿业公司关于原审判决认定鑫鼎公司代偿 10 438 625 元的事实缺乏证据证明的申请再审理由不能成立。驳回宁夏新运运输有限责任公司、阿拉善盟新运矿业有限责任公司的再审申请。

第五章

不良贷款诉讼阶段的法律问题

问题42：银行是否可以"宣布贷款提前到期"

问题难度：★★

问题解答：

信贷业务存续期间，银行可能会发现一些特殊的风险信息，例如，合同相对方发生重大事项变动未通知债权人、涉及重大诉讼可能影响未来还款、股东或实际控制人涉嫌刑事犯罪等。当上述这些情况出现时，银行是否可以宣布贷款提前到期并开始计算罚息？

根据相关司法判例分析，"宣布贷款提前到期"属于合同主体在真实意思表示的前提下协商约定的内容，属于约定的权利，非法定权利。因此，银行"宣布贷款提前到期"必须同时具备两个要件：一是必须在合同条款中明确约定"宣布贷款提前到期的条件"；二是必须取得证据证明发生了"宣布贷款提前到期的条件"，而且这些证据应当是从第三方或公开渠道可以查询的具有充分证明力的证据。

信贷管理建议：

银行信贷管理中，笔者提出以下管理建议：

首先，银行在格式合同中应当对"宣布贷款提前到期"条款以加粗、突出显示等方式提示合同另一方注意。虽然在本问题所列举案例中，最高院没有将宣布贷款到期条款认定为格式条款，但是，银行从审慎管理的角度应当将该内容参照格式条款的标准进行重点提示。

其次，银行在使用"宣布贷款提前到期条款"时，主要是因为债务人发生了明显的影响未来偿债能力的事实。对于银行而言，固定事实证据是最为重要的，必要时可以请公证处对证据进行保全。

最后，银行宣布贷款到期后，应当迅速启动诉讼程序并采取诉前或诉中保全措施。在诉讼中应当主张"到期后的罚息"，并将罚息一并列入诉讼请求。

法条链接：

民法典第一百一十九条　依法成立的合同，对当事人具有法律约束力。

民法典第四百九十六条　格式条款是当事人为了重复使用而预先拟定，并在订立合同时未与对方协商的条款。采用格式条款订立合同的，提供格式条款的一方应当遵循公平原则确定当事人之间的权利和义务，并采取合理的方式提示对方注意免除或者减轻其责任等与对方有重大利害关系的条款，按照对方的要求，对该条款予以说明。提供格式条款的一方未履行提示或者说明义务，致使对方没有注意或者理解与其有重大利害关系的条款的，对方可以主张该条款不成为合同的内容。

（已废止：1.合同法第八条　依法成立的合同，对当事人具有法律约束力。当事人应当按照约定履行自己的义务，不得擅自变更或者解除合同。依法成立的合同，受法律保护。2.合同法第三十九条　采用格式条款订立合同的，提供格式条款的一方应当遵循公平原则确定当事人之间的权利和义务，并采取合理的方式提请对方注意免除或者限制其责任的条款，按照对方的要求，对该条款予以说明。）

案例分享：

山东山水重工有限公司、中国工商银行股份有限公司济南长清支行金融借款合同纠纷（〔2017〕最高法民终 152 号）

山水重工上诉称：一审法院认定山水重工构成违约并支持工行长清支行宣布贷款提前到期收回欠款本息的请求是错误的。（一）一审法院仅依据《固定资产借款合同》的约定对该事实进行认定的做法错误。案涉《固定资产借款合同》具体条款部分第 8.6 条、第 10.1（6）等对违约情形进行了约定，但是该部分约定为工行长清支行出具的格式条款，订立合同时工行长清支行并未对山水重工特别说明，而该部分的约定对山水重工权利行使有重大限制，根据《中华人民共和国合同法》的规定，该部分约定应无效，山水重工不存在违约行为。（二）山水重工的法定代表人、股东虽发生变化，但是公司正常经营发展的需要，尤其是公司股东的增加对借款合同的履行以及山水重工的还款能力没有影响，亦没有重大对外投资、实质性增加债务融资等对工行长清支行不利的影响，独立法人企业的发展中，正常的法定代表人和股东的变动需要经过债权人的同意方能执行违背法理。债权人不能随意干扰企业的正常业务开展，因此该条款的约定是对山水重工权利甚至是自我经营权的重大不利影响，应当认定无效。（三）由于工行长清支行无故提前收回贷款并要求山水重工支付相应利息等，致使山水重工的经营发展遭受到重大影响，诉讼的进行更是对山水重工的社会影响造成重大不利，其做法违背了诚实信用原则，应当对山水重工的经营损失和预期利益损失承担赔偿责任。

工行长清支行辩称，借款人未按合同约定事先征得我行书面同意或就贷款人债权的实现作出令我行满意的安排，违反了《固定资产借款合同》的基本约定部分第 11 条(5)、《固定资产借款合同》的具体条款部分第 8.6 条、第 8.7 条（1）（3）、第 8.8 条、第 10.1 条（6）（7）规定，事实证明借款人的行动已对贷款人（我行）权益造成不利影响。依据《固定资产借款合同》的具体条款部分第 10.2（3）规定，我行"宣布本合同……项下未偿还的借款和其他融资款项立即到期，立即收回未偿还款项"合理合法。双方签订合同对本合同的所有条款进行充分协议，双方确认，对合同条款的理解完全一致，对合同内容无异议。

最高院二审认为，《中华人民共和国合同法》第三十九条规定，采用格式条款订立合同的，提供格式条款的一方应当遵循公平原则确定当事人之间的权利和义务，并采取合理的方式提请对方注意免除或者限制其责任的条款，按照对方的要求，对该条款予以说明。根据规定，格式条款的提供者应对免除或者限制其责任的条款尽合理的提示和说明义务。本案中，山水重工与工行长清支行之间签订的固定资产借款合同的基本约定部分第11条（5）约定：若发生企业改制、股权变更等重大事项，应事先告知并征得贷款人同意；……以上约定若有违反，贷款人有权宣布借款提前到期。《固定资产借款合同》的具体条款部分第8.6条约定：借款人承诺进行合并、分立、减资、股权变动、重大资产和债权转让、重大对外投资、实质性增加债务融资以及其他可能对贷款人权益造成不利影响的行为时，事先征得贷款人书面同意或就贷款人债权的实现作出令贷款人满意的安排方可进行。第10.1.（6）条约定：发生下列情形之一的，构成借款人违约：借款人主要投资者个人、关键管理人员异常变动、失踪或被司法机关依法调查或限制人身自由，已经或可能影响到其在本合同项下义务的履行的；第10.2.（3）条约定：借款人违约，贷款人有权采取下列措施：宣布本合同和贷款人与借款人之间其他合同项下未偿还的借款和其他融资款项立即到期，立即收回未偿还款项。第10.3条约定：借款到期（含被宣布立即到期）借款人未按约定偿还的，贷款人有权自逾期之日起按本合同约定的逾期罚息利率计收罚息，对借款人未按期支付的利息，按逾期罚息利率加收复利。关于上述约定，本院认为，借款人股权变更、关键管理人变化可能对借款人的偿债能力发生影响，故贷款人与借款人针对上述情形，基于自主意思进行约定，上述事实变更要事先征得贷款人书面同意或者就贷款人债权的实现作出令贷款人满意的安排方可进行，是当事人各方对其权利义务、违约情形以及违约责任的自主安排，并不损害借款人权益，该条款并不属于条款拟定方——贷款方的免责、限责条款，故贷款方无须根据合同法的上述规定，尽合理的提示和说明义务。在当事人双方对上述条款达成意思一致并在合同上签字盖章的情形下，应认定该条款发生效力，对各方当事人具有法律约束力。事实上，案涉上述条款已经以特别字体进行提示，山水重工进行了签字盖章，对合同内容予以认可。2015年9月30日，山水重工股东由山东山水水泥有限公司、济南山水集团有限公司变更为济南天地政翰经贸有限公司、山东竹晟经贸有限公司、山东山水水泥有限公司、济南山水集团有限公司。上述变化，山水重工事先并未按照合同约定告知并事先征得工行长清支行的书面同意，也没有就贷款人债权的实现作出令贷款人满意的安排。依据前述合同条款的约定，山水重工的上述行为构成违约。工行长清支行有权根据合同的约定，宣布贷款提前到期，要求山水重工承担支付贷款本息的违约责任。

问题 43：赋予强制执行效力的公证债权，银行是否可以向法院提起诉讼

问题难度：★★

问题解答：

公证执行具有效率高、成本低等优势，因此被银行等金融机构广泛使用。但是，公证执行在实践中遇到的主要问题是审查时间长且结果不确定性大。因此，在个别业务中，为了快速启动法律程序保全资产，银行会采取直接提起诉讼的方式维护权益。

根据现行司法解释的规定，赋予强制执行效力的公证债权只有被法院裁定不予执行后，银行才可以直接提起诉讼。如果银行直接提起诉讼，法院会以债权未经公证执行不符合起诉条件为由，驳回起诉。

信贷管理建议：

如果银行确有需要直接提起诉讼，应当先取得法院不予执行的裁定。在实务中，法院出具不予执行裁定的时间较长。银行为了缩短诉讼时间，也可以主动与公证机构沟通并取得公证机构出具的《不予出具执行证书决定》，证明公证执行的救济程序无法进行，这样就符合法院受理的条件了。

从最高院的判例中可以看出，最高院认为《最高人民法院关于审理涉及公证活动相关民事案件的若干规定》第三条规定的"人民法院裁定不予执行"，既包括人民法院裁定不予执行，也包括公证机构不予出具执行证书的决定。因此，这里的规定是广义的，系指当事人不能通过公证执行程序维护权益的情形。

第五章　不良贷款诉讼阶段的法律问题

法条链接：

《最高人民法院关于审理涉及公证活动相关民事案件的若干规定》（法释〔2014〕6号）第三条　当事人、公证事项的利害关系人对公证书所公证的民事权利义务有争议的，可以依照公证法第四十条规定就该争议向人民法院提起民事诉讼。当事人、公证事项的利害关系人对具有强制执行效力的公证债权文书的民事权利义务有争议直接向人民法院提起民事诉讼的，人民法院依法不予受理。但是，公证债权文书被人民法院裁定不予执行的除外。

案例分享：

清远汇利安物业发展有限公司、内蒙古银行股份有限公司呼和浩特成吉思汗大街支行金融借款合同纠纷二审民事判决书（〔2018〕最高法民终1339号）

汇利安公司在上诉状中主张：成吉思汗支行于2017年4月6日第二次向一审法院提起本案诉讼，一审法院认为内蒙古自治区呼和浩特蒙正公证处（以下简称蒙正公证处）的《不予出具执行证书决定书》是第一次裁判发生法律效力后的新事实，法院可以受理并作出判决，是认定事实错误。一审判决违背了《最高人民法院关于审理涉及公证活动相关民事案件的若干规定》第三条第二款规定：当事人、公证事项的利害关系人对具有强制执行效力的公证债权文书的民事权利义务有争议直接向人民法院提起民事诉讼的，人民法院依法不予受理。但是，公证债权文书被人民法院裁定不予执行的除外。可见，人民法院受理该类案件的唯一条件就是该类案件经过执行程序并作出不予执行裁定，其他任何情况和事实均不构成法院受理的新事实，一审法院认为《不予出具执行证书决定书》是构成法院受理的新事实，是与最高人民法院的规定背道而驰的行为，从而导致适用法律错误。

最高院认为，成吉思汗支行于2014年3月7日第一次提起与中星量子公司、汇利安公司、金谷担保公司之间的金融借款合同纠纷之诉，一审法院于2016年10月24日作出〔2016〕内民终143号之一民事裁定，撤销了呼和浩特市中级人民法院〔2014〕呼商初字第 00012 号民事判决，并驳回成吉思汗支行的起诉，理由是案涉《流动资金借款合同》《保证合同》均经过蒙正公证处公证，并赋予强制执行效力，成吉思汗支行在未向有管辖权的人民法院申请执行的情况下，直接向法院提起诉讼，不符合法律及相关司法解释的规定，该案依法不应由人民法院受理。〔2016〕内民终 143 号之一民事裁定生效后，经成吉思汗支行申请，蒙正公证处以出具《执行证书》期限已过为由，于 2016 年 12 月 2 日作出〔2016〕呼蒙正决字第 16 号《不予出具执行证书决定书》。至此，在成吉思汗支行与中星量子公司、汇利安公司、金谷担保公司之间的金融借款合同纠纷中，已经发生了新的事实。2015 年 2 月 4 日起施行的《最高人民法院关于适用〈中华人民共和国民事诉讼法〉的解释》第二百四十八条规定："裁判发生法律效力后，发生新的事实，当事人再次提起诉讼的，人民法院应当依法受理。"该规定与 2014 年 6 月 6 日起施行的《最高人民法院关于审理涉及公证活动相关民事案件的若干规定》第三条第二款 "当事人、公证事项的利害关系人对具有强制执行效力的公证债权文书的民事权利义务有争议直接向人民法院提起民事诉讼的，人民法院依法不予受理。但是，公证债权文书被人民法院裁定不予执行的除外"的规定，并不矛盾。一审法院受理成吉思汗支行的起诉，并无不当。汇利安公司上诉认为人民法院受理该类案件的唯一条件就是经过执行程序并作出不予执行裁定，其他任何情况和事实均不构成法院受理的新事实，系对上述规定的错误理解，不予采信。申请执行是当事人实现生效法律文书确定的实体权利的司法程序，法律规定申请执行期限的目的在于督促当事人及时行使权利，当事人未在法定期限内申请执行，虽然丧失请求人民法院强制执行的权利，但并不导致实体权利的消灭。汇利安公司上诉认为《不予出具执行证书决定书》宣告了成吉思汗支行债权作废，系对法律规定的错误理解，本院不予采信。

问题44：银行是否可以单独起诉保证人

问题难度：★

问题解答：

不良贷款诉讼中，我们经常会遇到这样的情况：借款人跑路、失踪或停止经营，如果起诉借款人，一方面需要公告送达导致诉讼周期过长，另一方面胜诉后也难以实际追偿财产。那么，我们是否可以对保证人单独提起诉讼呢？

如果保证人承担的是一般保证责任，我们必须将借款人和保证人一并起诉，即使债权人不起诉，法院也会根据相关规定通知借款人作为共同被告。如果保证人承担的保证责任是连带责任，债权人可以对保证人单独提起诉讼。

信贷管理建议：

信贷审批时，应当尽量采取连带保证的方式，为后续贷款的诉讼追偿留下更多的选择。当面对仅可提供一般保证的强势客户时，应当尽可能在调查审批阶段掌握保证人的有效财产，为将来的诉讼执行提供有价值的财产线索。

另外，为了授信安全，客户经理有时会在授信方案以外追加其他单位或个人承担保证担保。这种情况下一般不要求保证人签订制式的保证合同，仅出具一个同意保证承诺书。这里需要注意的是，民法典第六百八十六条规定"对保证方式没有约定或约定不明的，按照一般保证承担保证责任"，这与已废止的担保法第十九条规定截然相反。因此，客户经理在同意保证承诺书等类似法律文书中一定要明确保证人承担的是连带保证责任。

法条链接：

民法典第六百八十六条　保证的方式包括一般保证和连带责任保证。当事人在保证合同中对保证方式没有约定或者约定不明确的，按照一般保证承担保证责任。

（已废止：担保法第十九条　当事人对保证方式没有约定或者约定不明确的，按照连带责任保证承担保证责任。）

《最高人民法院关于适用〈中华人民共和国民法典〉有关担保制度的解释》第二十五条　当事人在保证合同中约定了保证人在债务人不能履行债务或者无力偿还债务时才承担保证责任等类似内容，具有债务人应当先承担责任的意思表示的，人民法院应当将其认定为一般保证。当事人在保证合同中约定了保证人在债务人不履行债务或者未偿还债务时即承担保证责任、无条件承担保证责任等类似内容，不具有债务人应当先承担责任的意思表示的，人民法院应当将其认定为连带责任保证。

民事诉讼法解释（法释〔2015〕5号）第六十六条　因保证合同纠纷提起的诉讼，债权人向保证人和被保证人一并主张权利的，人民法院应当将保证人和被保证人列为共同被告。保证合同约定为一般保证，债权人仅起诉保证人的，人民法院应当通知被保证人作为共同被告参加诉讼；债权人仅起诉被保证人的，可以只列被保证人为被告。

案例分享：

大竹县农村信用合作联社与西藏华西药业集团有限公司保证合同纠纷（最高院〔2011〕民申字第429号）

本案中，大竹县农村信用合作联社向阜康公司发放了1200万元贷款，由华西药业提供连带责任保证担保。华西药业提出，阜康公司虽然于2001年4月16日被吊销营业执照，但在被注销之前仍可进行诉讼活动，应当追加为当事人。

法院认为，大竹信用联社、阜康公司及华西药业签订的保证担保借款合同第四条明确约定："借款保证方西藏华西药业集团有限公司自愿作为借款方按期偿还本合同中借款本息的保证人。对借款方转移贷款用途等违反本合同的行为,保证人承担连带责任。"据此,应认定华西药业为对借款承担连带保证责任的保证人。根据最高人民法院《关于适用〈中华人民共和国民事诉讼法〉若干问题的意见》第五十三条"因保证合同纠纷提起的诉讼……债权人仅起诉保证人的,除保证合同明确约定保证人承担连带责任的外,人民法院应当通知被保证人作为共同被告参加诉讼;债权人仅起诉被保证人的,可只列被保证人为被告"之规定,大竹信用联社在本案中仅以华西药业为被告提起诉讼符合法律规定。阜康公司在2001年4月26日被吊销营业执照后虽仍享有参与诉讼的权利,但在大竹信用联社未向其主张权利的情况下,一、二审法院未将阜康公司列为本案被告符合法律规定。

问题 45：债权人申报破产债权的同时，是否可以向保证人提起诉讼

问题难度：★★★

问题解答：

根据法律规定，对于同一债权，在"物的担保"和"人的担保"共存情况下，申请执行人向已被受理破产申请的债务人的管理人全额申报债权后，其申请执行的执行依据所确定的其他承担连带保证责任的被执行人（抵押人）所抵押财产依法应予以支持。抵押人请求终结或中止执行的，不予支持。

申请执行人要求被受理破产申请的债务人全额承担保证责任，并不意味着其对其他抵押人（连带保证人）所提供的担保权的放弃或免除；也不存在申请执行人将双重受偿或抵押人（连带保证人）无法行使追偿权的情形。

人的保证和物的担保共存情况下，即使其中之一的保证人被受理破产申请，也不影响互相承担连带保证责任的其他保证人向其行使追偿权；而在保证担保、抵押担保责任以及担保范围均各自独立且有明确约定情况下，抵押人主张对其他保证人享有追偿权不能成立。

信贷管理建议：

借款人破产案件受理后，银行应当积极申报债权，同时，应当积极对其他担保主体进行追索。实务中，如果借款人进入破产程序，就意味着借款人的还款能力出现了实质性的下降，最终受偿比例很低。

因此，在等待破产结果的同时，应当主动向其他担保主体追偿，重点关注这两类主体：一类是借款人的实际控制人及其近亲属。一般情况下，在企业正式对外宣布破产前，实际控制人会转移必要的财产到本人或近亲属名下。如果银行迅速采取措施进行诉前或诉中保全，很可能控制到有效

财产。另一类主体是与借款人没有关联的保证人或抵押人。如果这类主体经营正常且具备偿债能力，银行应当果断采取诉讼要求担保人代偿，同时，向担保人解释代偿后有权向破产管理人申报债权等有利因素，促使担保人主动履行义务。

法条链接：

《最高人民法院关于适用〈中华人民共和国民法典〉有关担保制度的解释》 第二十三条 人民法院受理债务人破产案件，债权人在破产程序中申报债权后又向人民法院提起诉讼，请求担保人承担担保责任的，人民法院依法予以支持。

担保人清偿债权人的全部债权后，可以代替债权人在破产程序中受偿；在债权人的债权未获全部清偿前，担保人不得代替债权人在破产程序中受偿，但是有权就债权人通过破产分配和实现担保债权等方式获得清偿总额中超出债权的部分，在其承担担保责任的范围内请求债权人返还。

债权人在债务人破产程序中未获全部清偿，请求担保人继续承担担保责任的，人民法院应予支持；担保人承担担保责任后，向和解协议或者重整计划执行完毕后的债务人追偿的，人民法院不予支持。

（已废止：担保法解释第四十四条 保证期间，人民法院受理债务人破产案件的，债权人既可以向人民法院申报债权，也可以向保证人主张权利。债权人申报债权后在破产程序中未受清偿的部分，保证人仍应当承担保证责任。债权人要求保证人承担保证责任的，应当在破产程序终结后六个月内提出。）

《全国法院破产审判工作会议纪要》 保证人的清偿责任和求偿权的限制。破产程序终结前，已向债权人承担了保证责任的保证人，可以要求债务人向其转付已申报债权的债权人在破产程序中应得清偿部分。破产程序终结后，债权人就破产程序中未受清偿部分要求保证人承担保证责任的，应在破产程序终结后六个月内提出。保证人承担保证责任后，不得再向和解或重整后的债务人行使求偿权。

案例分享：

淮安市华钢房地产开发有限公司申请复议其与申请执行人淮安市银信投资担保有限公司、被执行人淮安市和润置业有限公司等担保追偿权纠纷案（〔2015〕苏执复字第00116号）

淮安市华钢房地产开发有限公司（以下简称华钢公司）申请执行异议称：本案中被执行人之一江苏和润置业有限公司（以下简称和润公司）已申请破产，申请执行人淮安市银信投资担保有限公司（以下简称银信公司）已向和润公司管理人全额申报了本案债权，应视为放弃对被执行人华钢公司的担保物权，银信公司无权就同一笔债权重复主张，现银信公司申请执行华钢公司的担保物显属不当，要求终结执行或中止执行。

银信公司答辩称：本案中和润公司、华钢公司均为被执行人江苏国强钢铁有限公司（以下简称国强公司）的担保人，根据生效判决，银信公司有权同时向该两家公司主张全部债权。银信公司债权全部实现之后，各被执行人之间的利益如何再分配与该公司无关。法院对华钢公司抵押的房地产评估拍卖符合民事诉讼法关于执行的规定。

本案争议焦点是：对同一债权，在物的担保和人的保证共存情况下，申请执行人向已被受理破产申请的连带担保债务人之一和润公司的管理人全额申报了债权后，能否申请执行执行依据确定的其他承担连带保证责任的被执行人（抵押人）华钢公司所抵押财产；抵押人华钢公司请求终结或中止执行是否有法律依据。

江苏省高级人民法院认为：

一、申请执行人向已被受理破产申请的连带担保债务人之一和润公司管理人全额申报了债权后，其申请执行执行依据所确定的其他承担连带保证责任的被执行人（抵押人）华钢公司抵押财产依法应予以支持。理由是：

（一）本案中，根据淮安中院〔2013〕淮中商初字第0221－2号民事判决，华钢公司、和润公司均是银信公司为债务人国强公司向盱眙民生银行借款1000万元担保的反担保人，不同于和润公司仅向银信公司提供保证担保情形，华钢公司不仅提供了保证担保，还提供了房地产抵押担保。和润公司的保证担保以及华钢公司的担保责任以及担保范围均各自独立且有明确约定。淮安中院据此作出的〔2013〕淮中商初字第0221－2号民事判决生效后，银信公司按照《中华人民共和国企业破产法》规定向和润公司管理人申报全额债权，不仅有上述判决依据，也符合该公司与和润公司于2012年8月20日签订的《法人或其他组织反担保保证合同》约定。根据该合同"13.8如合同一项下的借款人（承兑或信用证申请人）已向甲方提供物的反担保，乙方放弃要求甲方先行处理该担保物的抗辩权，即不以甲方首先行使借款人（承兑或信用证申请人）与甲方订立的反担保合同项下的担保物权作为乙方履行本合同项下保证责任的前提……"的约定，在华钢公司为债务人国强公司向银信公司提供了房地产抵押担保即物的反担保情况下，和润公司已明确放弃要求银信公司先行处理该抵押房地产的抗辩权。据此，银信公司可以在要求和润公司履行保证责任的同时或此后向抵押人主张抵押权。银信公司要求和润公司履行保证责任，并不意味着其对华钢公司抵押担保权的放弃。

（二）银信公司依照其与和润公司合同约定，并以上述生效判决为依据向和润公司管理人申报全额债权后，又向淮安中院申请执行被执行人（抵押人）华钢公司的抵押房地产有事实和法律依据，并无不当。

1. 银信公司依照其与和润公司合同约定，并以上述生效判决为依据向和润公司管理人申报全额债权并未免除或放弃华钢公司的担保责任。

（1）如前所述，和润公司的保证担保以及华钢公司的保证、抵押担保责任以及担保范围均各自独立且有明确约定。根据《中华人民共和国物权法》第一百七十六条"被担保的债权既有物的担保又有人的担保的，债务人不履行到期债务或者发生当事人约定的实现担保物权的情形，债权人应当按照约定实现债权；没有约定或者约定不明确，债务人自己提供物的担保的，债权人应当先就该物的担保实现债权；第三人提供物的担保的，债权人可以就物的担保实现债权，也可以要求保证人承担保证责任。提供担保的第三人承担担保责任后，有权向债务人追偿"的规定，被担保的债权既有物的担保又有人的担保的，债务人国强公司不履行到期债务或者发生当事人约定的实现担保物权的情形，债权人银信公司应当按照约定实现债权。第三人提供物的担保的，债权人可以就物的担保实现债权，也可以要求保证人承担保证责任。根据《最高人民法院关于适用〈中华人民共和国担保法〉若干问题的解释》第三十八条第三款"债权人在主合同履行期届满后怠于行使担保物权，致使担保物的价值减少或者毁损、灭失的，视为债权人放弃部分或者全部物的担保。保证人在债权人放弃权利的范围内减轻或者免除保证责任"规定，债权人应在主合同履行期届满后积极行使担保物权。现银信公司依照其与和润公司、华钢公司各自担保合同约定，并以上述生效判决为依据向和润公司管理人申报全额债权后，向淮安中院申请执行华钢公司设定抵押房地产行为，亦足以证明银信公司在依法积极主张行使担保物权，其并未放弃或免除华钢公司抵押担保责任。

（2）华钢公司认为根据《中华人民共和国企业破产法》第四十九条"债权人申报债权时，应当书面说明债权的数额和有无财产担保，并提交有关证据"规定，银信公司向和润公司管理人全额申报债权时未说明有无财产担保，即视为该公司已经放弃对华钢公司的担保物权，没有事实和法律依据。华钢公司以此为由认为银信公司无权再向华钢公司主张担保物权不能成立。本案中，和润公司、华钢公司各自为债务人国强公司1000万元盱眙民生银行借款提供的担保均是独立的，且各自的担保责任以及担保范围均有明确约定。换言之，华钢公司并非为和润公司提供担保，并非被裁定受理破产申请的债务人和润公司的担保人。况且，根据权利的放弃必须明示原则，在银信公司未明确放弃判决确定的抵押权情况下，华钢公司以此条款为据认为银信公司已放弃对华钢公司抵押权的行使无事实和法律依据，本院不予支持。

2.华钢公司认为银信公司在向担保人和润公司管理人申报全额债权后，其又申请执行华钢公司抵押房地产将双重受偿，且华钢公司无法向和润公司行使追偿权的理由亦无事实和法律依据。

（1）根据《最高人民法院关于适用〈中华人民共和国担保法〉若干问题的解释》第三十八条第一款"同一债权既有保证又有第三人提供物的担保的，债权人可以请求保证人或者物的担保人承担担保责任。当事人对保证担保的范围或者物的担保范围没有约定或者约定不明的，承担了担保责任的担保人，可以向债务人追偿，也可以要求其他担保人清偿其应当分担的份额"规定，在当事人对保证担保范围或者物的担保范围没有约定或约定不明的情况下，担保人不仅可以向债务人追偿，且担保人相互之间也享有追偿权。但本案中如前所述，和润公司、华钢公司系各自为债务人国强公司提供独立担保，各自的保证担保范围或物的担保范围以及担保责任均有明确约定，不存在适用该条款的前提。且此后2007年10月1日起实施的《中华人民共和国物权法》第一百七十六条中仅规定物的担保和人的保证并存情况下，"……没有约定或者约定不明确，债务人自己提供物的担保的，债权人应当先就该物的担保实现债权；第三人提供物的担保的，债权人可以就物的担保实现债权，也可以要求保证人承担保证责任。提供担保的第三人承担担保责任后，有权向债务人追偿"，并没有规定保证人与物的担保人共同分担责任问题以及担保人相互之间追偿权问题，华钢公司认为其承担抵押担保责任后无法再向和润公司行使追偿权的复议理由无事实和法律依据。

（2）关于华钢公司与和润公司间连带保证责任追偿权问题。因银信公司为国强公司向盱眙民生银行借款1000万元提供担保，除华钢公司向银信公司提供物的反担保外，和润公司、华钢公司等还共同提供连带保证反担保。根据《中华人民共和国担保法》第十二条"同一债务有两个以上保证人的，保证人应当按照保证合同约定的保证份额，承担保证责任。没有约定保证份额的，保证人承担连带责任，债权人可以要求任何一个保证人承担全部保证责任，保证人都负有担保全部债权实现的义务。已经承担保证责任的保证人，有权向债务人追偿，或者要求承担连带责任的其他保证人清偿其应当承担的份额"，第三十二条"人民法院受理债务人破产案件后，债权人未申报债权的，保证人可以参加破产财产分配，预先行使追偿权"，以及《中华人民共和国企业破产法》第五十一条"债务人的保证人或者其他连带债务人已经代替债务人清偿债务的，以其对债务人的求偿权申报债权。债务人的保证人或者其他连带债务人尚未代替债务人清偿债务的，以其对债务人的将来求偿权申报债权。但是，债权人已经向管理人申报全部债权的除外"的规定，在债务人和润公司的其他连带债务人尚未代替债务人清偿债务，而银信公司已经向和润公司管理人申报全额债权情况下，和润公司的其他连带债务人依法不能预先行使追偿权，即以将来求偿权申报债权。但如果和润公司的其他连带债务人已经代替和润公司清偿债务的，则依法有权以其对债务人的求偿权申报债权。现和润公司仅被裁定受理破产申请，是否会被裁定宣告破产尚不明确，根据《中华人民共和国企业破产法》第五十六条"在人民法院确定的债权申报期限内，债权人未申报债权的，可以在破产财产最后分配前补充申报；但是，此前已进行的分配，不再对其补充分配……"规定，如果华钢公司已经代替和润公司清偿债务，即使和润公司被裁定宣告破产，在破产财产最后分配前，华钢公司依法依然有权补充申报债权。华钢公司主张银信公司向和润公司管理人全额申报债权，华钢公司被强制执行后，无法行使追偿权的理由无事实和法律依据，该院不予支持。

（3）本案执行依据已明确了主债务人、各保证人以及抵押担保债务人对银信公司偿还债务的范围，无论采用何种方式执行，无论申请执行人银信公司通过何种方式获得清偿，其受偿范围不可能超过执行依据所确定的债权债务总额，华钢公司认为强制执行其抵押房地产将使银信公司双重受偿无法律依据，该院不予采信。

（4）本案中《最高人民法院关于适用〈中华人民共和国担保法〉若干问题的解释》第四十四条"保证期间，人民法院受理债务人破产案件的，债权人既可以向人民法院申报债权，也可以向保证人主张权利。债权人申报债权后在破产程序中未受清偿的部分，保证人仍应当承担保证责任。债权人要求保证人承担保证责任的，应当在破产程序终结后六个月内提出"规定并不适用。《最高人民法院关于对云南省高级人民法院就如何适用〈关于适用担保法若干问题的解释〉第四十四条请示的答复》中明确，"《关于适用担保法若干问题的解释》第四十四条第二款规定的债权人应在破产程序终结后六个月内要求保证人承担保证责任的规定，仅适用于债务人在破产程序开始时保证期间尚未届满，而在债权人申报债权参加清偿破产财产程序期间保证期间届满的情形。即在上述情况下，考虑到债权人在债务人破产期间不便对保证人行使权利，权利人可以在债务人破产终结后六个

第五章　不良贷款诉讼阶段的法律问题

月内要求保证人承担保证责任。你院请示的昆明电缆厂与交通银行昆明分行、昆明电缆股份有限公司担保借款合同纠纷案件中，债权人交通银行昆明分行已经在保证期间内、债务人破产程序前要求保证人承担保证责任，因此，不适用担保法司法解释第四十四条第二款规定"。据此，一方面，银信公司亦已经在保证期间内、债务人和润公司破产程序前要求保证人承担保证责任，并获得了本案生效判决支持，显然也不适用上述担保法司法解释第四十四条第二款规定。另一方面，也说明该条的另一适用条件为，债权人尚未通过诉讼或仲裁主张权利，因无生效法律文书，债权人可以在申报债权和向保证人主张权利之间进行选择。在已有生效的法律文书的情况下，则应严格按照执行依据进行执行。第三，本案的主债务人是国强公司，和润公司和华钢公司均是国强公司担保人。现保证人之一的和润公司被裁定受理破产申请，华钢公司并不是和润公司保证人。且该条特指"保证人"，而非"担保人"或"抵押人"。本案中，华钢公司除了具备保证人的身份外，还是抵押人，华钢公司以此条款为据认为淮安中院执行异议裁定适用法律错误不能成立，该院不予支持。

3. 淮安中院根据生效判决执行被执行人（抵押人）华钢公司抵押房地产符合法律规定。生效判决已明确，银信公司对华钢公司抵押的房权证淮房字第200801660号的房屋折价或者拍卖、变卖的价款在895万元内享有优先受偿权，对淮Y国用〔2008出〕字第2006号的土地使用权折价或者拍卖、变卖的价款在90万元内享有优先受偿权。优先受偿总额不超过9028440.6元本金、利息、逾期付款违约金范围。而和润公司、华钢公司等对国强公司欠付的9028440.6元本金及10093839.37元本金以及各自相应的利息、逾期付款违约金向银信公司承担连带清偿责任。淮安中院根据抵押权人银信公司申请据此执行华钢公司抵押房地产正当合法，并不损害和润公司、华钢公司合法权益。

二、抵押人华钢公司请求终结或中止对抵押物的执行无法律依据。理由是：根据《中华人民共和国民事诉讼法》第二百五十六条、第二百五十七条以及《最高人民法院关于适用〈中华人民共和国民事诉讼法〉的解释》的有关规定，中止或终结执行必须符合法定条件，华钢公司作为被执行人,既是如上所述执行依据所确定的总额不超过 9 028 440.6 元本金、利息、逾期付款违约金范围内(895 万元范围内房产和 90 万元范围内土地使用权)的抵押人,又是 9 028 440.6 元本金、10 093 839.37 元本金及各自相应利息、逾期付款违约金的连带债务保证人,现华钢公司要求淮安中院终结或中止对抵押物以及本案的执行无事实和法律依据,该院不予支持。

综上所述,华钢公司复议申请理由无事实和法律依据,淮安中院执行异议裁定认定事实清楚、适用法律恰当,依法应予以维持。

问题 46：银行通过第三方"代持"将不良贷款出表后，是否可以继续以自己的名义提起诉讼

问题难度：★★

问题解答：

银行不良贷款"出表"常见的操作方式是：银行与第三方（例如，资产管理公司）签订信贷资产转让协议，协议签订后，资产管理公司就成了名义上的债权人。但是，实务中，这种转让一般是附加"回购"或"兜底"条款的。基于此种情况，银行为了快速收回债权，希望以自己的名义提起诉讼，以保证诉讼的效率。

在法院的判例中，如果银行没有向债务人送达债权转让通知书，那么该债权转让行为不对债务人发生效力，银行可以作为债权人提起诉讼。如果银行已经向债务人送达债权转让通知书，银行作为诉讼主体存在法律瑕疵，建议由"代持"的第三方作为诉讼主体，避免银行败诉后形成新的损失。

信贷管理建议：

对于不良贷款"代持"业务，这类业务的最终风险仍然由银行承担，代持方只是收取一定比例的通道费。如果银行希望以自己的名义提起诉讼，那么在事前应当做好以下准备工作。

第一，在债权转让过程中，不通知债务人，这样债权转让的效力不对债务人发生效力；

第二，在签订信贷资产转让协议的同时，签订委托清收协议，该协议中应当明确约定"代持方授权银行以银行的名义从事诉讼活动"，为将来的诉讼提供证据支持；

第三，如果被告在诉讼中提出主体不适格的主张，且银行没有上述两

类证据，应当及时向法院申请追加"代持方"为第三人，"代持方"在庭审中表明同意以银行的名义诉讼，以保证诉讼活动正常进行。

法条链接：

民法典第五百四十六条　债权人转让债权，未通知债务人的，该转让对债务人不发生效力。债权转让的通知不得撤销，但是经受让人同意的除外。

（已废止：合同法第八十条　债权人转让权利的，应当通知债务人。未经通知，该转让对债务人不发生效力。债权人转让权利的通知不得撤销，但经受让人同意的除外。）

民诉法解释第二百四十九条　在诉讼中，争议的民事权利义务转移的，不影响当事人的诉讼主体资格和诉讼地位。人民法院作出的发生法律效力的判决、裁定对受让人具有拘束力。

受让人申请以无独立请求权的第三人身份参加诉讼的，人民法院可予准许。受让人申请替代当事人承担诉讼的，人民法院可以根据案件的具体情况决定是否准许；不予准许的，可以追加其为无独立请求权的第三人。

案例分享：

山煤国际能源集团华南有限公司、中国光大银行股份有限公司广州分行金融借款合同纠纷（〔2017〕最高法民终4号）

本案中，上诉人山煤公司称：光大银行广州分行并非本案一审的适格原告，被上诉人光大银行广州分行已于2015年3月18日与广东粤财资产管理有限公司（以下简称粤财公司）签署资产转让协议，转让了案涉主债权及担保债权。光大银行广州分行与山煤公司已无法律上的利害关系，其无权提起本案诉讼。

法院认为，山煤公司主张光大银行广州分行不是本案适格原告，但其一审答辩时认可光大银行广州分行与粤财公司签署资产转让协议的时间是在2015年3月18日，2015年4月28日双方在报纸上联合刊登《中国光大银行股份有限公司广州分行与广东粤财资产管理有限公司债权转让通知暨债权催收联合公告》。依据《中华人民共和国合同法》第八十条第一款"债权人转让权利的,应当通知债务人。未经通知,该转让对债务人不发生效力"之规定,该债权转让在光大银行广州分行2015年4月21日提起本案诉讼之时,尚未对山煤公司产生效力。依据《最高人民法院关于适用〈中华人民共和国民事诉讼法〉的解释》第二百四十九条第一款"在诉讼中,争议的民事权利义务转移的,不影响当事人的诉讼主体资格和诉讼地位"的规定,山煤公司关于光大银行广州分行不是本案适格原告的上诉理由不能成立,本院不予支持。

问题 47：银行是否可以在诉讼中主张律师费

问题难度：★★

问题解答：

实务中，对于银行主张律师费的诉讼请求，法院判决存在争议。笔者通过分析银行胜诉的案例，发现法院支持银行律师费的案例主要有以下特征：一是合同中明确约定"由违约方承担律师费"。二是银行已与律师事务所实际签订代理协议并支付了律师费，至少律师事务所已经开具了发票。如果双方仅签订了律师代理合同尚未实际支付的，法院一般不予支持。三是律师费确定的标准处于合理范围之内，未超过各地管理部门确定的律师收费指导价。具备以上三项条件的律师费请求，法院一般会判决由被告承担。

另外，很多银行为了控制成本、提高律师的积极性，采取"风险代理"的模式，按照诉讼和执行的实际回款确定律师费金额和支付比例。这种代理模式在诉讼阶段，律师费处于未确定状态且律师事务所尚未开具发票，因此，法院不予支持。

信贷管理建议：

从上述分析可以看出，法院是否支持银行对律师费的主张，主要从银行是否与律师事务所签订代理协议、律师事务所是否开具发票、银行是否实际支付等情况综合判定。

作为银行管理者，需要从经营的角度决定本行对律师代理的管理模式，具体包括"一般代理"和"风险代理"两种方式，一般代理标准相对较低，需要银行在判决前支付律师费，可以在判决中确定由被告承担。"风险代理"的标准相对较高，银行可以根据执行的实际回款情况支付，无回款不支付，但是，律师费不能在判决中确认，最终只能由银行自行承担。

笔者的建议是：对本行近五年的诉讼和执行案件回款率进行统计。如果回款率较高,超过30%(参考值),采取"一般代理"模式对银行相对有利。如果回款率低于30%,则采取"风险代理"模式对银行相对有利。总之,这里给银行管理者提供的是一种管理思路,具体还要结合本行案件回款情况进行详细的财务测算,进而确定一般代理和风险代理。

法条链接:

《关于进一步推进案件繁简分流优化司法资源配置的若干意见》(法发〔2016〕21号)第二十二条 引导当事人诚信理性诉讼。加大对虚假诉讼、恶意诉讼等非诚信诉讼行为的打击力度,充分发挥诉讼费用、律师费用调节当事人诉讼行为的杠杆作用,促使当事人选择适当方式解决纠纷。当事人存在滥用诉讼权利、拖延承担诉讼义务等明显不当行为,造成诉讼对方或第三人直接损失的,人民法院可以根据具体情况对无过错方依法提出的赔偿合理的律师费用等正当要求予以支持。

案例分享

(一)中国邮政储蓄银行股份有限公司宁明县支行与黄某1、黄某2金融借款合同 (2016)桂1422民初633号

本案中,中国邮政储蓄银行股份有限公司宁明县支行向法院起诉,请求法院判决被告黄某1向原告偿还尚欠借款本金150 000元及利息11 731.67元、罚息43 223.06元,合计204 954.73元(暂计算到2016年2月29日止,利息、罚息、复利均计算至全部贷款还清为止);2.被告黄某2、曾善玲对被告黄某1应偿还的借款本金及利息、罚息、复利以及为实现债权支出的费用承担连带清偿责任;3.本案的律师代理费及差旅费9 722元及诉讼费由被告承担。

法院认为,本案原、被告在合同中约定"贷款人为实现债权而支付的诉讼费、律师费、差旅费等合理、必要的支出,由合同各方依照法律、法规、行政规章以及其他规范性文件的要求承担,合同各方另有约定除外",根据《最高人民法院关于进一步推进案件繁简分流优化司法资源配置的若干意见》第二十二条"引导当事人诚信理性诉讼。加大对虚假诉讼、恶意

诉讼等非诚信诉讼行为的打击力度,充分发挥诉讼费用、律师费用调节当事人诉讼行为的杠杆作用,促使当事人选择适当方式解决纠纷。当事人存在滥用诉讼权利、拖延承担诉讼义务等明显不当行为,造成诉讼对方或者第三人直接损失的,人民法院可以根据具体情况对无过错方依法提出的赔偿合理的律师费用等正当要求予以支持。"被告黄某1的贷款期限届满日为2014年10月21日,贷款数额较大,至今未偿还借款本金及利息,拖延承担诉讼义务的情形严重,且本案原告为实现债权确已支付律师费。结合本案被告违约情况及律师费支出的必要程度,本院认为被告黄某1应适当承担部分律师费用,以承担1000元为宜。

(二)清远汇利安物业发展有限公司、内蒙古银行股份有限公司呼和浩特成吉思汗大街支行金融借款合同纠纷二审民事判决书〔2018〕最高法民终1339号

本案中,内蒙古银行成吉思汗支行一审诉讼请求:判令中星量子公司支付实现债权的费用(律师代理费)97万元。

一审法院查明,2014年4月6日,成吉思汗支行与内蒙古新广律师事务所签订委托代理合同,约定本案律师代理费按照诉讼标的的本金9700万元的1%支付,合计97万元,具体支付方式为:1.起诉立案阶段,支付律师代理费的10%;2.执行完毕,全部收回现金或等价资产,支付律师代理费的90%。2017年6月8日,成吉思汗支行向内蒙古新广律师事务所支付9.7万元。

一审法院认为,《流动资金借款合同》约定,"贷款人为实现债权而发生的一切费用(包括但不限于诉讼费用、执行费、律师费用等)均由借款人承担"。虽然成吉思汗支行与内蒙古新广律师事务所签订的《委托代理合同》约定本案律师代理费按照诉讼标的的本金9700万元的1%支付,合计97万元,但其提供的发票等证据可证实成吉思汗支行目前已经实际支付内蒙古新广律师事务所律师代理费9.7万元,对于已实际发生的9.7万元费用,中星量子公司应予支付,对于未发生的实现债权费用,成吉思汗支行可待实际发生后另行主张。金谷担保公司亦应按照保证合同的约定对上述费用承担连带保证责任。

问题 48：借款人或担保人使用"假公章"签订的合同是否有效

问题难度： ★★

问题解答：

《九民纪要》第四十一条对该问题进行了详细的解答。司法实践中，有些公司有意刻制两套甚至多套公章，有的法定代表人或者代理人甚至私刻公章，订立合同时恶意加盖非备案的公章或者假公章，发生纠纷后法人以加盖的是假公章为由否定合同效力的情形并不鲜见。银行在信贷业务中，同样存在借款人或担保人加盖假公章以逃避责任的风险。

人民法院在审理案件时，应当主要审查签约人于盖章之时有无代表权或者代理权，从而根据代表或者代理的相关规则来确定合同的效力。法定代表人或者其授权之人在合同上加盖法人公章的行为，表明其是以法人名义签订合同，除公司法第十六条等法律对其职权有特别规定的情形外，应当由法人承担相应的法律后果。法人以法定代表人事后已无代表权、加盖的是假章、所盖之章与备案公章不一致等为由否定合同效力的，人民法院不予支持。

代理人以被代理人名义签订合同，要取得合法授权。代理人取得合法授权后，以被代理人名义签订的合同，应当由被代理人承担责任。被代理人以代理人事后已无代理权、加盖的是假章、所盖之章与备案公章不一致等为由否定合同效力的，人民法院不予支持。

根据最高院《九民纪要》的上述解答，我们可以归纳为"看人不看章"，即：在业务办理过程中，因为银行工作人员无法判断公章的真伪，所以要重点看"盖章人"是否有权利盖章或签字。如果"盖章人"是法定代表人或具有法定代表人的授权，即使公章是假的，合同仍然有效。

公章之于合同的效力，关键不在公章的真假，而在盖章之人有无代表权或代理权。盖章之人为法定代表人或有权代理人的，即便其未在合同上盖章甚至盖的是假章，只要其在合同书上的签字是真实的，或能够证明该假章是其自己加盖或同意他人加盖的，仍应作为公司行为，由公司承担法律后果。反之，盖章之人如无代表权或超越代理权的，即便加盖的是真公章，该合同仍然可能会因为无权代表或无权代理而最终归于无效。

信贷管理建议：

《九民纪要》第四十一条的规定将成为未来法院裁判的主要依据，银行工作人员在与客户签订合同时应当重点按照该意见进行操作，具体提出以下建议。

一、如果在银行的工作场所，必须在具有录音录像的设备下进行，同时，银行应当派两名工作人员"面签"。即使公证机构办理公证的业务，银行工作人员也要按照上述要求操作。因为实务中也发生过公证机构被骗的案例，所以银行工作人员必须按照标准流程操作才能尽职免责。

二、如果对方是强势交易对手，需要在对方的办公场所签订合同，银行信贷人员负有较大的审慎注意义务。首先，银行信贷人员切不可因对方实力较强而疏忽大意，实务中的假公章案件大多发生于大型企业甚至知名企业。其次，签订过程要做到：双人面签、核实用印人身份、对用印过程录音录像、记录用印的时间和地点。

三、一般情况下，银行的合同都要求对方签字并盖章后生效。根据《九民纪要》41条"看人不看章"的精神，银行工作人员应当重点核实合同上签字的法定代表人或授权代理人是否真实有效，只要能够确保该签字（和授权）是真实的，即便公章出现虚假，银行的权益也基本能够得到保障。

四、如果出现对方否定公章效力的情况，应当在谈判过程中收集有利于银行的证据，例如：当时接待方人员对于过程的口头陈述等。

法条链接：

《九民纪要》第四十一条［盖章行为的法律效力］司法实践中，有些公司有意刻制两套甚至多套公章，有的法定代表人或者代理人甚至私刻公章，订立合同时恶意加盖非备案的公章或者假公章，发生纠纷后法人以加盖的是假公章为由否定合同效力的情形并不鲜见。人民法院在审理案件时，应当主要审查签约人于盖章之时有无代表权或者代理权，从而根据代表或者代理的相关规则来确定合同的效力。

法定代表人或者其授权之人在合同上加盖法人公章的行为，表明其是以法人名义签订合同，除《公司法》第十六条条等法律对其职权有特别规定的情形外，应当由法人承担相应的法律后果。法人以法定代表人事后已无代表权、加盖的是假章、所盖之章与备案公章不一致等为由否定合同效力的，人民法院不予支持。

代理人以被代理人名义签订合同，要取得合法授权。代理人取得合法授权后，以被代理人名义签订的合同，应当由被代理人承担责任。被代理人以代理人事后已无代理权、加盖的是假章、所盖之章与备案公章不一致等为由否定合同效力的，人民法院不予支持。

案例分享：

民生加银基金管理有限公司与中银保险有限公司山东分公司保证保险合同纠纷（〔2019〕鲁01民初3379号）

原告民生加银公司原向本院提出诉讼请求：1.判令中银山东分公司赔偿债券认购款9 920万元；2.本案全部诉讼费用由中银山东分公司承担。本案重审后，民生加银公司变更诉讼请求为：1.判令中银山东分公司赔偿债券认购款1亿元及利息：（1）以1亿元为基数，自2016年8月1日起至2019年7月31日止，按年利率11%计算，利息暂计3 300万元；（2）以1亿元为基数，自2019年8月1日起至实际给付之日止，按年利率11%计算。2.本案全部诉讼费用由中银山东分公司承担。事实和理由：2014年10月28日，原告与莱芜信通公司签订债券认购协议，约定原告认购莱芜信通公司发行私募债券1亿元，债券期限24个月。债券认购协议签订后，2014年11月3日，原告如约支付了认购款。2014年9月9日，莱芜信通公司向中银山东分公司投保了企业贷款履行保证保险，保单编号为

3221120143700000000139号。该保单载明：保险金额为1.53亿元，如莱芜信通公司不按时兑付任何一期本金或利息，视为保险事故发生，由中银山东分公司承担保险赔偿责任。后中银山东分公司作出批单，将保险单的被保险人由民生加银资产管理有限公司（以下简称民生资产公司）变更为原告。企业私募债券到期后，莱芜信通公司未按约定支付认购款。鉴于履约保证保险约定的保险事故已发生，原告向中银山东分公司发出理赔申请，要求中银山东分公司承担保险赔偿责任。中银山东分公司于2016年12月7日向原告出具告知书，拒不履行保险赔偿法律责任，原告特提起诉讼。因原告在原审诉讼中仅主张了部分债券认购款，对剩余部分认购款及利息未一并主张，为节约诉讼成本，在重审中申请变更诉讼请求，请求法院依法一并裁判。

被告中银山东分公司辩称：一、中银山东分公司与第三人莱芜信通公司之间不存在保证保险合同法律关系，民生加银公司无权以保证保险的被保险人身份要求中银山东分公司承担保证保险责任。1.山东永鼎司法鉴定中心出具的司法鉴定意见书（鲁永司鉴中心〔2018〕文鉴字第387号）已经证明涉案保单、批单及相关案件材料上的印章与中银山东分公司印章不一致。2.从涉案保单出具的背景事实和具体过程来看，案涉保单在中银山东分公司和莱芜信通公司之间也并不成立保险法律关系。（1）中银山东分公司向法庭提交的刑事侦查部门调取的刑事案件笔录显示，莱芜信通公司的实际控制人朱某明确向公安机关说明从未与中银山东分公司签订有任何保险协议，包括没有签订投保单，也没有缴纳保险费；王某也向公安部门陈述，莱芜信通公司实际控制人朱某的配偶李某、民生银行济南分行工作人员孙某在与其沟通过程中表示"这笔业务就是走个过场，面上过得去就行""弄个假章做份假保单糊弄过去就行，民生银行已经都打点好了"。这些都表明莱芜信通公司作为虚假保单记录的投保人没有订立保险合同的真实意思表示，中银山东分公司作为保险人也没有承保的承诺，莱芜信通公司事实也没有缴纳任何涉案保证保险合同的保费，本案也不存在各方事实履行保险合同、合同事实成立的问题，因此本案保证保险合同未经过邀约、承诺的过程，中银山东分公司与莱芜信通公司之间未成立保证保险合同法律关系。(2)刑事笔录资料记载内容也可以看出，本案纠纷事实不仅不具有投保——承保的真实意思表示，而且还存在虚假的意思表示和行为恶意串通损害国家、集体、第三人利益的情况。莱芜信通公司发行私募债、原告认购私募债支付款项的真实目的是协助民生银行济南分行处理其不良资产。原告作为民生银行下属的公司只是作为通道，认购资金主体是民生银行，处置的不良资产也不是莱芜信通公司的逾期贷款，民生银行承诺第三人莱芜信通公司处理多少不良资产，就给莱芜信通公司贷出多少款。并且在莱芜信通公司的私募债认购款到达私募债专用监管账户（账号：********）后的当日，就将全部的9 920万款项一次性以购买原材料的名义全部转入莱芜市水木源国际贸易有限公司（以下简称水木源公司）在民生银行花园路支行开立的账户。根据中银山东分公司向法院提交的菏泽市中级人民法院执行异议裁定书反映事实和向法院提交的水木源公司登记情况，水木源公司并不具有签订如此大额资金合同的能力；再结合到本案事实，原告提供的资金流水凭证也可以看出，在私募债明确要求资金专用监管账户的情况下，债券存续期的利息支付完全是在监管专户以外的账户进行（账号：********），且每笔利息偿还当日都是等额一笔款项进入该账户、同时划出该账户，且看不出资金划入账户的任何信息，结合该时间段本案第三人诉讼缠身，可以看出民生银行济南分行是利用控制账户进行债权利息的自我偿还。因为本案涉及的刑事犯罪正在办理过程中，且侦办的事实与原告主张的涉案保单属于同一法律事实，法院应当中止本案审理。3.本案中对于保险合同法律关系是否成立的判断不涉及表见代理问题。(1)表见代理的适用对象是善意相对方，民生银行济南分行在核保过程中未按照金融监管机构和其自身业务操作规范进行核保，放任风险的发生。例如，在核保过程中未核查保险文件出具单位的法定代表人或负责人情况，作为专业金融机构对金融单证上未按照金融监管规定印制"单证流水号"予以警惕，对毕某这样不具备信赖表象特征的人员进行核保，由不良资产利益相关的孙某作为核查人员，银保监会明文规定保证保险承保期限不得超过一年，民生银行济南分行作为专业金融机构却视而不见。(2)原告在本案所诉争的保证保险法律关系中不是合同相对方，不具备向中银山东分公司主张表见代理的法律基础。本案中莱芜信通公司是原告认购协议合同法律关系中的相对人，就借款事项以原告为被保险人进行投保是莱芜信通公司对原告的合同承诺；民生银行济南分行与莱芜信通公司是债券受托管理协议的相对人，又是原告的委托法律关系相对人，在私募债发行中获得担保凭证是民生银行济南分行对莱芜信通公司和原告的合同义务，即使原告要主张信赖利益，从法律关系上而言也只能向其相对方主张，即向莱芜信通公司或民生银行济南分行寻求债权救济。4.本案涉及的文件签署的先后顺序并结合保证保险的法律特征来看，本案客观上也不具备成立保证保险法律关系的可能。信用保证保险是一种有别于一般财产保险、具有担保功能的特殊险种，保险标的是债权到期不能兑付的"信用风险"。本案涉诉的保证保险并不是针对所有私募债券的潜在购买人，而是具体指向原告，从法律关系和承保顺序上来说，基础法律关系中的原告对第三人的债权作为保险标的承载载体应当是先于或与保险同时成立，而不能是后于保险成立，本案中涉案保单显示时间是2014年9月9日，认购协议签署时间是2014年10月28日，就文件的顺序而言也不应判定保证保险合同是有效成立的。二、仅凭涉案保单的文字记载和民生加银公司与莱芜信通公司的协议约定来看，原告的诉讼请求也不应得到支持。1.原告与莱芜信通公司之间签订的认购协议约定，逾期不另计利息，本次原告增加的诉讼请求金额却主张逾期利息没有事实依据。2.原告提供的保单记载的索赔程序是，如果被保险人投资未能按期足额收回，被保险人是按照保险单、后附保险条款约定向保险人索赔，特别是后附保险条款第四条约定被保险人应当先行使对投保人的追索权（特约条款4只是排除了对担保人的先行追索权，但是没有排除对投保人的先行追索权），原告按照其认可的保险单条款应当首先证明其向投保人追索且未清偿的部分后，才能向保险人就未清偿差额部分索赔。综上所述，请求法院在查明事实的基础上裁定驳回原告的起诉或者中止审理，或者判决驳回其对被告的全部诉讼请求。

法院认为，莱芜信通公司将其拟发行的企业债券在深圳证券交易所办理了备案手续，履行了法律规定的备案义务。莱芜信通公司与民生加银公司通过签订债券认购协议，由民生加银公司认购莱芜信通公司发行的债券

1亿元,民生加银公司已将1亿元款转入国海证券公司账户,履行了债券认购协议约定的认购义务。

本案争议焦点为:一、本案应否中止审理或驳回起诉;二、中银山东分公司应否承担保证保险赔偿责任。

关于焦点一,本案应否中止审理或驳回起诉。《最高人民法院关于在审理经济纠纷案件中涉及经济犯罪嫌疑若干问题的规定》第十一条规定:"人民法院作为经济纠纷受理的案件,经审理认为不属经济纠纷案件而有经济犯罪嫌疑的,应当裁定驳回起诉,将有关材料移送公安机关或检察机关。"从该规定来看,驳回起诉将有关材料移送公安机关或检察机关需要具备两个条件,一是经法院审理认为不属于经济纠纷案件,二是有经济犯罪嫌疑。根据现有查明事实,没有任何证据显示本案原告民生加银公司或受托核保的民生银行济南分行涉嫌伪造中银山东分公司印章,本案应属于经济纠纷。《全国法院民商事审判工作会议纪要》第四十一条规定:"司法实践中,有些公司有意刻制两套甚至多套公章,有的法定代表人或者代理人甚至私刻公章,订立合同时恶意加盖非备案的公章或者假公章,发生纠纷后法人以加盖的是假公章为由否定合同效力的情形并不鲜见。人民法院在审理案件时,应当主要审查签约人于盖章之时有无代表权或者代理权,从而根据代表或者代理的相关规则来确定合同的效力。"综上,虽然公安机关已经对伪造中银山东分公司印章案立案侦查,但不影响本案民事法律关系的审理和认定。中银山东分公司关于本案应中止审理或驳回起诉的主张,本院不予支持。

关于焦点二,中银山东分公司应否承担保证保险赔偿责任。对此,本院认为,第一,原中银山东分公司工作人员马某(现在中银上海分公司工作)在接受公安机关询问时,称就案涉保单条款、责任要求等曾进行多次的磋商修改,最后由马某在中银保险公司承保业务审批系统中向总公司提交了案涉保险的业务审核。该业务在审批系统中提交至中银总公司,说明已经经过了中银山东分公司的审核,鉴于双方就案涉保险曾有较长时间的接触和商谈,民生加银公司对案涉保险具有一定的信赖基础。第二,受民生资产公司委托,民生银行济南分行工作人员孙某、郭某前往中银山东分公司办公地点对案涉保单进行核保,在中银山东分公司核保办公室,中银山东分公司工作人员毕某在案涉保单上加盖了印章；受民生加银公司委托，民生银行济南分行工作人员郭某、袁某前往中银山东分公司办公地点对批单进行了核保，在中银山东分公司营业二部副经理王某办公室，王某将批单交付郭某、袁某。第三，中银山东分公司主张孙某、郭某前往中银山东分公司核保时是晚上时间，核保时间不正常。但是，公安机关对中银山东分公司其他员工作的询问笔录显示，对于数额比较大的保险出单，亦存在晚上办理的情况。因此，中银山东分公司以此主张被保险人核保没有尽到谨慎注意义务，理由不成立。第四，中银山东分公司主张原告认购私募债真实目的是协助民生银行济南分行处理不良资产，原告具有恶意。对此，中银山东分公司未提交有效证据证实，而且民生加银公司认购私募债的目的与本案保证保险并非同一法律关系，在没有有效证据证实本案原告参与伪造中银山东分公司印章或者恶意串通伪造保险单的情况下，本院对中银山东分公司该主张，不予采信。

综上，案涉保险单中的印章系在中银山东分公司核保办公室内，由中银山东分公司工作人员加盖，保险单及批单亦是由中银山东分公司工作人员在中银山东分公司办公场所交至核保人员手中。本院认为，作为本案的被保险人在核保中已经尽到谨慎注意的义务，即使本案争议的印章系虚假的，也与中银山东分公司规章制度不健全、用人失察、对工作人员监管不力有着直接的关系，民生加银公司有理由相信中银山东分公司工作人员在核保室内加盖的印章系中银山东分公司真实的印章，亦有理由相信王某、毕某加盖印章、交付保险单及批单的行为系代表中银山东分公司。故本案保险单、批单产生的法律后果应由中银山东分公司承担。中银山东分公司主张本案所涉的保险单、批单系虚假的，其不应承担保险责任的答辩意见，本院不予支持。

保险单约定民生加银公司为保险单的被保险人，根据《中华人民共和国保险法》的规定，民生加银公司有权主张因保险单而产生的保险金，其在本案中具有原告的主体资格。中银山东分公司主张民生加银公司不具有本案原告主体资格的答辩意见，于法无据，本院不予采信。

案涉保险单约定投保人莱芜信通公司未能按照基础合同的约定按时兑

付任何一期债券本金或利息或发生任一基础合同约定的违约情形（视为保险事故发生），导致被保险人民生加银公司投资未能按期足额收回，被保险人即有权立即按照保险单、后附保险条款及本约定向保险人中银公司索赔，而不论基础合同项下是否存在其他担保。本案所涉的债券到期后，莱芜信通公司未能按约兑付，根据保险单的约定，视为保险事故发生，民生加银公司有权依据保险单的约定向中银山东分公司主张保险理赔金。

中银山东分公司辩称民生加银公司主张逾期利息没有依据。经查，案涉债券认购协议约定"本期私募债采用单利按季计息，不计复利，每年付息四次，逾期不另计利息。到期一次性还本，最后一期利息随本金一期支付"，此处的逾期不另计利息应理解为不计复利。中银山东分公司该答辩意见不能成立。民生加银公司主张中银山东分公司赔偿债券认购款1亿元及按照债券认购协议中约定的利率标准自欠息之日计算至付清之日的利息，符合法律规定，本院予以支持。

问题 49：因"假按揭"被法院确认购房合同无效，银行应当向谁主张权益

问题难度：★★

问题解答：

"假按揭"是银行在信贷业务中重点防范的违法行为，对银行的损害极大。"假按揭"一般是开发商与虚假购房人合谋的行为，也有的是开发商与银行内部工作人员合谋的行为。

如果银行发现"假按揭"，应当主张解除合同，要求借款人返还本金及相应利息，同时，要求开发商承担连带清偿责任。由于开发商对"假按揭"的出现负有主要责任，所以开发商的责任不限于阶段性保证责任，而是对债务承担"全程"的连带清偿责任。

信贷管理建议：

关于"假按揭"的处理，建议要分两种情况制订不同的处置方案。

如果是开发商与虚假购房人的行为，应当积极主张合同解除，主动提起诉讼。必要时，可以采取民刑结合的方式，在提起民事诉讼的同时，以涉嫌贷款诈骗罪或骗取贷款罪向公安机关报案，用刑事手段迫使骗贷人早日归还银行贷款。通过"假按揭"融资的开发商，资金链较为紧张，如果诉讼维权不及时，很可能出现"胜诉但没有财产可供执行"的情况。

如果是银行工作人员内外勾结的行为，同样可以采取上述处置方案。但是，由于银行工作人员很可能会构成违法发放贷款罪，同时，银行因发生"案件"可能面临监管部门和上级管理机构的问责，并形成声誉风险。因此，当银行采取处置方案时，要将主动报案、积极行动的全流程形成会议纪要和工作档案，作为日后免责或减轻责任的证据资料。

第五章 不良贷款诉讼阶段的法律问题

法条链接：

民法典第一百五十四条 行为人与相对人恶意串通，损害他人合法权益的民事法律行为无效。

民法典第五百六十三条 有下列情形之一的，当事人可以解除合同：（一）因不可抗力致使不能实现合同目的。（二）在履行期限届满前，当事人一方明确表示或者以自己的行为表明不履行主要债务。（三）当事人一方迟延履行主要债务，经催告后在合理期限内仍未履行。（四）当事人一方迟延履行债务或者有其他违约行为致使不能实现合同目的。（五）法律规定的其他情形。

（已废止：合同法第五十二条 有下列情形之的，合同无效：（一）一方以欺诈、胁迫的手段订立合同，损害国家利益；（二）恶意串通，损害国家、集体或者第三人利益；（三）以合法形式掩盖非法目的；（四）损害社会公共利益；（五）违反法律、行政法规的强制性规定。合同法第九十四条 有下列情形之一的，当事人可以解除合同：（一）因不可抗力致使不能实现合同目的；（二）在履行期限届满之前，当事人一方明确表示或者以自己的行为表明不履行主要债务；（三）当事人一方迟延履行主要债务，经催告后在合理期限内仍未履行；（四）当事人一方迟延履行债务或者有其他违约行为致使不能实现合同目的;（五）法律规定的其他情形。）

民法典第五百六十六条 合同解除后，尚未履行的，终止履行；已经履行的，根据履行情况和合同性质，当事人可以请求恢复原状或者采取其他补救措施，并有权请求赔偿损失。合同因违约解除的，解除权人可以请求违约方承担违约责任，但是当事人另有约定的除外。主合同解除后，担保人对债务人应当承担的民事责任仍应当承担担保责任，但是担保合同另有约定的除外。

（已废止：担保法解释第十条 主合同解除后，担保人对债务人应当承担的民事责任仍应承担担保责任。但是，担保合同另有约定的除外。）

案例分享：

中国光大银行股份有限公司上海青浦支行诉上海东鹤房地产有限公司、陈某保证合同纠纷案（最高院公报案例）

2007年8月29日，光大银行与被告陈某、东鹤公司签订《个人贷款合同（抵押、保证）》一份，约定陈某向光大银行借款37万元，用于购房。陈某以坐落于上海市青浦区鹤如路××弄××号××房屋作为抵押物提供担保。合同签订后，光大银行和陈某于2007年9月12日办理抵押物登记手续，光大银行于同日发放贷款。

2010年12月28日，上海市青浦区人民法院受理陈某诉东鹤公司商品房预售合同纠纷案。审理中，光大银行作为第三人参加诉讼。上海市青浦区人民法院在审理该案中认为，陈某和东鹤公司通过签订商品房预售合同的合法形式，掩盖了东鹤公司获得银行贷款的非法目的，该行为损害了他人的利益，故合同无效。因商品房预售合同被确认无效，贷款合同的目的已无法实现，故该贷款合同应一并予以解除。据此上海市青浦区人民法院做出（2011）青民三（民）初字第79号民事判决，判决合同无效；陈某归还光大银行借款本金355 672.35元及截至2011年3月29日的利息。陈思绮不服该判决提起上诉，上海市第二中级人民法院做出（2011）沪二中民二（民）终字第1370号民事判决，驳回上诉，维持原判。

上述判决生效后，陈某未按期足额履行。光大银行作为原告提起诉讼要求东鹤公司对陈某未履行的部分承担连带清偿责任。法院认为，根据最高人民法院《关于适用〈中华人民共和国担保法〉若干问题的解释》第十条的规定，东鹤公司提供阶段性连带保证的主合同为系争贷款合同，现主合同虽被解除，在东鹤公司与光大银行未在保证合同中另有约定的情况下，保证人东鹤公司仍应对债务人的相关民事责任承担连带清偿的保证责任。而所谓阶段性连带保证，其本意就是让房产开发商为借款人在该阶段内（贷款合同签署之日起至抵押有效设定，相关权利证明文件交付银行执管之日止）向银行履行还款义务提供保证，亦为银行获得安全的房屋抵押担保的等待过程提供保证。一旦房屋抵押设定成功，该阶段性保证的任务完成，即阶段性保证期限届满之时即是银行获得借款人的房屋抵押担保之时。本案抵押预告登记在未变更为抵押权设立登记之前,根据物权法定原则,光大银行就抵押房屋处分并优先受偿的权利在行使要件上有所欠缺,即东鹤公司提供的阶段性连带保证的期限届满条件未成就。且该期限届满条件的未成就并非光大银行造成,而是东鹤公司与被上诉人陈某恶意串通,以商品房买卖为名,行东鹤公司融资之实,损害了光大银行的利益,危及银行贷款安全,陈某与东鹤公司具有明显过错。因此,东鹤公司应对陈某因贷款合同所产生的所有债务承担连带清偿责任。

问题 50：银行的抵押物被强制拆迁后，银行是否可以要求拆迁人赔偿

问题难度：★★

问题解答：

在城镇化建设的大潮下，银行经常面临抵押物被拆迁的困境。如果抵押人积极配合，与银行协商一致，则银行权益有保障。现实生活中，大多数抵押人没有积极配合的意愿，反而会采取隐瞒拆迁事实，转移拆迁款的做法。现行法律仅规定了抵押人有义务书面通知拆迁人，而对于拆迁人和抵押权人的职责边界和承担义务方式没有明确规定，因此，导致实务中发生一些拆迁款被转移，抵押权人权益受损的案例。

在最高院的判例中，最高院依据侵权责任法关于一般侵权的规定，判定拆迁人承担侵权赔偿责任，这是目前最有利于银行维权的判例（详见案例分享）。笔者亲历了案件的办理过程，该案件历时 6 年，经历了多次开庭审理，最终在最高院再审期间得到支持，实属不易。

最新发布并实施的《最高人民法院关于适用〈中华人民共和国民法典〉有关担保制度的解释》第四十二条也对此问题做出了明确的规定，作为债权人的银行，可以分三步进行维权：第一步，银行可以就抵押物的补偿金向抵押物所有权人主张权利，要求在优先受偿权范围内受偿；第二步，银行可以就抵押物的补偿金向给付义务人（拆迁方）主张权利，要求在优先受偿权范围内受偿；第三步，如果给付义务人（拆迁方）在接收到银行通知后仍然向原所有权人支付，银行可以对给付义务人（拆迁方）提起诉讼。

信贷管理建议：

当抵押物面临拆迁时，银行应当分阶段采取不同措施。

首先，在日常贷后检查中，银行应当建立"拆迁信息报送机制"，各机构根据所在辖区分别负责拆迁信息报送，并由总行汇总发布拆迁信息，各经营单位及时掌握最新的拆迁信息。

其次，银行在得知拆迁信息后，应当主动与抵押人协商。如协商一致，将书面的协商意见书送达拆迁人。如协商不一致，要果断提起诉讼并申请财产保全。银行查封拆迁房产后，要积极与拆迁人联系，争取优先受偿并领取拆迁款。实务中，有的拆迁人也会主动联系抵押权人征求意见。

再次，当抵押物已被拆迁或拆迁款已被转移，银行可以向借款人和抵押人主张债权，同时，根据侵权责任法关于一般侵权的规定向拆迁人主张侵权赔偿责任。

最后，在现有法律对拆迁人和抵押权人义务分配没有明确规定的情况下，银行应当积极主动主张权利，并且保留主张权利的相关证据，包括正式的告知函、现场主张权利的录音录像、诉讼和财产保全文书等。

法条链接：

民法典第三百九十条　担保期间，担保财产毁损、灭失或者被征收等，担保物权人可以就获得的保险金、赔偿金或者补偿金等优先受偿。被担保债权的履行期限未届满的，也可以提存该保险金、赔偿金或者补偿金等。

（已废止：物权法第一百七十四条　担保期间，担保财产毁损、灭失或者被征收等，担保物权人可以就获得的保险金、赔偿金或者补偿金等优先受偿。被担保债权的履行期未届满的，也可以提存该保险金、赔偿金或者补偿金等。）

民法典第一千一百六十五条　行为人因过错侵害他人民事权益造成损害的，应当承担侵权责任。依照法律规定推定行为人有过错，其不能证明自己没有过错的，应当承担侵权责任。

（已废止：《中华人民共和国侵权责任法》第六条　行为人因过错侵害他人民事权益，应当承担侵权责任。）

《最高人民法院关于适用〈中华人民共和国民法典〉有关担保制度的解释》第四十二条　抵押权依法设立后，抵押财产毁损、灭失或者被征收等，抵押权人请求按照原抵押权的顺位就保险金、赔偿金或者补偿金等优先受偿的，人民法院应予支持。

给付义务人已经向抵押人给付了保险金、赔偿金或者补偿金，抵押权人请求给付义务人向其给付保险金、赔偿金或者补偿金的，人民法院不予支持，但是给付义务人接到抵押权人要求向其给付的通知后仍然向抵押人给付的除外。

抵押权人请求给付义务人向其给付保险金、赔偿金或者补偿金的，人民法院可以通知抵押人作为第三人参加诉讼。

《城市房地产抵押管理办法》第三十八条　因国家建设需要，将已设定抵押权的房地产列入拆迁范围的，抵押人应当及时书面通知抵押权人；抵押双方可以重新设定抵押房地产，也可以依法清理债权债务，解除抵押合同。

《城市房地产抵押管理办法》第五十一条　因国家建设需要，将已设定抵押权的房地产列入拆迁范围时，抵押人违反前述第三十八条的规定，不依法清理债务，也不重新设定抵押房地产的，抵押权人可以向人民法院提起诉讼。

案例分享：

包头农村商业银行股份有限公司诉土默特右旗人民政府、土默特右旗城镇管理执法大队侵权责任纠纷案（人民法院案例选〔2016 年第 6 辑〕）

（一）案例基本情况

2007 年 12 月 23 日，包头市九原区福利制镜有限责任公司（以下简称福利公司）向包头农村商业银行股份有限公司（以下简称包头农村商业银行）借款 650 万元，约定还款期限为 2009 年 11 月 10 日。同时，包头农村商业银行与包头市晶星玻璃有限公司（以下简称晶星公司）签订了抵押合同，约定由晶星公司以其机器设备作为抵押物，承担连带保证责任。2008 年 4 月 15 日，晶星公司以本公司土地和房产等不动产为抵押向包头农村商业银行借款 980 万元，约定还款期限为 2009 年 4 月 10 日。2009 年 4 月 8 日，包头农村商业银行批准延期至 2009 年 11 月 10 日。

2009年5月,涉案借款合同及抵押合同中抵押清单所列的抵押物被纳入土默特右旗人民政府(以下简称土右旗政府)发布通告的建设用地拆迁范围。

2009年5月25日,包头市若愚房地产评估公司(以下简称若愚评估公司)受土默特右旗城镇管理执法大队(以下简称城管大队)以及晶星公司委托对涉案综合商业楼价值评定估算为人民币5 939 643元。2009年6月1日,城管大队与晶星公司就商业楼拆迁达成晶星玻璃厂拆迁补偿协议书,约定拆迁补偿费总额为人民币5 939 643元。2009年6月8日,土右旗财政集中收付中心将拆迁补偿款5 939 643元转到晶星公司在包头市南郊新城农村信用合作社尹六窑子分社开户的账内。

2009年6月15日,包头市金鹿资产评估事务所(以下简称金鹿评估事务所)对晶星公司其他的拟拆迁房地产、机器设备拆迁以及停业的相关损失评定估算为人民币4 631万元。2009年8月6日,依据金鹿评估事务所的评估报告,城管大队与晶星公司签订玻璃厂拆迁补偿协议,其中约定:各项拆迁补偿费共计32 381 217元,其中:机器设备拆除报废损失计1 151万元;库存产成品玻璃496 849m²,价值649万元,按评估结果给予10%的搬迁及损耗补偿65万元。双方同时约定,晶星公司若未按照协议约定期限拆除,城管大队有权强制搬迁拆除,并从剩余30%拆迁补偿费中扣除50万元作为强制拆除费用。

2009年8月11日,土右旗财政集中收付中心将以上部分拆迁补偿款23 947 023元转到晶星公司的账内。

2009年8月6日,城管大队与晶星公司签订《玻璃厂商业楼拆迁补偿补充协议》,约定给予晶星公司拆迁补助费、停业停产损失费、提前搬迁奖励费等政策性补偿共计1 277 023元。

2009年8月12日,包头农村商业银行向城管大队和土右旗政府出具告知书,要求对拆迁补偿款优先受偿。同时,包头农村商业银行以借款合同纠纷,将福利公司以及晶星公司诉至包头市中级人民法院,并于同日提出财产保全申请。2009年8月13日,包头市中级人民法院做出〔2009〕包立一保字第36号民事裁定:冻结或查封晶星公司7 213 499元的拆迁补偿款或相应价值的财产。同时作出〔2009〕包立一保字第 37 号民事裁定：冻结或查封晶星公司 9 898 328 元的拆迁补偿款或相应价值的财产。2009 年 8 月 20 日，土右旗政府以法院查封的车间、厂房和库房所有权已经发生转移为由提出保全异议。2009 年 8 月 31 日，包头市中级人民法院做出〔2009〕包立一保字第 36-1 号民事裁定：解除对晶星公司的车间、厂房和库房的查封，对机器设备和玻璃产成品未予解封。

2009 年 8 月 21 日，包头市中级人民法院做出〔2009〕包立民初字第 13 号民事调解书，约定福利公司欠包头农村商业银行贷款本息截至 2009 年 8 月 18 日所产生的利息共计 7 256 810.60 元，晶星公司自愿承担所有债务，并于 2009 年 11 月 10 日前全部付清。同日，作出〔2009〕包立民初字第 14 号民事调解书，约定晶星公司欠包头农村商业银行贷款本金及利息 9 928 040.50 元，晶星公司于 2009 年 9 月 24 日前付 970 万元，剩余款项 228 040.50 元于 2009 年 11 月 10 日前付清。2009 年 9 月 8 日，包头市中级人民法院向土右旗人民政府送达的〔2009〕包立一保字第 36 号协助执行通知书，要求将已冻结的拆迁补偿款存入法院指定账户，2009 年 9 月 28 日，土右旗政府按照协助执行通知约定，向包头市中级人民法院指定账户支付剩余拆迁补偿款 9 211 217 元。因晶星公司未在 2009 年 9 月 10 日前拆除完毕其余全部建筑及设备，城管大队自认依据玻璃厂拆迁补偿协议扣除 50 万元强制拆迁费用。因被执行人没有可供执行的财产，包头市中级人民法院做出〔2009〕包法执字第 138、第 139 号民事裁定终结本次执行程序。

2010 年 6 月 7 日，一审原告包头农村商业银行起诉至包头市中级人民法院称，抵押物被列入城镇改造建设拆迁范围，土右旗政府、城管大队将包头农村商业银行应优先受偿的补偿费以协议方式付给借款人，致使包头农村商业银行抵押权无法实现，贷款无法收回。后经包头市中级人民法院依法执行借款人 921 万元，余欠本息 1 085 万元未受偿。土右旗政府、城管大队依法应承担侵权损害赔偿责任。请求判令赔偿补偿费 1 085 万元。

（二）裁判结果

包头市中级人民法院于 2012 年 12 月 5 日作出〔2012〕包民三初字第 1 号民事判决：一、土默特右旗城镇管理执法大队及土默特右旗人民政府共同赔偿包头农村商业银行股份有限公司损失 1 938 184.06 元，于该判决发生法律效力后 15 日内付清；二，驳回包头农村商业银行股份有限公司的其他诉讼请求。

内蒙古自治区高级人民法院于 2013 年 7 月 29 日作出〔2013〕内商终字第 31 号民事判决：一、撤销内蒙古自治区包头市中级人民法院〔2012〕包民三初字第 1 号民事判决；二、由土默特右旗城镇管理执法大队及土默特右旗人民政府共同向包头农村商业银行股份有限公司赔偿 7 973 643.10 元，并于本判决生效后 10 日内支付，逾期将按《民事诉讼法》第二百五十三条之规定加倍支付迟延履行期间的债务利息；三、驳回包头农村商业银行股份有限公司的其他诉讼请求。

内蒙古自治区高级人民法院于 2015 年 6 月 3 日作出〔2014〕内民再二字第 00019 号民事判决：一、撤销该院〔2013〕内商终字第 31 号民事判决和包头市中级人民法院〔2012〕包民三初字第 1 号民事判决；二、土默特右旗城镇管理执法大队及土默特右旗人民政府于本判决生效后 10 日内赔偿包头农村商业银行股份有限公司 7 973 634.10 元；三、驳回包头农村商业银行股份有限公司的其他诉讼请求。

法院生效裁判认为：第一，福利公司、晶星公司向包头农村商业银行借款，并以涉案房产、机器设备等设定抵押，包头农村商业银行对晶星公司的房产、机器设备等享有抵押权，若债务到期未获清偿，在抵押房产拆迁时，包头农村商业银行依法对房产、机器设备的拆迁补偿款优先受偿。因房产拆迁时债权履行期尚未届满，可将拆迁款先予提存。现抵押房产已灭失，该房产的拆迁款亦未提存，所担保的债权无法得到充分的担保，包头农村商业银行的抵押权已受到侵害。第二，拆迁房屋已设定抵押，土右旗政府、城管大队未能向抵押权人告知拆迁情况和将补偿款向公证机关提存，而将拆迁款直接支付给抵押人，致使包头农村商业银行丧失了主张抵押权或要求提存补偿款的机会，最终导致包头农村商业银行的优先受偿权受损。据此，认定土右旗政府、城管大队在拆迁过程中，未尽到必要的、合理的注意义务，对包头农村商业银行的损失存在过错，应承担侵权赔偿责任。因晶星公司无其他财产可供执行，土右旗政府、城管大队的赔偿责任应以包头农村商业银行未能从抵押人处获偿的部分 7 973 634 元为限。

关于土右旗政府、城管大队主张包头农村商业银行存在怠于行使权利的行为和事实缺乏证据证实。另外，包头农村商业银行认为因土右旗政府、城管大队的侵权行为导致其无法实现抵押权，请求权基础为侵权，与其同福利公司、晶星公司的借款合同纠纷诉请对象不同，包头农村商业银行对于本案有合法诉权。

（三）案例评析

本案争议的焦点为：（1）土右旗政府、城管大队应否承担侵权赔偿责任；（2）包头农村商业银行是否怠于行使权利；（3）本案是否涉及一案两诉。

1. 关于土右旗政府、城管大队应否承担侵权赔偿责任的问题。第一，抵押权设定的目的是作为债务履行的担保，以确保债权的实现。在债权已届履行期满而债务人未履行时，抵押权人有权从依法处理抵押物获得的变价款中优先受偿，抵押权及其所担保的债权能否最终实现，很大程度上取决于抵押物的价值。故担保法第五十一条第一款所规定的抵押期间抵押物价值减少时，抵押权人有权要求抵押人恢复抵押物的价值，或者提供与减少的价值相当的担保，即是确定了抵押人维持抵押物价值稳定的义务。同时，物权法第一百七十四条还规定，若抵押期间抵押物灭失的，抵押权人可以就获得的补偿金等优先受偿，被担保债权的履行期未届满的，也可以提存该补偿金。这也是通过赋予抵押权人物上代位权，在抵押物的形态或性质上发生变化时，使抵押权的效力及于抵押物的代位物而维持抵押物的价值。本案中，福利公司、晶星公司向包头农村商业银行借款，并以涉案房产、机器设备等设定抵押，包头农村商业银行对晶星公司的房产、机器设备等享有抵押权，若债务到期未获清偿，在抵押房产拆迁时，包头农村商业银行依法对房产、机器设备的补偿款优先受偿。因房产拆迁时债权履行期尚未届满，可将拆迁款先予提存。现抵押房产已灭失，该房产的补偿款亦未提存，所担保的债权无法得到充分的担保，包头农村商业银行的抵押权已受到侵害。第二，因拆迁行为将导致被拆迁房屋权利状态的根本变化，而且，现实中，抵押人一般不会主动向抵押权人履行通知义务，因为抵押人并不会因为履行通知义务减轻自己的债务负担，反而常常会在不通知抵押权人的情况下，独自获得拆迁补偿款，逃避抵押责任。故土右旗政府、城管大队作为实际实施拆迁行为的民事主体，在拆迁实施前应查明房屋所有权人，同时还应当对房屋是否设定抵押以及拆迁是否会损害抵押权人利益负有必要的注意和审查义务，包括通过房产交易机构查询房屋权属及是否设定抵押，并在此基础上根据产权人提交的产权证作进一步核实，由此得以避免房屋产权证未能反映抵押设定情况而所有权人故意不告知所带来的抵押权人利益受损的风险。如查明被拆迁房屋上确实设定抵押，拆迁人应将拆迁事项告知抵押权人，并当被拆迁人与抵押权人就所担保债权的处理协商一致后，将补偿款支付给被拆迁人，若未能协商一致的，拆迁人应将补偿款向公证机关提存。本案中，城管大队、土右旗政府未能在拆迁前通过相关职能部门查明拆迁房屋已设定抵押，未能向抵押权人告知拆迁情况和将补偿款向公证机关提存，而将拆迁款直接支付给抵押人，致使包头农村商业银行丧失了主张抵押权或要求提存补偿款的机会，最终导致包头农村商业银行的优先受偿权受损。据此，认定土右旗政府、城管大队在拆迁过程中，未尽到必要的、合理的注意义务，对包头农村商业银行的损失存在过错。依照《侵权责任法》第六条第一款"行为人因过错侵害他人民事权益，应当承担侵权责任"的规定，应承担侵权赔偿责任。

2. 关于责任承担的方式问题。包头农村商业银行主张其抵押权受损，如抵押人仍有其他可供清偿的财产时，抵押人作为当然的赔偿责任人，应先行承担赔偿责任。包头市中级人民法院〔2009〕包立民初字第13、14号民事调解书确认晶星公司欠包头农村商业银行贷款本息为7 256 810.60元和9 928 040.50元，共计17 184 851.10元，已向晶星公司实际执行9 211 217元，尚未执行7 973 634元。因晶星公司无其他财产可供执行，土右旗政府、城管大队的赔偿责任应以包头农村商业银行未能从抵押人处获偿的部分为限。土右旗政府、城管大队在履行了判决确定的义务后，依法享有追偿的权利。

3. 关于包头农村商业银行是否存在怠于行使权利的问题。第一，土右旗政府、城管大队发布通知的对象系被拆迁人，并非向社会发布。既没有证据证明土右旗政府、城管大队或被拆迁人向包头农村商业银行就拆迁事项履行了告知义务，也没有证据证明包头农村商业银行明知或应当知道抵押物被拆迁。第二，包头农村商业银行于2009年8月11日得知后，于8月12日向土右旗政府出具告知书，要求优先受偿；并于同日提起诉讼，申请财产保全。上述系列行为表明包头农村商业银行的行为是积极的。第三，关于未变卖处分机器设备残值应否视为未积极行使债权。首先，依照物权法第一百七十四条的规定，担保期间，担保财产毁损、灭失或者被征收等，担保物权人可以就获得的保险金、赔偿金或者补偿金优先受偿。福利公司以晶星公司的机器设备作为抵押向包头农村商业银行借款650万元，按照《玻璃厂拆迁补偿协议》，晶星公司所有机器设备共获得补偿款1 216万元，该数额足以偿还晶星公司应偿还的债务，是土右旗政府、城管大队支付不当造成包头农村商业银行优先受偿权受损。其次，因包头农村商业银行已就借款合同纠纷向人民法院提起诉讼，并申请财产保全，包头农村商业银行非经法定程序，不得自行处分抵押物实现其抵押权，结果是因无其他可供执行财产而由法院裁定终结执行，不是归责于包头农村商业银行的原因。综上，认为包头农村商业银行存在怠于行使权利的行为和事实缺乏证据证实，故对土右旗政府、城管大队的主张不予支持。

关于本案是否涉及一案两诉的问题。土右旗政府、城管大队认为，包头农村商业银行作为同一诉讼主体提起与案外人福利公司、晶星公司的借款合同纠纷与本案抵押权纠纷是基于同一债权基础，属"一案两诉"情形。所谓一事是指同一当事人，就同一法律关系，而为同一的诉讼请求。因福利公司、晶星公司存在违约行为，包头农村商业银行基于合同关系起诉福利公司、晶星公司，其债权已得到生效调解书的确认。而本案中，包头农村商业银行认为因土右旗政府、城管大队的侵权行为导致其无法实现抵押权，请求权基础为侵权，诉请对象也不同，不存在竞合关系，因此，包头农村商业银行对于本案有合法诉权。

问题51：担保人代偿后，是否可以向其他担保人追偿

问题难度：★★

问题解答：

银行办理信贷业务时，经常存在多个担保人为同一笔贷款提供担保的情况，有时是多人提供连带保证担保，有时是多人提供连带保证担保并提供物的担保。那么，在担保人对是否可以相互追偿没有明确约定的情况下，当其中部分担保人履行担保责任后，是否可以向其他担保人追偿？

这个问题在实务中一直存在争议，一种观点认为担保人之间不得相互追偿，主要原因是：多个担保人之间的担保是相互独立的，他们并没有共同担保的意思表示，担保人之间相互追偿缺乏法律基础，且相互追偿在程序上费时费力，违反诉讼经济原则。另一种观点认为担保人之间可以追偿，主要原因是：一方面基于公平原则，各担保人共同对同一笔债务承担担保责任，个别担保人代偿后不能向其他担保人追偿违反公平原则；另一方面，"不得追偿"的制度，会鼓励债权人与某一担保人串通、恶意选择其他担保人承担责任而免除其应承担责任的滥用选择权情形发生，明显有违诚实信用原则。

民法典对上述争议问题给出了明确的答案，即：在担保人没有明确约定的情况下，担保人之间不得相互追偿。民法典第三百九十二条和第七百条均规定"担保人承担担保责任后，有权向债务人追偿"，而没有提到"可以向其他担保人追偿"，也就间接明确了担保人不得相互追偿。民法典的这一规定也是对担保法第十二条和担保法解释第二十条的修改。

根据《最高人民法院关于适用〈中华人民共和国民法典〉有关担保制度的解释》（法释〔2020〕28号）第十三条规定，承担了担保责任的担保人请求其他担保人分担向债务人不能追偿部分的，人民法院不予支持，除非以下两种特殊情况：第一种是各担保人之间是连带共同担保，或者虽然

是按份额担保但是约定可以相互追偿；第二种是各担保人在同一份合同书上签字、盖章或者按指印，视为连带共同担保。

信贷管理建议：

基于上述问题的解答，银行在信贷管理中面临的一个棘手问题是：在银行的格式合同中，是否应当约定担保人之间可以相互追偿。如果不约定追偿权，那么在不良贷款清收中各担保人会互相推诿扯皮，尽可能让其他担保人先承担责任，不利于不良贷款的清收工作。如果约定了追偿权，信贷工作人员在清收过程中，可以将追偿权作为与担保人谈判的一项重要工具，用于说服担保人履行担保责任。另外，约定相互追偿权的方式很重要。在各担保人分别签订担保合同的情况下，虽然合同约定了追偿权，但是可能会因没有形成共同意思表示而被法院认定约定无效，则银行工作人员要承担相应的工作失职责任。

笔者的建议是：按照"有利于清收"的原则，在担保合同中约定担保人之间可以相互追偿，同时，为避免合同签订的法律风险，多个连带保证人应当签订一份保证合同。如果是物的担保和人的担保并存导致无法签订一份合同，则单独设计一份"担保确认书"，在"确认书"中明确各担保人的主要担保信息并重点明确"可以相互追偿"。

这里需要特别注意的是：如果银行的格式合同设定为连带共同担保并明确了担保人之间可以相互追偿，那么，银行必须在法定期间（例如，保证期间）内对所有担保人进行追偿，不得遗漏。如果银行仅对个别担保人进行追偿，可能面临其他担保人保证期间届满或者被追偿的担保人在其他未追偿担保人担保额度内免除责任的诉讼风险，详见法条链接"《最高人民法院关于适用〈中华人民共和国民法典〉有关担保制度的解释》第二十九条"的具体规定。

法条链接：

民法典第三百九十二条　被担保的债权既有物的担保又有人的担保的，债务人不履行到期债务或者发生当事人约定的实现担保物权的情形，债权人应当按照约定实现债权；没有约定或者约定不明确，债务人自己提供物的担保的，债权人应当先就该物的担保实现债权；第三人提供物的担保的，债权人可以就物的担保实现债权，也可以请求保证人承担保证责任。提供担保的第三人承担担保责任后，有权向债务人追偿。

民法典第七百条　保证人承担保证责任后，除当事人另有约定外，有权在其承担保证责任的范围内向债务人追偿，享有债权人对债务人的权利，但是不得损害债权人的利益。

《最高人民法院关于适用〈中华人民共和国民法典〉有关担保制度的解释》第十三条　同一债务有两个以上第三人提供担保，担保人之间约定相互追偿及分担份额，承担了担保责任的担保人请求其他担保人按照约定分担份额的，人民法院应予支持；担保人之间约定承担连带共同担保，或者约定相互追偿但是未约定分担份额的，各担保人按照比例分担向债务人不能追偿的部分。同一债务有两个以上第三人提供担保，担保人之间未对相互追偿作出约定且未约定承担连带共同担保，但是各担保人在同一份合同书上签字、盖章或者按指印，承担了担保责任的担保人请求其他担保人按照比例分担向债务人不能追偿部分的，人民法院应予支持。除前两款规定的情形外，承担了担保责任的担保人请求其他担保人分担向债务人不能追偿部分的，人民法院不予支持。

《最高人民法院关于适用〈中华人民共和国民法典〉有关担保制度的解释》第二十九条　同一债务有两个以上保证人，债权人以其已经在保证期间内依法向部分保证人行使权利为由，主张已经在保证期间内向其他保证人行使权利的，人民法院不予支持。

同一债务有两个以上保证人，保证人之间相互有追偿权，债权人未在保证期间内依法向部分保证人行使权利，导致其他保证人在承担保证责任后丧失追偿权，其他保证人主张在其不能追偿的范围内免除保证责任的，人民法院应予支持。

案例分享：

赵某等与华商智汇传媒股份有限公司追偿权纠纷二审（〔2020〕京 03 民终 1038 号）

2017 年 12 月 1 日，安迈公司（借款人）与贷款银行（贷款人）签订《借款合同》，约定：本合同项下贷款金额为 13 000 000 元，贷款期限为自首次提款日起一年；贷款期限内，第十个月偿还本金 3 000 000 元，第十一个月偿还本金 5 000 000 元，到期结清剩余本金；最后到期日须付清所有利息；资金回笼账户的户名为安迈公司，账号尾号 3545。

为担保上述借款，2017 年 11 月 27 日，文化公司（甲方、保证人）与安迈公司（乙方、委托保证人）签订委托保证合同，约定：甲方根据乙方的申请及所附文件资料，同意按照本协议约定条件为乙方向债权人/受益人提供保证担保；甲方同意在本合同约定的保证范围内为乙方在借款合同项下履行合同的义务向债权人/受益人提供连带责任保证；甲方提供保证担保的范围为借款合同项下的本金；保证期间为借款合同约定的主债务履行期限届满之日起两年。

同时，2017 年 11 月 27 日，文化公司（甲方、担保人）、华商公司（乙方、反担保人）、安迈公司（丙方、借款人）签订信用反担保合同，约定：为确保甲方的合法权益，乙方愿意以保证的方式为甲方担保提供信用连带责任保证反担保；信用反担保的范围包括委托保证合同中约定的甲方代丙方向债权人/受益人支付的全部款项，包括本金、利息、逾期利息等以及自甲方实际支付代偿之日起全部款项的利息等；乙方的保证期间为本合同签订之日起至甲方在委托保证合同及本合同项下的债权被完全清偿之日为止。

2017 年 11 月 27 日，赵某向文化公司出具无限连带责任承诺函，载明：为确保文化公司的合法权益，我应债务人的请求，愿以我所有的全部财产，以无限连带责任的方式，为文化公司担保提供反担保；我知悉并同意委托保证合同的全部条款，并保证债务人能够按期足额清偿所有债务；我同意对委托保证合同中债务人的所有债务承担无限连带清偿和无限连带赔偿责任；我承担无限连带保证责任期间自本承诺函签订之日起，直至文化公司在委托保证合同及本承诺函项下的债权被完全清偿之日为止。

2017 年 11 月 27 日,徐某向文化公司出具无限连带责任承诺函,载明:为确保文化公司的合法权益,我应债务人的请求,愿以我所有的全部财产,以无限连带责任的方式,为文化公司担保提供反担保;我知悉并同意委托保证合同的全部条款,并保证债务人能够按期足额清偿所有债务;我同意对委托保证合同中债务人的所有债务承担无限连带清偿和无限连带赔偿责任;我承担无限连带保证责任期间自本承诺函签订之日起,直至文化公司在《委托保证合同》及本承诺函项下的债权被完全清偿之日为止。

此后,贷款银行依约向安迈公司发放贷款。3 000 000 元还款期限届满后,华商公司于 2018 年 10 月 17 日将款项转账至文化公司银行账户,摘要显示"系我司代安迈还银行借款,委托北京文担转交北京银行"。此后,文化公司将款项转账至安迈公司与贷款银行约定的资金回笼账户。

审理中,各方确认:文化公司的反担保人除华商公司、赵某、徐某外另有谷某、刘某、冯某、项某,均为连带责任反担保人,各反担保人对外未约定保证份额,对内未约定分担比例。

法院认为,本案争议焦点在于:一、华商公司向文化公司付款 300 万元行为的性质,其是否已经履行担保义务?二、华商公司是否有权向其他担保方追偿?以下分述:

关于焦点一,华商公司向文化公司付款 300 万的行为性质,其是否已经履行担保义务?

保证是指保证人和债权人约定,当债务人不履行债务时,保证人按照约定履行债务或者承担责任的行为。第三人为债务人向债权人提供担保时,可以要求债务人提供反担保。反担保是指为保障债务人之外的担保人将来承担担保责任后对债务人的追偿权的实现而设定的担保。本案中,安迈公司向贷款银行借款,由文化公司承担担保责任,华商公司及赵某、徐某等对文化公司提供反担保。2018 年 10 月 17 日,在安迈公司逾期未还款及文化公司未承担担保责任的情况下,华商公司径自向文化公司转款 300 万元,摘要载明"系我司代北京安迈子公司还银行借款,委托北京文担转交北京银行"。对此赵某、徐某在答辩意见及上诉意见中亦称华商公司此举并非履行担保义务,故其从根本上不具备向其他担保方追偿权利。对此本院认为:反担保人对担保人承担反担保责任的通行程序是先由担保人承担担保责任,然后由担保人向反担保人追偿。在担保人未承担担保责任时,如果担保人向反担保人追偿,则反担保人享有抗辩权。本案中,反担保人华商公司系应债权人及担保人文化公司之要求直接清偿。华商公司直接放弃对文化公司的抗辩权而打款的行为,应视为是放弃其对文化公司应先行承担担保责任的抗辩而径自履行反担保义务?抑或是其基于与债务人之间的其他关系进行付款?本院认为应认定华商公司的转款行为系为履行担保义务。

第一,从法律规定看,反担保人承担反担保责任一般发生在担保人清偿主债务后向反担保人追偿时。但法律并未禁止在担保人尚未清偿主债务时,可以要求反担保人代其向债权人直接清偿。即反担保人对担保人未先予清偿主债务的事实可以行使抗辩权,也可以放弃抗辩权。如其放弃抗辩,但是履行的应该仍然是己方的反担保义务。

第二,从商事活动经济和效率上看,反担保人直接向债权人或担保方清偿的动线相较于由担保人向债权人偿还,再由担保人向反担保人追偿,减少了偿债环节;同时,还可能会减少因延期偿还主债务产生的利息负担或其他损失。故此举非但不会对其他反担保人利益造成损害,相反可能减少债务的负担。

第三,反担保人实际是债务人设立的为担保人提供担保的担保人。当债务人不能清偿债务时,反担保人应担保人之要求,积极地向债权人偿债的行为,也体现了诚信的意识。

综上所述,在华商公司与文化公司签有反担保合同的前提下,华商公司向文化公司转款并注明由其代交贷款银行的行为,应视为担保人向债权人履行了担保责任,并从反担保人处得到了追偿。

关于焦点二,华商公司是否有权向其他担保方追偿?

关于担保人之间是否能够相互追偿的问题,我国法律规定经历了一个演变的过程。

1995年出台的《中华人民共和国担保法》第十二条规定,同一债务有两个以上保证人的,保证人应当按照保证合同约定的保证份额,承担保证责任。没有约定保证份额的，保证人承担连带责任，债权人可以要求任何一个保证人承担全部保证责任，保证人都负有担保全部债权实现的义务。已经承担保证责任的保证人，有权向债务人追偿，或者要求承担连带责任的其他保证人清偿其应当承担的份额。该条文对两人以上保证（即相同性质的共同担保）作出释义，即在无约定之情形下，赋予承担保证责任的保证人享有对债务人的追偿权以及要求其他保证人承担相应份额的权利。

2000年出台的最高人民法院关于适用《中华人民共和国担保法》若干问题的解释第三十八条第一款规定，同一债权既有保证又有第三人提供物的担保的，债权人可以请求保证人或者物的担保人承担担保责任。当事人对保证担保的范围或者物的担保的范围没有约定或者约定不明的，承担了担保责任的担保人，可以向债务人追偿，也可以要求其他担保人清偿其应当分担的份额。对此，最高院又赋予承担了担保责任的担保人享有选择追偿债务人或其他担保人的权利。

2007年出台生效的物权法第一百七十六条规定，被担保的债权既有物的担保又有人的担保的，债务人不履行到期债务或者发生当事人约定的实现担保物权的情形，债权人应当按照约定实现债权；没有约定或者约定不明确，债务人自己提供物的担保的，债权人应当先就该物的担保实现债权；第三人提供物的担保的，债权人可以就物的担保实现债权，也可以要求保证人承担保证责任。提供担保的第三人承担担保责任后，有权向债务人追偿。可以看出，物权法赋予了混合担保中担保人承担担保责任后，有权向债务人追偿的权利，至于担保人能否向其他担保责任人追偿问题，物权法并未作明确规定，而对于相同性质的担保人之间的相互追偿问题，物权法其实并未做出规定。

根据新法优于旧法的原理，担保法及其司法解释中，有关担保人之间可以相互追偿的规定因与物权法产生冲突，故不再适用。但各方当事人之间另有约定的除外。故本案中，华商公司在承担担保义务后，仅能向债务人追偿，而无权向其他担保方追偿。理由如下：

第一，从理论上讲，各反担保人之间无合同关系，要求其为债务人提供担保外，另为其他担保人亦提供担保，不符合法理。本案中，华商公司、赵某、徐某等各方反担保人分别出具反担保协议及承诺函，各协议独立，并无各反担保方之间可相互追偿的相关约定，故华商公司承担担保责任后，可向其他担保方追偿缺乏合同依据及理论基础；

第二，违反诉讼经济原则。债务人是最终偿债义务人。在存在多个担保方时，如允许担保方承担担保责任后可相互追偿，可能导致多个相互追偿的诉讼程序发生，最终亦导致更多向债务人的追偿的诉讼。故从诉讼经济原则考虑，不应允许担保人之间享有追偿权；

第三，如上所述，若有多个追偿权案件发生，在存在多个担保方，特别是在保证与担保物权并存的情况下，在确定追偿份额上缺乏可操作性；

第四，基于公平原则考虑。各担保方在设立担保时，对于承担担保责任后只能向债务人进行追偿的规定明确、具体。若允许各担保方在没有约定相互追偿的情况可以相互追偿，则降低了担保人在设立担保方可以预见的风险。

综上，华商公司已经履行担保义务，其可向债务人安迈公司求偿，但其不享有对包括赵某、徐某在内的其他反担保方的追偿权，故其要求向赵某、徐某追偿的本金及利息的诉讼请求缺乏依据，本院不予支持。

第六章

不良贷款执行阶段的法律问题

问题52：银行是否可以申请执行被执行人名下的唯一住房

问题难度：★★

问题解答：

2015年之前，我们一般认为"被执行人名下的唯一住房不得执行"，目的是保护被执行人的居住权。

2015年5月5日《最高人民法院关于人民法院办理执行异议和复议案件若干问题的规定》（法释〔2015〕10号）施行之后，法院执行被执行人名下的唯一住房有了法律依据。银行可以依据该司法解释第二十条的规定申请法院执行唯一住房，具体做法是：申请执行人按照当地廉租住房保障面积标准为被执行人及所扶养家属提供居住房屋，或者同意参照当地房屋租赁市场平均租金标准从该房屋的变价款中扣除五至八年租金，详见"法条链接"。

信贷管理建议：

在信贷业务管理中，银行常见的做法有两种。

第一种做法：严格禁止唯一住房抵押贷款业务。这种做法相对安全保守，但是对于业务发展造成不利影响。从实务的角度来看，"是否唯一住房"的判断时点是执行依据生效后，而非办理贷款时。因此，这种做法看似严谨，实际上并不能有效管理风险。

第二种做法：开放唯一住房抵押办理贷款，但是要求抵押人的亲戚或朋友出具"留宿承诺书"。这种做法的关键要看"留宿承诺书"由谁出具，以及出具什么样的内容。如果是对抵押人负有扶养义务的人出具，且"承诺函"明确了留宿的具体位置，可以在执行阶段作为证据使用。相应地，其他人出具的内容模糊的"留宿承诺书"没有法律意义。

综上，笔者建议采取以下方式办理"唯一住房抵押贷款"业务。

1. 在贷款准入阶段：由抵押人的扶养义务人出具"留宿承诺书"，并明确留宿的具体住所位置信息。扶养义务人包括配偶、父母、子女、兄弟姐妹等近亲属。

狭义的扶养义务主要是指平辈之间的相互扶养，比如夫妻之间、兄弟姐妹之间。广义的扶养义务还包括抚养和赡养，父母对子女有抚养义务，子女对父母有赡养义务。根据"案例分享"中最高院的观点可以看出，《最高人民法院关于人民法院办理执行异议和复议案件若干问题的规定》第二十条第一款第（一）项关于扶养义务人的规定，是指广义的扶养义务。

2. 在强制执行阶段，应当依据《最高人民法院关于人民法院办理执行异议和复议案件若干问题的规定》第二十条的第一款第（一）（二）（三）项规定分三步推进。第一步，按照"留宿承诺书"的内容，要求承诺人为被执行人提供基本居住场所。第二步，在"留宿承诺书"不能履行的情况下，银行要向法院申请查询被执行人名下房产的转让信息，重点查询在执行依据生效后，被执行人是否存在转移房产的行为。第三步，如前两项措施均无法实现，银行向法院出具承担5—8年房租的申请，在承担房租后执行抵押物。

第六章 不良贷款执行阶段的法律问题

法条链接：

《最高人民法院关于人民法院办理执行异议和复议案件若干问题的规定》（法释〔2015〕10号）

第二十条 金钱债权执行中，符合下列情形之一，被执行人以执行标的系本人及所扶养家属维持生活必需的居住房屋为由提出异议的，人民法院不予支持：

（一）对被执行人有扶养义务的人名下有其他能够维持生活必需的居住房屋的。

（二）执行依据生效后，被执行人为逃避债务转让其名下其他房屋的。

（三）申请执行人按照当地廉租住房保障面积标准为被执行人及所扶养家属提供居住房屋，或者同意参照当地房屋租赁市场平均租金标准从该房屋的变价款中扣除五至八年租金的。

执行依据确定被执行人交付居住的房屋，自执行通知送达之日起，已经给予三个月的宽限期，被执行人以该房屋系本人及所扶养家属维持生活的必需品为由提出异议的，人民法院不予支持。

案例分享：

吕某与赵某、夏某等民间借贷纠纷执行裁定书（〔2016〕最高法执监109号）

申诉人吕某不服山东省高级人民法院裁定，向最高院申诉称：（一）申诉人从2009年起诉开始就提供了财产担保，并申请查封了赵某、夏某两人名下的楼房一套，赵某2名下的房产一套。（二）赵某2是赵某1、夏某之子，他的名下是140多平方米的楼房，满足被执行人的居住没有问题，赵某2也是被执行人，中院的裁定没有错。（三）赵某2与李某办假离婚是为了逃避债务。证据是赵海涛、李红玲离婚是在2013年5月29号，但二人于2014年7月2日又生育第三胎。

最高院认为，本案焦点问题为：德州市中级人民法院执行赵某1、夏某名下的房屋是否符合《最高人民法院关于人民法院办理执行异议和复议案件若干问题的规定》第二十条第一款第（一）项的规定。

《最高人民法院关于人民法院办理执行异议和复议案件若干问题的规定》第二十条第一款第（一）项规定，金钱债权执行中，对被执行人有扶养义务的人名下有其他能够维持生活必需的居住住房的，被执行人以执行标的系本人及所扶养家属维持生活所必需的居住住房为由提出异议的，人民法院不予支持。本案中，赵某2系赵某1、夏某之子，对二人有扶养义务。赵某2名下有一套140多平方米的住房，位于德州市经济开发区德宁路金地家园×号楼×单元××××室。在该住房内，除赵某2、李某二人外，还有三个孩子居住，三个孩子年龄尚小。基于上述查明的事实，可以认定本案中作为被执行人扶养义务人的赵某2，名下确有能够维持生活必需的住房。德州市中级人民法院执行赵某1、夏某名下的房屋，符合《最高人民法院关于人民法院办理执行异议和复议案件若干问题的规定》第二十条第一款第（一）项的规定。

山东省高级人民法院在复议裁定中认为，赵某2名下房产尚未进行财产分割，权属不明，能否让赵某1、夏某居住赵某2并没有单方决定权，因此不符合《最高人民法院关于人民法院办理执行异议和复议案件若干问题的规定》第二十条第一款第（一）项的规定。但根据该规定，执行被扶养人的住房，并不以扶养义务人名下的住房将来有可能发生的变化以及扶养义务人及其共同居住人是否同意作为限定条件。

综上，吕某的申诉请求，于法有据，应予支持。

问题 53：夫妻一方对外提供担保，银行是否可以申请执行夫妻共同财产

问题难度：★★

问题解答：

在司法实务中，这个问题曾经存在较大的争议，各地法院的判决结果各异，且最高院在不同时期的判决也有差异。

关于夫妻一方对外提供担保，《最高人民法院民一庭关于夫妻一方对外担保之债能否认定为夫妻共同债务的复函》认为不应当认定为夫妻共同债务，但是，该复函是针对个案的指导，不具有普遍性。一般情况下，夫妻一方对外担保不认定为共同债务，除非有证据证明该债务与夫妻生活密切相关或实际用于夫妻共同生活。

关于夫妻一方对外提供担保，法院在执行程序中是否可以直接对夫妻共同财产进行执行，在 2017 年 2 月 28 日《最高人民法院关于依法妥善审理涉及夫妻债务案件有关问题的通知》（以下简称"通知"）（法〔2017〕48 号）实施之前，没有统一规定，各地法院做法不一。"通知"实施后，"法院未经审判程序，不得要求未举债一方承担民事责任"的裁判规则开始被各地法院适用。

值得注意的是，民法典第一千零六十四条对"夫妻共同债务"做出了明确的规定，该规定关于夫妻债务"共债共签"的精神可以参照适用于"夫妻对外担保"的情形。但是，法律对于民事主体对外担保的构成条件高于自身负债的条件，因此，债权人可以举证证明"为家庭日常生活需要所负的债务"的情形可以认定为夫妻共同债务，却不宜认定为夫妻共同担保。

综上所述，夫妻一方对外提供担保，银行在未经法院审判的情况下，不可以申请执行夫妻共同财产。

信贷管理建议：

从以上分析可以看出，这个问题在司法审判中尚无统一标准。虽然最高法院已经出台了〔2017〕48号司法解释，但是在实际判例中仍然存在不同的判决结果。

通过分析判例，笔者发现审判趋势逐步倾向于"共债共签"原则，且法院要求银行承担更多的举证责任。结合银行信贷业务实际，银行在信贷管理中应当做到如下几点。

首先，对夫妻双方以共有财产设定抵押的，按照"共债共签"原则，必须要求夫妻双方共同签字确认。对于一方提供保证责任的，也要对保证人名下的财产状况的权属进行调查分析，列明保证责任财产范围，以判断保证人的担保能力。

其次，对于担保人是单身的，银行应当要求担保人出具单身承诺书，以证明银行尽到了核实婚姻状况的目的，避免其他民事主体以银行未尽到审查义务为由限制银行的权益。

最后，对于夫妻一方提供担保的业务，应当在贷后检查或业务转办过程中进行"弥补"，尽可能取得夫妻另一方同意的书面证据，至少应当取得另一方"知情"的证据。

法条链接：

民法典 第一千零六十四条 夫妻双方共同签名或者夫妻一方事后追认等共同意思表示所负的债务，以及夫妻一方在婚姻关系存续期间以个人名义为家庭日常生活需要所负的债务，属于夫妻共同债务。

夫妻一方在婚姻关系存续期间以个人名义超出家庭日常生活需要所负的债务，不属于夫妻共同债务；但是，债权人能够证明该债务用于夫妻共同生活、共同生产经营或者基于夫妻双方共同意思表示的除外。

《最高人民法院民一庭关于夫妻一方对外担保之债能否认定为夫妻共同债务的复函》（〔2015〕民一他字第9号）

福建省高级人民法院：

你院（2014）闽民申字第 1715 号《关于再审申请人宋某、叶某与被申请人叶某某及一审被告陈某、李某民间借贷纠纷一案的请示》收悉。经研究答复如下：同意你院审判委员会多数意见，即夫妻一方对外担保之债不应当适用《最高人民法院关于适用〈中华人民共和国婚姻法〉若干问题的解释（二）》第二十四条的规定认定为夫妻共同债务。

《最高人民法院关于依法妥善审理涉及夫妻债务案件有关问题的通知》（法〔2017〕48 号）

第二条 保障未具名举债夫妻一方的诉讼权利。在审理以夫妻一方名义举债的案件中，原则上应当传唤夫妻双方本人和案件其他当事人本人到庭；需要证人出庭做证的，除法定事由外，应当通知证人出庭做证。在庭审中，应当按照《最高人民法院关于适用〈中华人民共和国民事诉讼法〉的解释》的规定，要求有关当事人和证人签署保证书，以保证当事人陈述和证人证言的真实性。未具名举债一方不能提供证据，但能够提供证据线索的，人民法院应当根据当事人的申请进行调查取证；对伪造、隐藏、毁灭证据的要依法予以惩处。未经审判程序，不得要求未举债的夫妻一方承担民事责任。

案例分享：

吴某某、中国建设银行股份有限公司深圳市分行金融借款合同纠纷（〔2019〕粤执复 665 号）

根据深圳仲裁委员会作出裁决书，钟某某应向建行深圳分行赔偿人民币 1 463 515.27 元及相应利息，建行深圳分行对涉案房产享有抵押权，并有权就处置所得价款优先受偿。2019 年 6 月 26 日，深圳中院在京东网司法拍卖网络平台进行网络司法拍卖涉案房产，最终由买受人张某以人民币 1 906 613 元竞得涉案房产。

异议人吴某某与被执行人钟某某为夫妻关系，两人于 1998 年 2 月 23 日登记结婚，于 2004 年 10 月 14 日购买涉案房产，并登记在钟某某一人名下。涉案房产于 2016 年 8 月 31 日办理抵押登记，抵押权人为建行深圳分行。

吴某某不服，提出异议称：涉案房产是异议人和被执行人婚后购买，系夫妻共同财产。法院查封整套涉案房产，并且对整套涉案房产进行拍卖，未保留异议人的份额，侵害了异议人的合法权利。异议人并非诉讼案件的当事人，且未收到过任何法律文书，根据《最高人民法院关于依法妥善审理涉及夫妻债务案件有关问题的通知》第二条规定，未经审判程序，不得要求未举债的夫妻一方承担民事责任。因此申请执行人若申请执行异议人的财产，必须经过审判程序，法院无权直接追加配偶为被执行人，并执行异议人的合法财产。

法院认为，本案的焦点问题是执行法院强制执行深圳市龙岗区 B7 栋钟某某房产（以下简称涉案房产）有无违反有关法律规定。《最高人民法院关于人民法院执行设定抵押的房屋的规定》第一条规定："对于被执行人所有的已经依法设定抵押的房屋，人民法院可以查封，并可以根据抵押权人的申请，依法拍卖、变卖或者抵债。"本案中，涉案房产登记在被执行人钟某某名下，已依法办理抵押登记，且经生效的深圳仲裁委员会〔2018〕深仲裁字第 671 号裁决书确认抵押合法有效，深圳中院查封、拍卖涉案房产，符合上述司法解释的规定。另外，《最高人民法院关于人民法院办理执行异议和复议案件若干问题的规定》第二十七条规定："申请执行人对执行标的依法享有对抗异议人的担保物权等优先受偿权，人民法院对异议人提出的排除执行异议不予支持，但法律、司法解释另有规定的除外。"本案执行依据即深圳仲裁委员会于 2018 年 8 月 15 日作出的〔2018〕深仲裁字第 671 号裁决书确认申请执行人依法可行使抵押权并从处置该抵押物所得的价款中优先受偿，深圳中院对异议人吴某某的执行异议不予支持，并无不妥。

申请人提出的应保留相应份额拍卖款给复议申请人的意见，由于生效仲裁裁决确认申请人中国建设银行股份有限公司深圳市分行对涉案房产整体而非对涉案房产的部分份额享有抵押权，并就处置抵押物所得款项优先受偿，故执行法院以拍卖涉案房产的拍卖款用以清偿被执行人所欠本案债务，并无不妥。

问题 54：银行是否可以执行农村集体土地和农村私房

问题难度：★★★

问题解答：

关于农村集体土地和农村私房是否可以强制执行，可以参照这类资产是否可以设定抵押的法律规定。如果抵押有效，相应就可以执行。如果抵押无效，相应就不能执行。

民法典对此前的法律规定有所调整，民法典实施后具体可以分为以下几类。

1. 通过招标、拍卖、公开协商等方式承包农村土地，经依法登记取得权属证书的，可以抵押并执行。民法典修订了物权法关于"通过招标、拍卖、公开协商等方式承包荒地等农村土地，可以根据相关规定抵押"的内容，明确将"经依法登记取得权属证书"作为前提条件，因此，"确权"成为银行接受此类资产抵押的基本前提条件。

2. 以乡镇、村企业的厂房等建筑物抵押的，其占用范围内的建设用地使用权一并抵押，抵押有效并可以执行。这里需要注意的是：乡镇、村企业的建设用地使用权不得单独抵押。

3. 土地承包经营权可以向金融机构抵押办理贷款，具体操作需要根据当地管理部门的规定进行，银行可以对其申请执行。如当地不属于试点地区或没有相关登记规定，则不能办理抵押。

4. 在国家规定的试点区域内，农村集体经营性建设用地使用权可以办理抵押并执行。试点以外的地区暂不可以办理抵押。

5. 宅基地、自留地、自留山等集体所有的土地使用权不得抵押或强制执行。民法典第三百九十九条取消了对"耕地不得抵押"的规定，为将来盘活农村耕地价值并赋予农民更大自主权提供了法律空间。

6. 农民的住房目前没有明确的政策和法律依据，因此不能为贷款提供抵押，相应不能作为执行财产。

信贷管理建议：

关于农村私房和集体土地抵押或执行的问题，重点需要研究政策和法律规定的变化。根据"法条链接"摘取的部分法律规定可以看出，国家在农村集体经营性建设用地使用权抵押和农户私房抵押等方面的政策较为谨慎，主要原因是我国的农村土地除了经济职能，还承担着维护农村基本稳定甚至国家稳定的社会职能。

《农村集体经营性建设用地使用权抵押贷款管理暂行办法》（银监发〔2016〕26号）延期至2019年12月31日，到期后未明确是否延续。但是，根据2020年5月14日发布的《自然资源部关于加快宅基地和集体建设用地使用权确权登记工作的通知》（自然资发〔2020〕84号）可以看出，当前的主要任务是"确权"。只有"确权"工作全面落实后，才具备全面放开"抵押贷款"的条件，否则容易出现新的纠纷和矛盾。这与民法典第三百四十二条"经依法登记取得权属证书"的立法目的相一致。

从政策表述不难发现，中央关于农村土地承包经营权和农村集体经营性建设用地使用权的表述是"允许设立抵押"，而关于农民住房财产抵押的表述则是"慎重稳妥推进"。

从实际业务开展情况来看，银行对于土地承包经营权和农村集体经营性建设用地使用权抵押贷款的推动力度不足，主要原因是：资产价值不宜评估和资产变现困难。因此，针对这两类资产提供抵押的贷款，银行仅能从政策角度积极支持和响应，并不能从抵押物作为第二还款来源覆盖风险的角度大力推广。在实际信贷业务中，这两类抵押方式仅能起到牵制或威慑抵押人的目的，并不能完全起到抵押物变现并优先受偿的作用。因此，银行大力推广此类业务，首先需要国家对农村土地和住房的"确权"工作取得实质进展，其次需要配套科学的评估方式和公开透明的流转程序。

第六章 不良贷款执行阶段的法律问题

法条链接：

民法典第三百四十二条 通过招标、拍卖、公开协商等方式承包农村土地，经依法登记取得权属证书的，可以依法采取出租、入股、抵押或者其他方式流转土地经营权。

（已废止：物权法第一百三十三条 通过招标、拍卖、公开协商等方式承包荒地等农村土地，依照农村土地承包法等法律和国务院的有关规定，其土地承包经营权可以转让、入股、抵押或者以其他方式流转。）

民法典第三百九十五条 债务人或者第三人有权处分的下列财产可以抵押：（一）建筑物和其他土地附着物；（二）建设用地使用权；（三）海域使用权；（四）生产设备、原材料、半成品、产品；（五）正在建造的建筑物、船舶、航空器；（六）交通运输工具；（七）法律、行政法规未禁止抵押的其他财产。抵押人可以将前款所列财产一并抵押。

（已废止：物权法第一百八十条 债务人或者第三人有权处分的下列财产可以抵押：以招标、拍卖、公开协商等方式取得的荒地等土地承包经营权。）

民法典第三百九十八条 乡镇、村企业的建设用地使用权不得单独抵押。以乡镇、村企业的厂房等建筑物抵押的，其占用范围内的建设用地使用权一并抵押。

（已废止：物权法第一百八十三条 乡镇、村企业的建设用地使用权不得单独抵押。以乡镇、村企业的厂房等建筑物抵押的，其占用范围内的建设用地使用权一并抵押。）

民法典第三百九十九条 下列财产不得抵押：（一）土地所有权；（二）宅基地、自留地、自留山等集体所有土地的使用权，但是法律规定可以抵押的除外；（三）学校、幼儿园、医疗机构等为公益目的成立的非营利法人的教育设施、医疗卫生设施和其他公益设施；（四）所有权、使用权不明或者有争议的财产；（五）依法被查封、扣押、监管的财产；（六）法律、行政法规规定不得抵押的其他财产。

（已废止：物权法第一百八十四条 下列财产不得抵押：（一）土地

所有权；（二）耕地、宅基地、自留地、自留山等集体所有的土地使用权，但法律规定可以抵押的除外）

《农村土地承包法》（2018年修正）第四十七条　承包方可以用承包地的土地经营权向金融机构融资担保，并向发包方备案。受让方通过流转取得的土地经营权，经承包方书面同意并向发包方备案，可以向金融机构融资担保。担保物权自融资担保合同生效时设立。当事人可以向登记机构申请登记；未经登记，不得对抗善意第三人。实现担保物权时，担保物权人有权就土地经营权优先受偿。土地经营权融资担保办法由国务院有关部门规定。

《中共中央国务院关于全面深化农村改革加快推进农业现代化的若干意见》（中发〔2014〕1号）第十七条：完善农村土地承包政策。稳定农村土地承包关系并保持长久不变，在坚持和完善最严格的耕地保护制度前提下，赋予农民对承包地占有、使用、收益、流转及承包经营权抵押、担保权能。在落实农村土地集体所有权的基础上，稳定农户承包权、放活土地经营权，允许承包土地的经营权向金融机构抵押融资。引导和规范农村集体经营性建设用地入市。在符合规划和用途管制的前提下，允许农村集体经营性建设用地出让、租赁、入股，实行与国有土地同等入市、同权同价，加快建立农村集体经营性建设用地产权流转和增值收益分配制度。第十九条　完善农村宅基地管理制度。改革农村宅基地制度，完善农村宅基地分配政策，在保障农户宅基地用益物权前提下，选择若干试点，慎重稳妥推进农民住房财产权抵押、担保、转让。

《农村集体经营性建设用地使用权抵押贷款管理暂行办法》（银监发〔2016〕26号）第四条　农村集体经营性建设用地使用权抵押贷款，是指以农村集体经营性建设用地使用权作为抵押财产，由银行业金融机构向符合条件的借款人发放的在约定期限内还本付息的贷款。农村集体经营性建设用地是指存量农村集体建设用地中，土地利用总体规划和城乡规划确定为工矿仓储、商服等经营性用途的土地。第五条　在符合规划、用途管制、依法取得的前提下，以出让、租赁、作价出资（入股）方式入市的和具备入市条件的农村集体经营性建设用地使用权可以办理抵押贷款。农村集体经营性建设用地使用权抵押的,地上的建筑物应一并抵押。前款所称具备入市条件是指,尚未入市但已经依法进行不动产登记并持有权属证书,符合规划、环保等要求,具备开发利用的基本条件,所有权主体履行集体土地资产决策程序同意抵押,试点县(市、区)政府同意抵押权实现时土地可以入市的情形;尚未入市但改革前依法使用的农村集体经营性建设用地,依法进行不动产登记并持有权属证书,按相关规定办理入市手续,签订土地使用合同,办理变更登记手续的情形。

《中国银保监会办公厅、自然资源部办公厅关于延长农村集体经营性建设用地使用权抵押贷款工作试点期限的通知》(银保监办发〔2019〕27号):《农村集体经营性建设用地使用权抵押贷款管理暂行办法》(银监发〔2016〕26号)有效期延长至2019年12月31日。

《自然资源部关于加快宅基地和集体建设用地使用权确权登记工作的通知》(自然资发〔2020〕84号):根据中央关于2020年底基本完成宅基地和集体建设用地使用权确权登记工作的要求,要求各省、自治区、直辖市自然资源主管部门于2021年底前全国所有县(市、区)完成汇交工作。

问题55：银行是否可以对担保公司的反担保物提请执行

问题难度：★★

问题解答：

当担保公司经营不善导致失去代偿能力后，银行希望将担保公司的反担保物作为财产线索向法院申请执行。反担保物是否可以执行，关键要看执行依据是否将该财产或财产所有权人纳入被执行范围。

基于合同相对性原则，银行和担保公司之间是保证法律关系，担保公司和反担保方是反担保法律关系。这是两个独立的法律关系，银行不能直接向反担保方主张权利，也就不能直接申请对反担保物的强制执行。反担保的性质是求偿担保，担保公司代偿后才享有向反担保方主张的权利，即：只有担保公司代偿后，才具备向反担保物主张权利的资格。

一般情况下，银行不能直接对反担保物主张权利或申请执行，例外情况是：银行和反担保方建立直接担保法律关系，即反担保物所有权人与银行也签订了抵押、质押或保证合同。

信贷管理建议：

为了充分保障银行债权的实现，确保在不良贷款执行中可以执行反担保物，在办理担保公司担保贷款时，应当建立固定化的业务模式。

1. 在当前担保公司普遍经营艰难的情况下，银行要消灭"对担保公司的迷信"，定期评估担保公司的担保能力，尤其是民营类担保公司，要重点核实担保余额和代偿率，随时关注实际控制人的经营风险。

2. 对于可以办理抵质押登记的反担保物，将第一顺位登记在银行名下，将第二顺位登记在担保公司名下。如果第一顺位必须登记在担保公司名下，银行至少要与反担保方签订担保合同。

3. 对于无法办理抵质押登记的反担保物，银行要与反担保方直接签订抵押合同、质押合同或连带保证合同，使银行和担保方建立直接担保的法律关系。

4. 对于未采取上述模式但反担保物价值明显较高的业务，可以采取事后补救的方式，即：按照"代偿＋债权收购"的模式设计合同条款，银行向担保公司提供一笔新的资金，在担保公司代偿的同时，银行（或委托授权第三方）将担保公司的债权进行收购，银行作为新的债权人直接对反担保物主张权利。这种模式属于事后补救模式，有一定的合规风险和操作风险，需要银行对风险进行科学评估并审慎选择。

法条链接：

民法典第三百八十七条　债权人在借贷、买卖等民事活动中，为保障实现其债权，需要担保的，可以依照本法和其他法律的规定设立担保物权。第三人为债务人向债权人提供担保的，可以要求债务人提供反担保。反担保适用本法和其他法律的规定。

民法典第六百八十九条　保证人可以要求债务人提供反担保。

（已废止：担保法第四条　第三人为债务人向债权人提供担保时，可以要求债务人提供反担保。反担保适用本法担保的规定。2. 担保法解释第二条　反担保人可以是债务人，也可以是债务人之外的其他人。反担保方式可以是债务人提供的抵押或者质押，也可以是其他人提供的保证、抵押或者质押。3. 担保法解释第九条　担保人因无效担保合同向债权人承担赔偿责任后，可以向债务人追偿，或者在承担赔偿责任的范围内，要求有过错的反担保人承担赔偿责任。担保人可以根据承担赔偿责任的事实对债务人或者反担保人另行提起诉讼。）

案例分享：

山西盟科房地产开发有限公司与山西忻州农村商业银行股份有限公司、忻州恒昌贸易有限公司等借款合同纠纷（〔2017〕晋民终545号）

本案中，忻州农商银行向忻州恒昌贸易有限公司发放贷款4620万元，望洲健康公司为该笔贷款提供最高额保证担保，同时，盟科公司以其持有的忻州农商银行 4.62% 股份向望洲健康公司提供反担保。另外，忻州农商银行、望洲健康公司和盟科公司签订了一份协议书。诉讼中，三方对该协议书中关于股权质押的效力发生争议。

山西省高级人民法院认为，关于忻州农商银行、望洲健康公司和盟科公司签订的协议书的效力。盟科公司上诉主张该协议书涉及三层法律关系，分别为：忻州农商银行与望洲健康公司通过签订一份《最高额保证合同》所建立的保证担保法律关系；盟科公司与望洲健康公司之间的质押担保法律关系；望洲健康公司与忻州农商银行之间的反担保法律关系。其中盟科公司与望洲健康公司之间的质押条款是《最高额保证合同》的从合同内容。该协议内容明显违反担保法和物权法中有关担保合同签订主体的规定，属于无效约定；盟科公司将其依法持有的忻州农商银行 4.62% 的股份质押给望洲健康公司，望洲健康公司将其合法占有忻州农商银行 4.62% 的股份向忻州农商银行提供反担保。根据担保法第四条之规定，第三人为债务人向债权人提供担保时，可以要求债务人提供反担保。另担保法解释第二条规定，反担保人可以是债务人，也可以是债务人之外的其他人。反担保方式可以是债务人提供的抵押或者质押，也可以是其他人提供的保证、抵押或者质押。协议书中反担保条款因违反有关反担保合同签订主体的法律规定应依法认定为无效条款。忻州农商银行、望洲健康公司与盟科公司之间签订的协议书关于股权质押条款系无效条款。根据担保法解释第八十四条规定，望洲健康公司将其不具有所有权但合法占有的质物忻州农商银行 4.62% 的股份向忻州农商银行提供担保，实际上是一种股权质押担保。根据担保法解释第一百零三条规定，以股份有限公司的股份出质的，适用《公司法》有关股份转让的规定。《公司法》第一百四十三条规定，公司不得接受本公司的股票作为质押权的标的。本案中，望洲健康公司向忻州农商银行提供反担保的质物就是忻州农商银行的股份。因此，《协议书》关于股权质押条款因违反法律禁止性规定，应依法认定无效，而非一审法院认定的"质押条款虽已生效，但因未办理登记手续，质权并未设立"，故一审法院该项事实认定错误。忻州农商银行抗辩称，1. 协议书明确约定以下三点：①望洲健康公司就忻州恒昌

第六章　不良贷款执行阶段的法律问题

公司在忻州农商行的贷款提供最高额担保；②盟科公司向望洲健康公司提供质押担保；③委托处置质押股权以归还贷款，望洲健康公司所担保的忻州恒昌公司不能按期归还贷款时，由忻州农商行处置盟科公司所质押的股权用以归还贷款。2.《协议书》鉴于明确表述"乙方（望洲健康公司）在取得丙方（盟科公司）的同意，以丙方（盟科公司）在甲方忻州农商行所持有的4.62%股权出质给乙方担保公司（望洲健康公司）进行质押担保……"说明望洲健康公司、盟科公司、望洲集团、恒昌公司与忻州农商行均明确知悉盟科公司将其持有的股权质押给望洲健康公司，以保障望洲健康公司为恒昌公司的贷款担保。依据物权法第二百零八条、担保法第四条的规定，该协议中的反担保、质押均符合法律规定。协议书是三方自愿签订合法有效的合同，其关于质押条款的约定合法有效，并且该协议委托忻州农商行在未按期归还借款时处置该质押股权以归还贷款。对此，本院认为，首先，根据《中华人民共和国担保法》第六十三条、第七十五条的规定，质押担保是债务的一种担保方式，即债务人或第三人将其动产或权利凭证移交债权人占有，将该动产或权利凭证作为质物而为债务人提供的担保。根据《中华人民共和国担保法》第四条规定，第三人为债务人向债权人提供担保时，可以要求债务人提供反担保。另《最高人民法院关于适用〈中华人民共和国担保法〉若干问题的解释》第二条规定，反担保人可以是债务人，也可以是债务人之外的其他人。反担保方式可以是债务人提供的抵押或者质押，也可以是其他人提供的保证、抵押或者质押。本案中协议书第一条约定，盟科公司将其持有的忻州农商银行4.62%的股权出质给望洲健康公司提供质押担保，以及第二条约定，望洲健康公司以盟科公司出质给其的忻州农商银行4.62%的股权向忻州农商银行提供反担保，均不符合质押担保、反担保的法律规定。其次，从《协议书》第二条约定"盟科公司将其持有的忻州农商银行的4.62%的股权出质给望洲健康公司后，望洲健康公司以盟科公司出质的股权向忻州农商银行提供反担保"来看，望洲健康公司向忻州农商银行提供反担保的质物为忻州农商银行的股权。综合以上可见，协议书第一、第二条约定的实质为盟科公司将其持有的忻州农商银行4.62%的股权向忻州农商银行提供质押担保。根据《中华人民共和国公司法》第一百四十二条规定，公司不得接受本公司的股票作为质押权的标的。因此，协议书中有关股权质押担保部分因违反法律法规的强制性规定，应认定无效。

问题 56：同一借款人有多笔债务，银行是否有权决定还款的先后顺序

问题难度：★★

问题解答：

同一债务人在同一家银行办理多笔贷款，当还款资金不能够覆盖全部贷款金额时，银行最常见的做法是：先偿还没有担保或担保较弱的贷款，再偿还有担保或担保较强的贷款，以降低信贷风险。这种还款方式符合《合同法司法解释二》第二十条的相关规定。

民法典第五百六十条对此有了新的规定，增加了"债务人的指定清偿权"，即：债务人对同一债权人负担的数项债务种类相同，债务人的给付不足以清偿全部债务的，除当事人另有约定外，由债务人在清偿时指定其履行的债务。这里重点提示两个关键点：第一，如果当事人有约定，要按照事先约定的清偿顺序执行。第二，如果当事人没有约定并且债务人也没有指定，则按照以下顺序清偿：优先履行已经到期的债务；数项债务均到期的，优先履行对债权人缺乏担保或者担保最少的债务；均无担保或者担保相等的，优先履行债务人负担较重的债务；负担相同的，按照债务到期的先后顺序履行；到期时间相同的，按照债务比例履行。

信贷管理建议：

民法典对债务清偿顺序这个问题的调整幅度较大，赋予了债务人"指定清偿权"，其目的是进一步平衡债权人和债务人的关系，尤其是保护民间借贷中的债务人。现实生活中，很多民间借贷的债权人要求债务人对新产生的利息重新"打欠条"，从而形成多笔债务。同时，由于民间借贷产生的利息通常较高，债务人往往难以一次性足额清偿，总是处于

不断归还"新债务"利息的过程之中，始终不能有效降低原债务。法律为了保护债务人的合法权利，明确了债务人的"指定清偿权"。

对银行信贷管理而言，银行不会出现民间借贷中常见的显失公平现象。银行最普遍的操作方法是"先还信用类贷款，再还保证类贷款，最后还抵押类贷款"。根据民法典第五百六十条"除当事人另有约定外，清偿顺序由债务人指定"的规定，银行在信贷合同中关于债务清偿顺序问题的约定就显得特别重要。首先，银行应当在各类信贷合同中约定"银行有权决定债务的清偿顺序"；其次，由于银行是格式合同的提供方，所以内容表述应当客观、公正，同时应当以加粗或加大字号的方式突出表现，提高可识别性，避免因违反格式合同的相关规定被法院认定无效。

法条链接：

民法典第五百六十条　债务人对同一债权人负担的数项债务种类相同，债务人的给付不足以清偿全部债务的，除当事人另有约定外，由债务人在清偿时指定其履行的债务。

债务人未做指定的，应当优先履行已经到期的债务；数项债务均到期的，优先履行对债权人缺乏担保或者担保最少的债务；均无担保或者担保相等的，优先履行债务人负担较重的债务；负担相同的，按照债务到期的先后顺序履行；到期时间相同的，按照债务比例履行。

（已废止：《合同法司法解释二》第二十条　债务人的给付不足以清偿其对同一债权人所负的数笔相同种类的全部债务，应当优先抵充已到期的债务；几项债务均到期的，优先抵充对债权人缺乏担保或者担保数额最少的债务；担保数额相同的，优先抵充债务负担较重的债务；负担相同的，按照债务到期的先后顺序抵充；到期时间相同的，按比例抵充。但是，债权人与债务人对清偿的债务或者清偿抵充顺序有约定的除外。）

案例分享：

五里店公司执行异议之诉（〔2017〕京民终305号）

2006年11月13日，北京万恒永泰房地产开发有限公司（2008年1月14日公司名称变更为北京万恒永泰投资管理有限公司，以下简称万恒永泰公司）作为甲方，与作为乙方的北京市五里店储运公司（以下简称五里店公司）签订还建购房协议，约定："在甲方开发建设万恒家园项目中甲方对拆迁所占经营用地中为了保证乙方的就业问题按成本价格还建部分商业用房，经甲、乙双方协商，甲方同意将一期工程1#底商部分营业用房还建给乙方，双方特签订还建购房协议如下：一、甲方同意将1#楼底商分三个独立单元，按每平方米3 380元的成本价格还建给乙方。还建部分具体如下：1.建筑面积769.48平方米，总价2 600 842元；2.建筑面积769.48平方米，总价2 600 842元；3.建筑面积520.93平方米，总价1 760 743元；4.以上面积总计2 059.89平方米，总价6 962 427元。二、经双方协商达成一致意见如下：1.乙方委托甲方负责办理全部手续，办理相关产权的各项费用按有关规定支付。2.经双方协商乙方按每平方米1120元的价格包干所有服务费、契税，过户手续费，测量费用等（约230万元）；三、付款办法：1.本协议签订后乙方一次性支付总还建购房款的90%及第二条第2小条中所约定的服务费用，约834万元；2.其余房款尾款待产权证办理完成后进行结算；四、自协议签订之日，甲方将还建商业房全部交乙方使用，有关物业管理费用乙方直接与物业公司另行签订协议。"

上述协议签订后，五里店公司向万恒永泰公司支付了834万元。万恒永泰公司于2006年11月13日出具了收据，收据上显示购房款604万元，手续费230万元。2009年4月，万恒永泰公司向五里店公司交付了北京市丰台区小屯西路66号院3号楼01商业02号房屋（简称涉诉房屋，该房屋包括在还建购房协议项下），五里店公司占有使用该房屋至今。

2009年9月，万恒永泰公司将涉诉房屋抵押给北京市规划委员会丰台分局。

2014年12月31日，北京仲裁委员会作出（2014）京仲裁字第0859号裁决书，裁决万恒永泰公司向中宏基公司支付工程款100万元及相应利息。该案进入执行程序后，北京市第二中级人民法院于2015年3月10日查封了涉讼房屋。五里店公司向北京市第二中级人民法院提出执行异议，申请中止对涉讼房屋的执行。北京市第二中级人民法院经审查作出〔2016〕京02执异233号执行裁定书，裁定中止对涉讼房屋的执行。中宏基公司不服该裁定，向北京市第二中级人民法院提起申请人执行异议之诉，请求判令对涉讼房屋准许继续执行。

二审庭审中，万恒永泰公司、五里店公司均提交了双方于一审判决作出后签订的补充协议，载明：因不可抗力因素导致还建购房协议所涉房屋产权证一直无法办理，给五里店公司造成损失，经双方协商一致，五里店公司应支付的剩余10%价款共计约93万元与万恒永泰公司未按时办理房产证的违约赔偿金予以折抵，至此房款和服务费全部结清。五里店公司依据该补充协议主张还建购房协议约定的剩余房款其已通过抵销行为结清，对此中宏基公司不予认可，认为该补充协议系涉讼房屋查封后签订，不能反映房屋查封前购房款是否结清的状况。另，二审期间经法院释明，五里店公司明确表示即使法院认为其未付清涉讼房屋的全部价款，其也不同意按法院的要求将涉讼房屋的剩余价款交付执行。

北京市第二中级人民法院于2016年12月30日作出〔2016〕京02民初537号民事判决：驳回北京中宏基建筑工程有限责任公司的全部诉讼请求。宣判后，北京中宏基建筑工程有限责任公司向北京市高级人民法院提起上诉。北京市高级人民法院于2017年10月10日作出〔2017〕京民终305号民事判决：一、撤销北京市第二中级人民法院〔2016〕京02民初537号民事判决；二、准许对登记在北京万恒永泰投资管理有限公司名下的北京市丰台区小屯西路66号院3号楼01商业02号房屋的执行。

法院生效裁判认为：《最高人民法院关于人民法院办理执行异议和复议案件若干问题的规定》（以下简称《执行异议和复议规定》）第二十八条规定，金钱债权执行中，买受人对登记在被执行人名下的不动产提出异议，符合下列情形且其权利能够排除执行的，人民法院应予支持：（一）在人民法院查封之前已签订合法有效的书面买卖合同；（二）在人民法院查封之前已合法占有该不动产；（三）已支付全部价款，或者已按照合同约定支付部分价款且将剩余价款按照人民法院的要求交付执行；（四）非因买受人自身原因未办理过户登记。基于已认定的事实，案外人五里店公司确系在人民法院查封之前已与万恒永泰公司就涉讼房屋签订合法有效的书面买卖合同，并在查封之前已合法占有涉讼房屋，且涉讼房屋未办理过户登记非因五里店公司自身原因所致，本案争议焦点集中表现为五里店公司是否已支付涉讼房屋的全部价款，其是否还负有将剩余价款按照人民法院的要求交付执行的义务。针对该争议焦点，法院认为：

一、五里店公司已经支付的 834 万元不应认定为优先抵充了其所欠万恒永泰公司涉讼房屋全部购房款的债务。

根据已查明的事实，五里店公司支付万恒永泰公司 834 万元款项的构成为购房款 604 万元、手续费 230 万元。依据还建购房协议的约定，五里店公司向万恒永泰公司购买的三套房屋总房款为 6 962 427 元，其中涉讼房屋购房款为 2 600 842 元。可见，五里店公司已支付万恒永泰公司的购房款 604 万元尚不足以清偿其所负的三套房屋全部购房款的债务，此时就涉及债务清偿抵充顺序的问题，即 604 万元款项在《还建购房协议》分别约定的三套房屋购房款金额范围内应如何予以清偿抵充。根据相关民法理论，并依照《最高人民法院关于适用〈中华人民共和国合同法〉若干问题的解释（二）》（以下简称《合同法司法解释二》）第二十条之规定，本案中五里店公司在支付 604 万元购房款之前和当时未与万恒永泰公司就清偿抵充的顺序有所约定，且五里店公司在支付 604 万元购房款之时亦未指定清偿抵充的顺序，故应依照法定抵充顺序抵充债务。鉴于五里店公司所负三套房屋购房款的债务在是否到期、有无担保、负担程度、到期先后顺序上不存在差别，本院认为五里店公司已支付的 604 万元款项在《还建购房协议》分别约定的三套房屋购房款金额范围内应按比例抵充。综上，五里店公司已经支付的 834 万元不应认定为优先抵充了其所欠万恒永泰公司涉讼房屋全部购房款的债务，涉讼房屋的购房款尚未付清，一审判决对此的认定欠妥，应予以纠正。

二、五里店公司与万恒永泰公司就涉讼房屋剩余价款的合意抵销行为不符合《执行异议和复议规定》第二十八条第（三）项规定之情形，不能产生排除执行的法律后果。

《执行异议和复议规定》第二十八条规定了无过错不动产买受人在执行程序中优先于金钱债权人的特殊保护要件，其中第（三）项规定的价款交付的要件与之前的司法解释相比有所扩张，不仅将买受人已支付全部价款的，而且将买受人按照约定支付部分价款并且在人民法院指定期限内将剩余价款交付执行的，也纳入保护范围。从该条款的文意来看，对于不动产买受人与出卖人之间约定分期付款，在执行程序中不动产被法院查封后尚有剩余价款未付的情形，只有按照人民法院的要求将剩余价款交付执行才能满足排除执行的条件，司法解释并未规定在不动产被法院查封后买受人可以通过行使抵销权或与出卖人达成合意抵销的方式免除支付剩余价款的义务从而排除执行，因此在适用《执行异议和复议规定》第二十八条第（三）项之规定时应做严格的文意解释，不应对适用条件予以扩张。此外，从制定该条司法解释的精神来看，之所以这样规定，系因为在买受人已支付全部价款与买受人将剩余价款按照人民法院指定的期限交付执行两种情形下，买受人客观上均按照合同约定实际支付了不动产的全部价款，从而不会影响到申请执行人对出卖人享有的金钱债权的受偿，故对于两种情形下的买受人应给予平等保护。而不动产买受人在不动产被法院查封后行使抵销权或与出卖人达成合意抵销从而消灭剩余价款债权的行为，发生了不动产买受人享有的主动债权优先于申请执行人金钱债权的后果，势必对申请执行人金钱债权的受偿产生影响，因此此种情形下与《执行异议和复议规定》第二十八条规定的精神不符，不属于该条款予以优先保护的范围。基于此，五里店公司仍负有按照人民法院指定的期限将剩余价款交付执行的义务。

综上所述，五里店公司尚未支付涉讼房屋的全部价款，按照《执行异议和复议规定》第二十八条之规定，其仍负有将剩余价款按照人民法院的要求交付执行的义务，现五里店公司经法院释明后明确表示不同意按法院的要求将涉讼房屋的剩余价款交付执行，故其不符合《执行异议和复议规定》第二十八条规定的能够排除执行的情形。中宏基公司的上诉请求成立，法院予以支持。

问题 57：抵押权与质权并存时，如何确定优先受偿顺序

问题难度：★★★

问题解答：

一般情况下，企业会把库存的原材料、半成品、成品等动产向银行提供质押获得融资，银行委托第三方监管公司对货物进行监管，以满足法律规定的质权生效要件和风险控制要求。在特殊情况下，企业为了缓解资金紧张的情况，会把质押于银行的货物再次向第三方提供抵押。我们暂且不论企业将同一货物同时设定抵押和质押的行为是否属于违法犯罪行为，重点分析不同债权人对同一货物享有的抵押权和质权优先受偿顺序如何分配。

根据法律规定，动产抵押权于抵押合同签订之日设立，登记可以对抗第三人。质权于质物转移占有之日成立，可对抗第三人。

物权法虽未明确规定同一动产上依法成立的抵押权与质权竞存时的受偿顺序，但结合物权法关于动产抵押权与动产质权对抗效力产生时间的规定，应以动产抵押权和动产质权具备对抗效力的时间先后顺序，决定同一动产上抵押权和质权竞存时的顺位。抵押登记在先则抵押权顺位在先，动产占有在先则质权顺位在先。

民法典第四百一十五条和《九民纪要》第六十五条也对上述问题进行了详细的阐述，沿用了最高院此前判例的主流观点，同样认为应当按照"公示在先"的原则确定优先受偿顺序，详见"法条链接"。

信贷管理建议：

2013 年之前，存货质押业务曾出现过快速发展的阶段。随着 2013 年以来钢贸、煤贸等行业信用风险的暴露，存货质押业务出现了各种负面的新闻，例如：货物丢失、以假充真、以次充好、监管公司缺位、监管公司工作人员与债务人串通损害债权人利益等。有些地区的法院也向银行发出

了司法建议书，建议银行审慎开办存货质押业务。

传统存货质押业务主要有以下风险点：一是银行工作人员对货物质量和标准把握不准确，容易被欺诈；二是银行采取输出监管模式：在质押人的场地内委托监管公司监管，对货物的控制权较弱；三是监管公司行业准入门槛较低，鱼龙混杂，难以区别优劣；四是事后救济措施缺乏，银行难以举证证明货物被调换等事实。基于这些风险点，银行近些年在存货质押业务领域的创新较少。归根结底，存货质押的核心是对货物的实际控制，不论是银行还是第三方监管公司，必须做到对货物的实际控制才能有效控制风险。

从长远来看，银行对公授信业务的蓝海是供应链金融，而供应链的核心担保措施是存货和应收账款。另外，随着大数据和人工智能的发展，尤其是区块链技术的运用，对于存货和应收账款的管理出现了新的更可控的模式。未来，存货质押业务将在银行对公授信业务发展中占有重要地位，因此，对存货质押法律问题的研究应当持续跟进。

法条链接：

民法典第四百一十五条　同一财产既设立抵押权又设立质权的，拍卖、变卖该财产所得的价款按照登记、交付的时间先后确定清偿顺序。

《全国法院民商事审判工作会议纪要》（法〔2019〕254号）第六十五条　同一动产上同时设立质权和抵押权的，应当参照适用物权法第一百九十九条的规定，根据是否完成公示以及公示先后情况来确定清偿顺序：质权有效设立、抵押权办理了抵押登记的，按照公示先后确定清偿顺序；顺序相同的，按照债权比例清偿；质权有效设立，抵押权未办理抵押登记的，质权优先于抵押权；质权未有效设立，抵押权未办理抵押登记的，因此时抵押权已经有效设立，故抵押权优先受偿。根据物权法第一百七十八条规定的精神，担保法司法解释第七十九条第一款不再适用。

（已废止：1.物权法第一百七十八条　担保法与本法的规定不一致的，适用本法。2.物权法第一百九十九条　同一财产向两个以上债权人抵押的，拍卖、变卖抵押财产所得的价款依照下列规定清偿：（一）抵押权已登记的，按照登记的先后顺序清偿；顺序相同的，按照债权比例清偿；（二）抵押权已登记的先于未登记的受偿；（三）抵押权未登记的，按照债权比例清偿。3.担保法解释第七十九条　同一财产法定登记的抵押权与质权并存时，抵押权人优先于质权人受偿。）

案例分享：

江西赣县农村商业银行股份有限公司、中国建设银行股份有限公司赣州赣县支行第三人撤销之诉　（〔2017〕最高法民终216号）

（一）案件基本情况

2011年10月25日，建行赣县支行与菊隆高科公司签订流动资金贷款合同，借款金额人民币1.2亿元。同日，建行赣县支行与菊隆高科公司签订抵押合同，约定菊隆高科公司将其所有的存放于公司1号仓库及租赁洋塘工业园B、C仓库内的5 559.02吨甜叶菊干叶抵押给建行赣县支行，双方于2011年11月3日共同到赣县工商行政管理局办理了动产抵押登记。由于上述借款菊隆高科公司未能按时归还，2012年10月22日，建行赣县支行与菊隆高科公司又签订一份流动资金贷款合同，借款金额人民币1.2亿元，用于借新还旧。同日，双方签订甜叶菊干叶抵押合同，约定菊隆高科公司用其所有的存放在其公司1号仓库约5 559.02吨甜叶菊干叶为上述借款进行抵押担保，并办理了抵押登记，编号为〔2012〕赣县工商抵字第032号。

2011年11月30日，赣县农商银行与菊隆高科公司签订一份固定资产借款合同，赣县农商银行向菊隆高科公司提供8 400万元贷款购买生产线设备。同日，双方签订动产质押合同约定：菊隆高科公司以公司内1号仓库存放的约12 672.04吨原材料（指甜叶菊干叶）为本案借款提供质押担保。2011年11月29日，赣县农商银行与菊隆高科公司、邮政物流公司三方签订商品融资质押监管协议，约定菊隆高科公司为本案借款8 400万元向赣县农商银行提供的质押物由邮政物流公司监管。后邮政物流公司监管到期，2013年1月12日，赣县农商银行与菊隆高科公司、辉腾公司签订商品融资质押监管协议，约定辉腾公司对菊隆高科公司质押物甜叶菊干叶进行监管，监管期1年。

赣县农商银行认为其享有的质权优先于建行赣县支行的抵押权，向法院提起撤销之诉，请求法院撤销建行赣县支行的优先受偿权。

(二) 最高院观点

最高院认为，关于建行赣县支行抵押权的设立情况。物权法第一百八十八条规定，"以本法第一百八十条第一款第四项、第六项规定的财产或者第五项规定的正在建造的船舶、航空器抵押的，抵押权自抵押合同生效时设立；未经登记，不得对抗善意第三人。"据此，当事人以生产设备、原材料、半成品、产品等动产设立抵押的，抵押权自抵押合同生效时设立；经登记的动产抵押权可以对抗善意第三人。本案中，建行赣县支行与菊隆高科公司于2011年10月25日签订流动资金贷款合同和抵押合同，约定菊隆高科公司将其所有的存放于该公司1号仓库及洋塘工业园B、C仓库内的5 559.02吨甜叶菊干叶抵押给建行赣县支行，用以担保本金1.2亿元的借款债务的履行，期限一年。上述合同签订后，双方于2011年11月3日共同到登记机关办理了动产抵押登记。此后，建行赣县支行与菊隆高科公司于2012年10月22日签订人民币流动资金贷款合同，约定菊隆高科公司向建行赣县支行借款人民币1.2亿元，用于借新还旧。双方另于同日签订抵押合同，约定菊隆高科公司以存放于菊隆高科公司1号仓库内的5 559.02吨甜叶菊干叶为《人民币流动资金贷款合同》项下贷款提供抵押担保，并于当日对其2011年11月3日办理的动产抵押登记办理了注销登记，同时对2012年10月22日签订的《抵押合同》项下的5 559.02吨甜叶菊干叶办理了动产抵押登记。由此，菊隆高科公司在本案中先后两次向建行赣县支行借款，其第二次借款系以借新还旧的方式清偿其因第一次借款而对建行赣县支行负担的债务。为担保新旧两份借款合同的履行，菊隆高科公司先后以数量相同但存放地点有所不同的甜叶菊干叶向建行赣县支行提供抵押担保，其与建行赣县支行先后签订两份不同的抵押合同并分别办理了两次抵押登记。

物权法第一百七十七条第一项规定，主债权消灭的，担保物权消灭。合同法第九十一条第一项规定，债务已经按照约定履行的，合同的权利义务终止。本案中，建行赣县支行依照《流动资金贷款合同》的约定对菊隆高科公司享有的借款债权已因借款人菊隆高科公司依约清偿而消灭，由此，菊隆高科公司为担保流动资金贷款合同项下债务的履行而在案涉存放于该公司1号仓库及洋塘工业园B、C仓库内的5 559.02吨甜叶菊干叶上为建行赣县支行设立的抵押权亦消灭。在此之后，菊隆高科公司为担保人民币流动资金贷款合同项下债务的履行而在案涉存放于该公司1号仓库内5559.02吨甜叶菊干叶上为建行赣县支行设立的抵押权，虽与前述已消灭之抵押权的抵押标的数量相同，但系菊隆高科公司为担保新借款债务的履行而为建行赣县支行重新设立的抵押权，该抵押权自抵押合同于2012年10月22日生效时设立，于同日登记时起对抗善意第三人。一审判决认定建行赣县支行发放的第二笔贷款并非一笔新的贷款而是前一笔贷款的延续，贷款的抵押也为继续抵押，适用法律错误，本院予以纠正。

（三）关于赣县农商银行质权的设立情况

物权法第二百一十二条规定，"质权自出质人交付质押财产时设立。"据此，出质人交付质押财产，质权人占有质押财产，是质权设立的法定条件。实践中，出质人既可以将质押财产交付给债权人本人，也可以按照债权人的指示，将质押财产交付给债权人指定的第三人。也就是说，依法设立质权，债权人既可直接占有质物，亦可通过第三人间接占有质物。债权人通过第三人间接占有质物的，其应当指示第三人实际接收并控制、监管质押财产。此种情况下，质权自受托人实际占有质物时设立。赣县农商银行与菊隆高科公司于2011年11月30日签订固定资产借款合同和动产质押合同，约定菊隆高科公司以存放于1号仓库的甜叶菊干叶12 672.04吨为《固定资产借款合同》项下借款债务的履行提供质押担保。菊隆高科公司、赣县农商银行与邮政物流公司三方于2011年11月29日共同签订商品融资质押监管协议，并于2011年12月9日共同签订商品融资质押监管补充协议，约定邮政物流公司代赣县农商银行占有质物，依约履行监管责任，并在质物变动时代赣县农商银行进行确认。上述协议签订后，邮政物流公司于2011年12月12日接收质物，开始履行监管职责。由此，赣县农商银行的质权自2011年12月12日邮政物流公司实际占有案涉质物时设立。一审判决认定赣县农商银行初次质押成立时间为2011年11月29日，适用法律错误，本院予以纠正。

依照赣县农商银行、菊隆高科公司分别与邮政物流公司、辉腾公司签订的商品融资质押监管协议的约定，菊隆高科公司在满足一定条件的前提下可提取质物，亦可新交付质物。也就是说，赣县农商银行质权的客体处于可变动的状态。在此情形下，一方面，赣县农商银行就监管人依照商品融资质押监管协议的约定实际占有之甜叶菊干叶所享有的质权，随菊隆高科公司取回上述范围内的甜叶菊干叶而相应消灭；另一方面，由于赣县农商银行与菊隆高科公司在设立质权时已就后者依约追加新质物达成概括的合意，故在菊隆高科公司向赣县农商银行委托的监管人交付新质物，赣县农商银行对此亦表示认可的情形下，赣县农商银行就菊隆高科公司新交付的甜叶菊干叶享有质权。由此，质物变动过程中仅发生赣县农商银行的旧质权不断消灭，新质权不断产生的结果。赣县农商银行与菊隆高科公司约定的质权设立方式并未改变质权的法定内容，不违反物权法定原则，质物变动不影响质权的有效设立与存续。

担保法司法解释第八十七条第一款规定，"质权人将质物返还于出质人后，以其质权对抗第三人的，人民法院不予支持。"依照邮政物流公司与赣县农商银行签订的商品融资质押监管协议的约定，邮政物流公司接受赣县农商银行的委托，对菊隆高科公司出质的甜叶菊干叶进行监管，其监管责任随监管协议的到期而自动解除。本案中，商品融资质押监管协议于2012年12月11日到期，邮政物流公司与赣县农商银行在前述协议到期前并未续签新的质押监管协议。是故，邮政物流公司的监管职责已于2012年12月11日解除。在此之后，邮政物流公司继续占有商品融资质押监管协议项下约定出质的甜叶菊干叶已无合法依据。由于案涉质物可以变动且在出质期间存放于债务人的仓库内，赣县农商银行未举示充分证据证明邮政物流公司在合同约定的监管期间届满后基于其委托继续合法有效占有质物，应当认定作为质物的甜叶菊干叶已返还给债务人菊隆高科公司。在此情形下，即使邮政物流公司在监管期间届满后继续占有存放于菊隆高科公司仓库内的甜叶菊干叶，且赣县农商银行与菊隆高科公司对其占有行为均予以追认，亦不能发生使赣县农商银行保持其合法间接占有质物的状态、维系其质权对抗效力的法律后果。

2013年1月12日,赣县农商银行、菊隆高科公司、辉腾公司签订《商品融资质押监管协议(滚动质押)》,约定辉腾公司接受赣县农商银行的委托,对菊隆高科公司出质的甜叶菊干叶进行监管。同日,辉腾公司开始履行监管职责。2013年1月31日,赣县农商银行、菊隆高科公司、邮政物流公司、辉腾公司签订确认协议,在共同确认新旧监管交接过程中质物库存数量存在差异的基础上,约定协议各方互不追究民事责任。由此,菊隆高科公司出质并先后由邮政物流公司、辉腾公司监管的质物数量存在差异。鉴于案涉质物可以依约变动,赣县农商银行亦未举示充分证据证明菊隆高科公司先后向其出质的质物完全相同,故应认定赣县农商银行先后委托邮政物流公司、辉腾公司占有的质物并不一致。在此情形下,赣县农商银行的质权随新的商品融资质押监管合同的签订与新监管人辉腾公司实际履行监管职责而重新设立。一审判决认定赣县农商银行的质权于2013年1月12日再次设立的结论正确,本院予以维持。

(四)关于同一动产上已登记抵押权与质权竞存时的顺位

担保法司法解释第七十九条第一款规定,"同一财产法定登记的抵押权与质权并存时,抵押权人优先于质权人受偿"。据此,同一动产上法定登记的抵押权优先于质权。《中华人民共和国担保法》(以下简称担保法)第四十一条规定,"当事人以本法第四十二条规定的财产抵押的,应当办理抵押物登记,抵押合同自登记之日起生效";第四十三条第一款规定,"当事人以其他财产抵押的,可以自愿办理抵押物登记,抵押合同自签订之日起生效"。据此,担保法区分应当办理抵押登记与自愿办理抵押登记的财产范围,赋予抵押登记以不同的法律效力。担保法司法解释在此基础上规定的法定登记的抵押权,系指根据担保法规定应当办理抵押登记的抵押权。物权法颁行前,以担保法规定应当办理抵押登记的动产设立抵押的,办理抵押登记是动产抵押权的生效要件,法定登记的抵押权自登记时设立。物权法颁行后,根据物权法第一百八十八条的规定,当事人以生产设备、原材料、半成品、产品等一般动产设立抵押的,抵押权自抵押合同生效时设立,登记作为动产抵押权人对抗善意第三人的要件不影响当事人设立动产抵押权的效力。由此，在一般动产上设立的抵押权已非担保法规定的应当办理登记的抵押权，亦已不是担保法司法解释第七十九条第一款规定的"法定登记的抵押权"。本案讼争的甜叶菊干叶系原材料，在其上设立的抵押权并非"法定登记的抵押权"。故此，本案中并不存在符合担保法司法解释第七十九条第一款规定的案件事实，不应直接适用该款规定。一审判决关于江西高院17号民事判决在审查建行赣县支行的抵押权与赣县农商银行质权的顺位时适用担保法司法解释第七十九条第一款的规定并无不当的认定，适用法律错误，本院予以纠正。

根据物权法第一百八十八条的规定，动产抵押权未经登记，不得对抗善意第三人。动产抵押权登记后发生对抗效力，抵押权人可排除就同一动产享有担保物权的第三人对该动产优先受偿的权利要求。但在登记之前，抵押权人不得对已经取得具备对抗效力之担保物权的权利人主张优先受偿的权利。根据物权法第二百一十二条的规定，质权自出质人交付质押财产时设立。动产质权自出质人交付质物时发生对抗效力，质权人自取得占有时起可排除享有担保物权的第三人对该动产优先受偿的权利要求。由上，物权法虽未明确规定同一动产上依法成立的抵押权与质权竞存时的受偿顺序，但结合物权法关于动产抵押权与动产质权对抗效力产生时间的规定，应以动产抵押权和动产质权具备对抗效力的时间先后顺序，决定同一动产上抵押权和质权竞存时的顺位。抵押登记在先则抵押权顺位在先，动产占有在先则质权顺位在先。本案中，建行赣县支行的抵押权于2012年10月22日设立并登记，赣县农商银行的质权设立于2013年1月12日，建行赣县支行抵押权发生对抗效力的时间早于赣县农商银行的质权，建行赣县支行应优先于赣县农商银行受偿。江西高院17号判决主文第三项关于建行赣县支行对拍卖、变卖菊隆高科公司所有的存放在该公司1号仓库内的甜叶菊干叶（约5559.02吨）所得价款，在该案本息范围内享有优先受偿权的内容正确。赣县农商银行请求撤销上述判项，无事实和法律依据，本院不予支持。

问题 58：抵押权与租赁权并存时，如何处理

问题难度：★★★

问题解答：

银行向法院申请强制执行抵押物时，经常会出现案外人（承租人）提出执行异议：案外人依据在抵押前已签订的租赁合同要求法院"带租拍卖"，优先保障租赁权。根据现行法律规定，关于此类问题主要有以下裁判规则。

第一，根据"买卖不破租赁"原则，抵押权的实现不得对抗抵押之前已经真实存在且实际占用的租赁关系。抵押物所有权变更后，原租赁合同继续有效。民法典第四百零五条明确了租赁权对抗抵押权的法定条件为"抵押财产已经出租并转移占有"，重点强调了"转移占有"，这对实务中"倒签租赁合同"对抗抵押权的行为产生了明显的控制作用。

第二，根据《最高人民法院关于人民法院办理执行异议和复议案件若干问题的规定》第三十一条的规定，在人民法院查封之前已签订合法有效的书面租赁合同并占有使用该不动产的，承租人有权请求阻却执行。承租人依据该规定主张权利，需举证证明以下三项核心事实：1. 租赁合同的真实性；2. 已实际占有使用；3. 实际支付租金。

第三，针对"以房屋使用权抵偿债务"的情况，最高院判例认为：以房屋使用权抵债的合同关系属于债权债务合同关系，不属于房屋租赁合同关系，不适用"买卖不破租赁"原则，不能产生阻却执行的效力。

信贷管理建议：

在实务中，应当分贷前和贷后两个阶段控制法律风险。

在贷前调查阶段，银行需要重点调查抵押物的实际占用情况。如存在租赁关系，要求提供租赁合同，并由承租人出具"承诺函"，承诺放弃因抵押物所有权变更而阻却执行的抗辩权，具体内容需律师根据实际情况起

草。如不存在租赁关系，由所有权人出具"抵押物闲置或自用"的承诺书。对于强势客户，例如联通、移动、电信、供水、供热、连锁知名企业等作为承租人的，可以不出具承诺书，但是调查人员需要认真调查租赁的真实情况，并且在调查报告中真实反映，并将租赁合同作为信贷档案保管，审批人员在平衡风险和收益的前提下做出决策。

在不良贷款处置阶段，对于案外人提出的执行异议，应当分两种情况对待。第一种情况，租赁关系是短期且内容合乎常理的，银行可以接受"带租拍卖"，租赁期限在1年以内的，一般不会影响抵押物的变现。第二种情况，租赁关系是长期且内容不合乎常理的，例如，双方签订20年租期的合同且租金一次付清。这种租赁关系会直接影响抵押物的变现能力，因此，银行需要通过法律程序否定租赁合同的真实性。由于案外人执行异议的举证责任在异议申请人，银行只需要多方收集证据否定申请人的证据链，重点从抵押物的实际使用情况、水电费缴纳情况、租金支付情况等方面收集有利证据，证明租赁人没有"转移占有"的法定情形。

法条链接：

民法典第七百二十五条　租赁物在承租人按照租赁合同占有期限内发生所有权变动的，不影响租赁合同的效力。

民法典第七百二十六条　出租人出卖租赁房屋的，应当在出卖之前的合理期限内通知承租人，承租人享有以同等条件优先购买的权利；但是，房屋按份共有人行使优先购买权或者出租人将房屋出卖给近亲属的除外。出租人履行通知义务后，承租人在十五日内未明确表示购买的，视为承租人放弃优先购买权。

民法典第七百二十七条　出租人委托拍卖人拍卖租赁房屋的，应当在拍卖五日前通知承租人。承租人未参加拍卖的，视为放弃优先购买权。

民法典第七百二十八条　出租人未通知承租人或者有其他妨害承租人行使优先购买权情形的，承租人可以请求出租人承担赔偿责任。但是，出租人与第三人订立的房屋买卖合同的效力不受影响。

（已废止：合同法第二百二十九条　租赁物在租赁期间发生所有权变

动的，不影响租赁合同的效力。合同法第二百三十条 出租人出卖租赁房屋的，应当在出卖之前的合理期限内通知承租人，承租人享有以同等条件优先购买的权利。）

民法典第四百零五条 抵押权设立前，抵押财产已经出租并转移占有的，原租赁关系不受该抵押权的影响。

（已废止：物权法第一百九十条 订立抵押合同前抵押财产已出租的，原租赁关系不受该抵押权的影响。抵押权设立后抵押财产出租的，该租赁关系不得对抗已登记的抵押权。）

《最高人民法院关于人民法院办理执行异议和复议案件若干问题的规定》第三十一条 承租人请求在租赁期内阻止向受让人移交占有被执行的不动产，在人民法院查封之前已签订合法有效的书面租赁合同并占有使用该不动产的，人民法院应予支持。承租人与被执行人恶意串通，以明显不合理的低价承租被执行的不动产或者伪造交付租金证据的，对其提出的阻止移交占有的请求，人民法院不予支持。

案例分享：
（一）陈某1与交通银行股份有限公司徐州分行、孙某1案外人执行异议之诉二审（〔2019〕苏民终195号）

交行徐州分行与龙缘酒业公司、窑湾轮船公司、孙某2、苏某1、孙某1、陈某2金融借款合同纠纷一案，徐州中院作出〔2014〕徐商初字第00424号民事判决：（一）龙缘酒业公司于本判决生效之日起十五日内偿还交行徐州分行借款本金5 998 595元及利息（截至2014年12月25日的利息为291 326.14元，此后继续按照双方约定的利率、逾期利率分别计算利息、逾期罚息、复利至实际给付之日止）；（二）窑湾轮船公司、孙某2、孙某1对龙缘酒业公司的上述债务承担连带保证责任；苏某、陈某2在各自夫妻共同财产范围内对上述债务承担连带清偿责任；窑湾轮船公司、孙某2、孙某、苏某、陈某2承担保证责任后，有权向龙缘酒业公司追偿或者要求承担连带保证的其他保证人清偿其应当承担的份额。2014年9月，徐州中院向新沂市房产服务中心送达〔2014〕徐商初字第00424号协助执行通知书,查封了涉案房产。2017年5月8日陈某1以其与孙某1就涉案房产于2010年7月1日签订了房屋租赁合同,已缴纳22年的租金并已占有使用,并于2013年5月征得孙某1、陈某2同意后将涉案房产转租给平安保险公司使用等为由,提出执行异议请求对涉案房产带租拍卖。徐州中院于2017年9月12日作出〔2017〕苏03执异29号执行裁定,驳回了陈某1的异议请求。陈某1不服上诉裁定,遂提起本案执行异议之诉。

本案争议焦点为:陈某1主张带租拍卖的请求是否成立?

二审中,江苏省高院认为:第一,虽然上诉人提交的不动产产权情况表中未提示涉案115号门面房存在抵押登记信息,但该不动产产权情况表的免责声明中载明:若不动产权属登记信息证明与不动产登记簿记载不一致的,以不动产登记簿为准。而被上诉人已经提交涉案房产的抵押合同以及相关房产和土地的他项权证等证明材料,上诉人主张被上诉人交行徐州分行对涉案115号商铺没有抵押权,依据不足。此外,无论执行法院对涉案房地产的查封是否属于首查封,本案申请执行人作为抵押权人均享有优先受偿的权利,上诉人以查封顺位为由否定抵押权人对涉案房产享有的优先受偿权,没有事实和法律依据,本院不予支持。

第二,《最高人民法院关于人民法院办理执行异议和复议案件若干问题的规定》第三十一条规定,承租人请求在租赁期内阻止向受让人移交占有被执行的不动产,在人民法院查封之前已签订合法有效的书面租赁合同并占有使用该不动产的,人民法院应予支持。承租人与被执行人恶意串通,以明显不合理的低价承租被执行的不动产或伪造交付租金证据的,对其提出的阻止移交占有的请求,人民法院不予支持。《最高人民法院关于适用〈中华人民共和国民事诉讼法〉的解释》第三百一十一条规定,案外人或者申请执行人提起执行异议之诉的,案外人应当就其对执行标的享有足以排除强制执行的民事权益承担举证证明责任。《中华人民共和国物权法》第一百九十条规定,订立抵押合同前抵押财产已出租的,原租赁关系不受该抵押权的影响。抵押权设立后抵押财产出租的,该租赁关系不得对抗已登记的抵押权。《最高人民法院关于人民法院民事执行中拍卖、变卖财产的规定》第三十一条第二款规定,拍卖财产上原有的租赁权及其他用益物权，不因拍卖而消灭，但该权利继续存在于拍卖财产上，对在先的担保物权或者其他优先受偿权的实现有影响的，人民法院应当依法将其除去后进行拍卖。本案中，陈某1主张阻止移交占有案涉房屋，应由其承担已经在抵押权人设立抵押权以及人民法院查封之前签订合法有效的书面租赁合同并占有使用该不动产、已经实际交付租金等举证证明责任。

首先，虽然陈某1提交落款时间为2010年7月1日的房屋租赁合同，主张其在法院查封之前已经与孙某1、陈某2签订书面租赁合同，但该合同文件系形成于孙某1、陈某2与陈某1之间，在无其他证据予以佐证的情况下，本院无法认定该租赁合同的真实签订时间。此外，该合同约定的租赁期长达30年，既未约定具体的租金支付时间，又未约定30年间租金相应上浮比例，不符合正常交易习惯。而在该合同履行期内，又同时存在着2012年6月1日孙某1与陈某1就案涉115号门面房另行签订的房屋租赁合同、2013年3月孙某1与平安保险公司就案涉117、118、119号门面房签订的房屋租赁合同等其他合同，以上事实相互矛盾，本院无法认定2010年7月1日的房屋租赁合同的真实合法有效性。

其次，关于陈某1是否在抵押权设立和人民法院查封前实际占有使用涉案房产的问题。根据上海友达土地房地产评估有限公司徐州分公司于2010年7月8日出具的评估报告，交行徐州分行设立抵押权时，涉案房产均用于汽车销售，该事实与2010年9月15日抵押人孙某1、承租人圣博汽车公司、抵押权人交行徐州分行三方共同签订两份适用于出租房产为普通抵押合同项下的抵押物的协议书，载明孙某1与圣博汽车公司分别于2010年3月1日和2010年5月16日签订了房屋租赁合同的证据能够互相佐证。陈某1主张其为涉案115号门面房的实际转租人，圣博汽车公司是为了帮助孙某1办理银行贷款才配合签订虚假租赁合同，并在陈某1实际使用的涉案117、118号门面房上挂上圣博汽车公司的招牌进行拍照，显然不合常理。此外，陈某1并未提交其与圣博汽车公司之间的租赁合同等相关证据证明租赁事实。其虽提交了郑某4的证人证言，但证人未出庭做证，且其提交的证人郑某4的身份证明显示，郑某4系新沂市圣博商贸有限公司法定代表人，而新沂市圣博商贸有限公司与圣博汽车公司并非同一法人主体。因此，陈某1的此项主张既无证据证明，亦于理不合，本院不予采信。至于2013年平安保险公司是与孙某1签订的租赁合同，还是与陈某1签订的转租合同，因该时点已经在2010年9月17日抵押权设立之后，故该事实与本案没有关联性。而陈某1提交的电费发票、装修工程款收据以及广告等证据的形成时间均在2010年9月17日抵押权设立之后，亦无法证明陈某1在抵押权设立之前已经实际占有使用涉案房地产。

最后，关于租金支付问题。2010年7月1日的房屋租赁合同仅约定30年租期内每年租金为20万元，却未约定长达30年时间内如遇市场价格浮动，租金如何涨跌的问题，不符合通常交易习惯。在租金支付上，陈某1提交的支付明细显示出其支付时间和金额毫无规律，支付方式多为现金，支付对象众多，支付用途除两笔标明为购油款外其余均未明确为租金支付，以上均不符合正常租赁合同的租金支付规律。因此，陈某1主张已支付租金3 847 200元证据不足，本院不予采信。

综上，上诉人陈某1的上诉请求不成立。

问题 59：银行签订的以物抵债协议是否发生物权变动的效力

问题难度：★★

问题解答：

银行直接与债务人或担保人签订的抵债协议，仅具有合同法上的效力，不能产生物权变动的效力。另外，在法院强制执行阶段以和解协议方式签订的以物抵债协议，仍然属于合同法上的效力，不能产生"对世"的效力，因此，这种协议同样不能发生物权变动的效力。

信贷管理建议：

银行在接收抵债资产时，主要有两种方式，即协议抵债和裁定抵债。

对于采取协议抵债方式的，银行在抵债协议签订后，并不能产生物权法上物权变动的效力，因此，应当重点做好以下两项工作：1. 做好接收前的尽职调查工作，将资产的法律瑕疵和物理瑕疵全部揭示并客观评价。2. 在抵债协议签订后，尽快办理不动产变更登记。银行在取得不动产权利证书后才实际取得了抵债资产，方可进行账务处理。在取得不动产登记证书前，不得办理入账手续。

对于采取裁定抵债方式的，银行应当严格按照法定程序进行，重点把握以下几个关键环节：1. 按照法院评估、询价等程序确定资产价格并启动拍卖程序；2. 无论在一拍、二拍还是变卖程序结束后接收抵债资产，均应当按照流拍价格抵偿债务（不得调整），并明确剩余部分继续追索，不得另行协商抵债金额；3. 法院出具以物抵债裁定，应当明确表述"所有权自裁定送达之日起转移"。

如在法院强制执行阶段，采取签订执行和解协议的方式接收抵债资产的。无论法院是否出具裁定书，都应当按照协议抵债的方式办理，并尽快办理产权变更手续。

法条链接：

民法典第二百二十九条　因人民法院、仲裁机构的法律文书或者人民政府的征收决定等，导致物权设立、变更、转让或者消灭的，自法律文书或者征收决定等生效时发生效力。

（已废止：物权法第二十八条　因人民法院、仲裁委员会的法律文书或者人民政府的征收决定等，导致物权设立、变更、转让或者消灭的，自法律文书或者人民政府的征收决定等生效时发生效力。）

《民事诉讼法解释》（法释〔2015〕5号）

第四百九十一条　经申请执行人和被执行人同意，且不损害其他债权人合法权益和社会公共利益的，人民法院可以不经拍卖、变卖，直接将被执行人的财产作价交申请执行人抵偿债务。对剩余债务，被执行人应当继续清偿。

第四百九十二条　被执行人的财产无法拍卖或者变卖的，经申请执行人同意，且不损害其他债权人合法权益和社会公共利益的，人民法院可以将该项财产作价后交付申请执行人抵偿债务，或者交付申请执行人管理；申请执行人拒绝接收或者管理的，退回被执行人。

第四百九十三条　拍卖成交或者依法定程序裁定以物抵债的，标的物所有权自拍卖成交裁定或者抵债裁定送达买受人或者接受抵债物的债权人时转移。

《最高人民法院关于执行和解若干问题的规定》（法释〔2018〕3号）第六条　当事人达成以物抵债执行和解协议的，人民法院不得依据该协议作出以物抵债裁定。

案例分享：

内蒙古绿金嘉园房地产开发有限责任公司、中国信达资产管理股份有限公司内蒙古自治区分公司与内蒙古特牧饵养殖有限公司、中骏盛华担保有限公司等公证债权文书执行审查类执行裁定书（〔2018〕内0102执异178号）

内蒙古绿金嘉园房地产开发有限责任公司称,一、2014年10月15日,借款人:刘某、郑某,出借人:杨某,抵押人:内蒙古特牧养殖有限公司、内蒙古绿金嘉园房地产开发有限责任公司,签订了抵押借款合同,内蒙古自治区呼和浩特市青城公证处为此合同作出了可以强制执行的法律公证书。2015年1月16日,武川县人民法院做出〔2015〕武法执地他字1—1号裁定,对绿金嘉园的7#、12#房屋进行了司法查封,以上的法律文书表明,杨某对申请执行人要求执行的绿金嘉园12#楼的物权具有法定的抵押债权的权利。2014年12月29日,申请执行人与被执行人达成以物抵债的协议和呼和浩特市新城区人民法院〔2014〕新执字第584—2号执行裁定,严重侵害了我公司的债权人杨某等其他债权人享有的抵押债权的权益。

本院认为,执行和解系在执行程序中,双方当事人就变更执行依据所确定的权利义务关系进行协商并自愿达成协议的行为。执行和解本质上属于私法行为,执行和解协议也属于平等主体之间就民事权利的设立、变更、终止所形成的民事契约,只对协议当事人之间具有约束力,不能同法院判决乃至诉讼调解一样产生公法效果,因此执行和解协议不具有强制执行的效力,也不能作为法院强制执行的依据。《中华人民共和国民事诉讼法》及其司法解释也规定,一方当事人不履行执行和解协议的,对方当事人可以申请人民法院恢复对原生效法律文书的执行,而不是直接对执行和解协议强制执行。《最高人民法院关于执行和解若干问题的规定》第六条规定,"当事人达成以物抵债执行和解协议的,人民法院不得依据该协议作出以物抵债裁定。"上述法律及相关司法解释也对执行和解协议的私法效力予以确认。本案中,申请执行人中国信达资产管理股份有限公司内蒙古自治区分公司与被执行人内蒙古特牧饵养殖有限公司、内蒙古绿金嘉园房地产开发有限责任公司在执行过程中自愿达成以物抵债协议,同日,本院根据三方达成的以物抵债协议内容作出〔2014〕新执字第584—2号执行裁定,该执行裁定实质上对当事人之间达成的以物抵债协议赋予了强制执行的效力,本院依据以物抵债协议作出〔2014〕新执字第584—2号执行裁定的行为不符合法律规定,应予撤销。

问题60："首封权"是否对银行行使抵押权形成障碍

问题难度：★★

问题解答：

"首封权"是一种通俗的说法，并不是法律规定的一种法定权利。它是指第一个通过法院查封的债权人获得对被查封财产的处置权。银行在强制执行抵押物时，经常出现抵押物被其他法院查封的情况，实务中有两种情形：一种是其他债权人采取法律措施对抵押物进行查封；另一种是债务人为了逃废银行债务与第三人串通，通过虚假诉讼对抵押物进行查封，其目的是阻碍强制执行并实际占有抵押物。

2016年以前，银行面对"首封权"，只能与"首封权人"协商抵押物变现后的分配比例，个别地区的法院也给出了指导意见，例如，浙江省高院规定"首封权人可以就抵押物拍卖变卖价款优先受偿20%"。如果首封权人与优先债权人不能达成一致意见，则案件无法推进。但是，银行等金融机构的内部审批程序较为审慎，放弃权益的诉讼方案更是难以通过，因此，这类案件在实践中往往是久拖不决。

2016年4月14日，《最高人民法院关于首先查封法院与优先债权执行法院处分查封财产有关问题的批复》（以下简称批复）施行后，优先债权人有了维护权益的法律依据，即：首封法院超过60天未启动拍卖或变卖程序，优先债权人可以商请移送执行。该批复明确了首先查封法院和优先债权法院对于被查封财产处置权的分配规则，也为银行等抵押权主体提供了推动执行程序的法律依据。

信贷管理建议：

银行之所以面临"首封权"障碍，主要原因是银行未及时启动诉讼程序，导致错失最佳时机。因此，银行在抵押贷款出现逾期后，建议按照如下方式处理。

首先，应当在第一时间启动法律程序，争取拿到"首封权"。银行既有"首封权"又有抵押权，执行程序相对容易。银行成熟的做法是在内部管理制度中规定：抵押贷款逾期 180 天或 360 天后移动诉讼管理部门，并启动诉讼程序。

其次，在启动法律程序之前或双方谈判阶段，应当随时通过公开信息渠道（裁判文书网、企查查等）关注抵押人的涉诉情况。如发现抵押人有被起诉等信息，应当果断提起诉讼并采取诉前或诉中保全措施。

最后，如果"首封权"已经形成，应当依据《最高人民法院关于首先查封法院与优先债权执行法院处分查封财产有关问题的批复》积极主张移送执行。该批复在实践中具有较大的灵活性，法院是否移送也有较大的空间。因此，如果依据该批复主张权利，银行工作人员需要积极主动与首封法院和执行法院进行沟通，取得两家法院的理解和支持。

法条链接：
《最高人民法院关于首先查封法院与优先债权执行法院处分查封财产有关问题的批复》（法释〔2016〕6 号）
福建省高级人民法院：
你院《关于解决法院首封处分权与债权人行使优先受偿债权冲突问题的请示》（闽高法〔2015〕261 号）收悉。经研究，批复如下：
一、执行过程中，应当由首先查封、扣押、冻结（以下简称查封）法院负责处分查封财产。但已进入其他法院执行程序的债权对查封财产有顺位在先的担保物权、优先权（该债权以下简称优先债权），自首先查封之日起已超过 60 日，且首先查封法院就该查封财产尚未发布拍卖公告或者进入变卖程序的，优先债权执行法院可以要求将该查封财产移送执行。
二、优先债权执行法院要求首先查封法院将查封财产移送执行的，应当出具商请移送执行函，并附确认优先债权的生效法律文书及案件情况说明。
首先查封法院应当在收到优先债权执行法院商请移送执行函之日起 15 日内出具移送执行函，将查封财产移送优先债权执行法院执行，并告知当事人。
移送执行函应当载明将查封财产移送执行及首先查封债权的相关情况

等内容。

三、财产移送执行后,优先债权执行法院在处分或继续查封该财产时,可以持首先查封法院移送执行函办理相关手续。

优先债权执行法院对移送的财产变价后,应当按照法律规定的清偿顺序分配,并将相关情况告知首先查封法院。

首先查封债权尚未经生效法律文书确认的,应当按照首先查封债权的清偿顺位,预留相应份额。

四、首先查封法院与优先债权执行法院就移送查封财产发生争议的,可以逐级报请双方共同的上级法院指定该财产的执行法院。

共同的上级法院根据首先查封债权所处的诉讼阶段、查封财产的种类及所在地、各债权数额与查封财产价值之间的关系等案件具体情况,认为由首先查封法院执行更为妥当的,也可以决定由首先查封法院继续执行,但应当督促其在指定期限内处分查封财产。

此复。

最高人民法院

案例分享:

查某、上海浦东发展银行股份有限公司德阳分行借款合同纠纷执行审查类执行裁定书(〔2018〕最高法执监454号)

本案中,查某不服四川高院裁定,向最高院提出申诉,请求撤销四川高院〔2017〕川执复173号执行裁定书,请求裁定查某应优先于浦发银行得到受偿。事实与理由如下:申诉人在栾川法院作为申请执行人的案件中,栾川法院已经冻结了被执行人乔某在大笑铅锌矿35%的股权,同时,也向云南省国土环境资源厅查封了大笑铅锌矿的采矿权。德阳中院、四川高院漠视了栾川法院的执行措施,漠视栾川法院查封在先的事实。大笑铅锌矿采矿权的抵押不存在,该矿至今没有办理抵押登记,根据《最高人民法院关于人民法院执行工作若干问题的规定》第八十八条,应按照执行法院采取执行措施的先后顺序受偿,故申诉人对大笑铅锌矿采矿权享有对抗德阳中院强制执行的权利。

最高院认为,本案的争议焦点为:一是浦发银行对大笑铅锌矿采矿权是否享有优先受偿权;二是大笑铅锌矿采矿权处置后是否应优先清偿申诉人享有的债权。

德阳中院〔2016〕川06民初14号民事判决载明:原告(即浦发银行)与被告大笑铅锌矿签订了《采矿权最高额抵押合同》并进行了公证。对于被告大笑铅锌矿所有的昆明市东川区大笑铅锌矿的采矿权抵押行为是否进行抵押备案登记的事宜,在四川省德阳市旌湖公证处的见证下电话咨询云南省昆明市国土资源局,该局工作人员在电话中告知不做登记。

一、浦发银行对大笑铅锌矿采矿权是否享有优先受偿权

申诉人主张大笑铅锌矿采矿权并没有办理抵押登记,浦发银行对其不享有优先受偿权。本案中,采矿权虽然至今没有办理抵押备案登记,但作为本案执行依据的德阳中院(2016)川06民初14号民事判决已经对浦发银行与大笑铅锌矿在办理最高额抵押时为何没有办理备案登记进行了说明,并在判决主文中明确浦发银行对大笑铅锌矿的采矿权在41780万元的范围内的债权享有优先受偿权。该判决已经生效,未经再审程序推翻,执行法院遵照该判决结果处理,符合法律规定。因此,查某关于浦发银行对大笑铅锌矿采矿权不享有优先受偿权的主张,缺乏法律依据,本院不予支持。

二、大笑铅锌矿采矿权处置后是否应优先清偿申诉人享有的债权

申诉人主张其对大笑铅锌矿采矿权查封在先,应该优先于浦发银行得到清偿。《最高人民法院关于首先查封法院与优先债权执行法院处分查封财产有关问题的批复》规定:"执行过程中,应当由首先查封、扣押、冻结(以下简称查封)法院负责处分查封财产。但已进入其他法院执行程序的债权对查封财产有顺位在先的担保物权、优先权(该债权以下简称优先债权),自首先查封之日起已超过60日,且首先查封法院就该查封财产尚未发布拍卖公告或者进入变卖程序的,优先债权执行法院可以要求将该查封财产移送执行。"本案中,执行依据已经确定浦发银行对大笑铅锌矿采矿权享有优先受偿权。德阳中院作为优先债权执行法院,对大笑铅锌矿采

矿权的查封虽然在后，但经与首次查封的法院即德阳市旌阳区人民法院进行协商并征得其同意后，有权对大笑铅锌矿采矿权进行拍卖，并应当将拍卖采矿权后所得价款优先清偿浦发银行的债权。因此，申诉人仍以查封在先为由主张其应该优先受偿，缺乏法律依据，本院不予支持。

综上，申诉人查某的申诉理由不成立，本院不予支持。参照《中华人民共和国民事诉讼法》第二百零四条，依照《最高人民法院关于人民法院执行工作若干问题的规定（试行）》第一百二十九条规定，裁定如下：

驳回查某的申诉请求。

问题 61：轮候查封是否产生查封的效力

问题难度：★★

问题解答：

轮候查封是对其他人民法院已经查封的财产，执行法院依次按时间先后在登记机关进行登记，或者在该其他人民法院进行记载，排队等候，查封依法解除后，在先的轮候查封自动转化为正式查封的制度。

轮候查封的核心是"排队等候"，并没有发生查封的效力，只是确定了排队的时间顺序。

在实务中，银行经常会遇到这样一种情况：银行持有法院出具的以物抵债裁定去不动产登记机构办理产权过户。登记机关告知银行有轮候冻结，需要先对轮候冻结进行解除后方可办理产权过户。这种做法违反了相关法律规定，详见"法条链接"。

信贷管理建议：

在不良贷款诉讼管理工作中，应当建立查封冻结台账。同时，要区分"首次查封冻结"和"轮候查封冻结"分别建立台账。

针对"首次查封冻结"的，要在查封冻结期内积极处置资产，并关注查封冻结期限，在到期前办理续封或续冻。针对"轮候查封冻结"的，要准确记录在先查封冻结的到期时间，关注在先查封冻结的法院是否续封续冻。如出现查封冻结的"空白期"，则要积极介入，争取首封处置权。

法条链接：

《最高人民法院关于人民法院民事执行中查封、扣押、冻结财产的规定》（法释〔2004〕15号）第二十八条 对已被人民法院查封、扣押、冻结的财产，其他人民法院可以进行轮候查封、扣押、冻结。查封、扣押、冻结解除的，登记在先的轮候查封、扣押、冻结即自动生效。

其他人民法院对已登记的财产进行轮候查封、扣押、冻结的,应当通知有关登记机关协助进行轮候登记,实施查封、扣押、冻结的人民法院应当允许其他人民法院查阅有关文书和记录。

其他人民法院对没有登记的财产进行轮候查封、扣押、冻结的,应当制作笔录,并经实施查封、扣押、冻结的人民法院执行人员及被执行人签字,或者书面通知实施查封、扣押、冻结的人民法院。

第三十条 查封、扣押、冻结期限届满,人民法院未办理延期手续的,查封、扣押、冻结的效力消灭。

查封、扣押、冻结的财产已经被执行拍卖、变卖或者抵债的,查封、扣押、冻结的效力消灭。

《最高人民法院关于查封法院全部处分标的物后轮候查封的效力问题的批复》(法函〔2007〕100号)

根据《最高人民法院关于人民法院民事执行中查封、扣押、冻结财产的规定》(法释〔2004〕15号)第二十八条第一款的规定,轮候查封、扣押、冻结自在先的查封、扣押、冻结解除时自动生效,故人民法院对已查封、扣押、冻结的全部财产进行处分后,该财产上的轮候查封自始未产生查封、扣押、冻结的效力。同时,根据上述司法解释第三十条的规定,人民法院对已查封、扣押、冻结的财产进行拍卖、变卖或抵债的,原查封、扣押、冻结的效力消灭,人民法院无须先行解除该财产上的查封、扣押、冻结,可直接进行处分,有关单位应当协助办理有关财产权证照转移手续。

《最高人民法院、国土资源部、建设部关于依法规范人民法院执行和国土资源房地产管理部门协助执行若干问题的通知》(法发〔2004〕5号)

第二十条 轮候查封登记的顺序按照人民法院送达协助执行通知书的时间先后进行排列。查封法院依法解除查封的,排列在先的轮候查封自动转为查封;查封法院对查封的土地使用权、房屋全部处理的,排列在后的轮候查封自动失效;查封法院对查封的土地使用权、房屋部分处理的,对剩余部分,排列在后的轮候查封自动转为查封。

第七章

防范违法发放贷款罪

问题 62：违法发放贷款罪的构成要件是什么

问题难度：★★

问题解答：

违法发放贷款罪的构成要件包括：本罪的主体是特殊主体，即银行或者其他金融机构的工作人员，单位也能构成本罪。以单位的分支机构或者内设机构、部门的名义实施犯罪，违法所得亦归分支机构或者内设机构、部门所有的，应认定为单位犯罪。不能因为单位的分支机构或者内设机构、部门没有可供执行罚金的财产，就不将其认定为单位犯罪，而按照个人犯罪处理。

本罪的主观方面表现为故意或过失，这里需要特别注意的是：对于数额巨大的犯罪类型，一般表现为故意，即希望违法放贷结果的发生。对于造成重大损失的犯罪类型，一般表现为过失，即过于自信的过失，相信不会发生损失的后果而实际却发生了损失的后果。

本罪的客体是国家金融管理秩序，即本罪侵犯的法益是国家对金融活动的正常秩序。

本罪的客观方面表现为违反国家规定发放贷款。这里的"国家规定"包括三种类型：一是指国家颁布的法律，如商业银行法、合同法、担保法等；二是指国务院和其他行政机关颁布的行政法规和规章，如中国人民银行颁布的贷款通则、信贷资金管理办法，银保监会颁布的"三个办法一个指引"等；三是银行或其他金融机构制定的有关借贷的规章制度。

银行从业人员违法发放贷款罪主要有以下表现形式。

1. 贷前调查不实，对借款人、担保人的经营状况、涉诉情况、担保物权属状态调查不实，对借款人贸易背景以及贷款用途调查不实等。如：

（1）未依法对借款人身份条件进行严格审查，在明知借款人和实际用款人不一致的情况下，发放冒名贷款。

（2）明知用款人提供虚假贷款资料，未按规定对借款人借款用途、还款能力等情况进行严格审查，违反贷款发放流程发放贷款。

（3）在信贷受理、发放业务过程中未认真履行工作职责，在担保人未到场的情况下办理贷款手续，未对担保人的身份进行调查核实违规发放贷款。

（4）未严格审查实抵房产、土地、车辆权属、重复担保等资料，及未对担保人的担保能力、资信情况开展实质调查的情况下发放贷款。

（5）未对借款人资产情况、运营情况、财务资料、股东变更情况等资料进行严格审查，杜撰与事实明显不符的授信报告。

（6）通过以贷还贷、以贷收息、还旧借新的方式为逾期客户办理贷款，致使贷款无法收回。

（7）在保理贷款业务中未严格调查核实卖方的生产经营情况、行业经验、过往贸易记录等、买卖双方之间的真实贸易往来情况及相关资料真实性；应收账款数额未达到保理贷款要求，伪造应收账款转让询证函，虚构应收账款数额。

（8）擅自更改信贷系统内借款人承兑汇票的保证金数额，虚增借款人授信额度，导致银行以承兑方式办理的授信业务形成垫款。

2. 合同签订不实，伪造篡改合同使贷款通过审批和放款审核。

3. 贷后管理不实，贷款流向不符合借款合同约定或者违反法律规定等。

信贷管理建议：

笔者通过 ALPHA 系统检索"案由：违法发放贷款罪"显示：2011 年至 2019 年的案件量呈快速上升趋势，其中 2013 年之前的案件数量低于 50 件，2015 年突破 200 件，2017 年突破 300 件，2019 年 360 件，2020 年突破 400 件。因此，银行信贷工作人员形象的表述为"无数银行人正排队走向监狱"。

我们不难发现，违法发放贷款罪的案件数量变化与经济周期负相关。经济上行期，案件数量较小。相反，经济下行期，案件数量持续上升。

信贷工作人员防范违法发放贷款罪，应当从以下几个方面重点关注。

1. 银行信贷人员要不断学习法律法规和业务知识，严格按照内部操作规章制度、信贷操作指引、实施办法等办理业务，提高识别风险的能力。

2. 银行信贷人员对于借款人的相关贷款材料均应进行实质审查，认真核实材料的真实性、合法性和有效性。要对企业的经营能力和还款能力进行调查、分析，对企业提供抵押物的真实状况进行核实，对评估价值的真实性进行核对，认真履行贷前调查、贷中审查、贷后检查的工作职责，为贷款的审批发放提供真实、合法、有效的参考依据。

3. 注意保证审批会议记录的完整性和准确性，真实地反映贷款审批会议的讨论情况，尤其是关键性问题的讨论和有关分歧意见，应当整理后加以确认。

4. 贷款发放后对借款合同执行情况、贷款资金流向、借款人经营情况进行动态追踪，在贷款出现逾期后应及时进行财产保全并采取行之有效的清收手段，尽全力挽回损失。

信贷人员在"术"的层面防范违法发放贷款罪，可以按照上面所述的要点进行操作。在"道"的层面应当做到"真实"和"坚持"。"真实"是指信贷人员所提供的所有资料应当真实有效，不得为通过审批而捏造虚假资料。"坚持"是指在业务严重违背信贷管理规定时，应当坚持自己的观点立场，不因个人利益的得失或上级领导的压力而改变。

法条链接：

刑法第一百八十六条 银行或者其他金融机构的工作人员违反国家规定发放贷款，数额巨大或者造成重大损失的，处五年以下有期徒刑或者拘役，并处一万元以上十万元以下罚金；数额特别巨大或者造成特别重大损失的，处五年以上有期徒刑，并处二万元以上二十万元以下罚金。

银行或者其他金融机构的工作人员违反国家规定，向关系人发放贷款的，依照前款的规定从重处罚。

单位犯前两款罪的，对单位判处罚金，并对其直接负责的主管人员和其他直接责任人员，依照前两款的规定处罚。

案例分享：

杜某等人违法发放贷款罪二审刑事判决书（〔2020〕吉03刑终46号）

2015年，被告单位梨树县农村信用合作联社（简称梨树农联社）为了改制成为农商行，需化解吉林省某某集团贸易有限公司（简称某某集团）贷款集中度过高问题，被告人杜某带领班子成员被告人田某、李某2等相关人员与吉林省某某有限公司（简称某某公司）董事长韩某（另案处理）、法定代表人李某1（另案处理）商谈解决此事，最后达成一致意见，即以韩某控股的某某公司担保的方式，使用个人贷款的形式偿还某某集团39 530万元贷款。2015年9月7日，被告人杜某组织召开党委会议并提出以某某公司担保的方式，使用个人贷款的形式偿还某某集团39 530万元贷款，被告人田某、李某2、孙某等党委委员一致同意通过。自2015年9月4日至2016年8月11日由某某公司找到于某等121名自然人顶名贷款，使用虚假工程承包合同和虚假借款申请书等，部分反抵押物虚假或重复抵押，个贷额度从260万元至500万元不等，向梨树农联社申请贷款。梨树农联社在明知借款人不具备贷款条件和贷款档案有虚假的情况下，部署梨树营业部、鑫诚信用社、郭家店信用社、榆树台信用社、胜利信用社、梨树信用社六个信用社办理发放121笔贷款，经梨树农联社层层审批，最后分六个批次共计发放贷款58 500万元，其中保证金11 170万元系用贷款资金58 500万元交纳。除收回保证金代偿的 4 270 万元，其余贷款 54230 万元逾期至今未收回。

被告人李某2、万某在明知违法发放贷款的情况下，分别在《保证担保借款申请审批表》县联社信贷业务管理部门意见栏签字，同意违法发放贷款。被告人孙某、王某在明知违法发放贷款的情况下，分别在《保证担保借款申请审批表》县联社贷款审批中心意见栏签字，同意违法发放贷款。被告人田某在明知违法发放贷款的情况下，在《保证担保借款申请审批表》县联社有权审批人意见栏签字，同意违法发放贷款。被告人田某参与违法发放贷款 115 笔共计 55 850 万元。被告人杜某、李某2、孙某、王某、万某参与违法发放贷款 121 笔共计 58 500 万元。案发后，被告人杜某、田某、李某2、孙某、王某、万某被公安机关传唤到案。

针对上诉人的上诉理由、辩护人的辩护意见及四平市人民检察院的意见，四平市中级人民法院综合评判如下：

（一）关于梨树农联社是否构成违法发放贷款罪问题。经查，梨树农联社经党委会集体研究形成决议，体现单位的意志，决定以个贷形式，让没有担保能力并采用虚假担保的某某公司担保贷款的方式化解某某集团贷款集中度过高问题，主观上有违法发放贷款的故意。客观上实施了由直接责任人员具体落实，由多个部门多个人连续的协商、组织、审批、发放等各个环节行为，顶名的贷款已履行发放贷款手续并实际发放到顶名贷款人名下，并被挪用，犯罪行为已经完成，贷款数额特别巨大，给梨树农联社造成贷款逾期不能收回的特别重大损失的结果，已构成违法发放贷款罪，且系单位犯罪。

（二）关于如何认定违反国家规定问题。经查，《商业银行法》第三十五条、第三十六条规定：商业银行贷款，应当对借款人的借款用途、偿还能力、还款方式等情况进行严格审查；借款人应当提供担保；商业银行应当对保证人的还款能力，抵押物、质物的权属和价值以及实现抵押权、质权的可行性进行严格审查。第五十二条规定：商业银行工作人员不得有违反法律、行政法规和业务管理规定的其他行为。可见金融机构贷款需要对申贷企业及担保企业提交的上述材料及资质等进行严格审查，法律仅作了原则性的规定。认定行为人是否违反法律法规以及严格审查的标准，需要结合对上述原则性规定具体化的规章（如贷款通则）及各银行等金融机构的业务规则加以确定，规章和业务规则尽管在位阶上低于刑法第九十六条的"国家规定"，但作为上位法的具体操作规范，在上位法明确规定的情况下，只要规定与上位法不存在规定内容上的冲突，即视为上位法的规定具体化，《贷款通则》《吉林省农村信用合作联社关于规范全省农村信用社与担保公司业务合作的指导意见》《吉林省农村信用社个人贷款管理办法》《吉林省农村信用联合社关于进一步加强信贷资产质量管理的指导意见》《梨树县农村信用合作联社非农个人贷款业务实施细则》等业务规定应当视为国家规定。

（三）关于造成损失问题。经查，从遭受损失看除收回保证金代偿的4 270万元外，其余贷款54 230万元逾期没有收回，对于违法发放贷款造成的损失不以是否实际给金融机构造成损失为准，即使金融机构还存在贷款人及保证人未按期偿还的债权，也不能认为没有造成损失，只要贷款到期没有偿还即为损失，刑法意义上的损失不同于民法意义上的损失。资金虽回流到梨树农联社，但并不是顶名贷款人按期归还的结果，是挪用的结果。另，对抵押财产是否进行评估审计，只是办理贷款的条件，即使担保物鉴定足值，那也只是金融机构的债权，不能因为有债权而否定贷款逾期不能收回形成损失，债权的实现只是挽回损失的多少而已。

（四）关于已被行政处罚且处以罚款，不宜再进行刑事处罚，罚金应当与行政罚款予以折抵问题。经查，行政责任与刑事责任可以同时并存，银监会没有移送并不代表不构成刑事犯罪，仍然可由司法机关依照刑事法律立案侦查并移送审查起诉。金融违规行为达到触犯刑法所保护的法益时就构成犯罪，行政责任与刑事责任并不是必然的对立排斥关系。对于因同一事实已被行政处罚处以罚款，则刑事判处罚金后可在执行当中对已被行政处罚的罚款予以扣除。

（五）关于是否共同犯罪、应否区分主从犯问题。经查，违法发放贷款罪是指违反国家规定，只要满足违法发放贷款数额巨大或造成重大损失两种情形即可构成犯罪，二者之间是有先后顺序的并列关系，首先应适用数额是否巨大，若达到数额巨大标准，则不考虑损失，此时的犯罪为故意犯罪，若数额不能达到巨大标准，就要看是否造成重大损失，若达到重大损失标准，则依然可以构成犯罪，但此时是过失犯罪，对所造成的损失结果是过失的。就本案而言，上诉人以个贷形式化解贷款集中度，主观上对违反国家规定发放数额特别巨大贷款具有清醒的认识，并对应达到化解贷款所需的巨大数额是持希望的态度，主观故意非常明确，已构成故意犯罪，亦构成共同犯罪。且本案是单位犯罪，不分清主从犯不利于罪责刑相适应的刑罚处罚。

（六）关于是否具有明知的主观故意问题。经查，梨树农联社党委及班子成员为梨树农联社改制成商业银行决定采用以个贷形式化解贷款集中度，主观上对违反国家规定发放数额特别巨大贷款具有清醒的认识，并对应达到化解贷款所需的巨大数额是持希望的态度，主观故意非常明确。为化解贷款集中度的目的不等同于主观故意，目的是要达到期望的结果，侧重于期望的结果实现，而故意是一种主观心态，是希望或者放任实际危害结果的发生。目的和方法、手段不同，不能因为目的的合法，就必然认定方法和手段合法。

（七）关于增加抵押物和反抵押物，降低贷款风险问题。经查，某某公司保证金账户上已经欠保证金，注册资金已抽逃，已不具备贷款担保能力，其抵押物大部分虚假、重复抵押，已经给梨树农联社造成贷款不能偿还的风险及损失，即使担保能够偿还贷款也是在放贷行为发生之后的事后行为，风险已经造成，损失已经造成。违法发放贷款罪的损失并不能以其具有债权而被否定，只要贷款逾期没有收回，就是损失。

（八）关于以违法发放贷款罪追究刑事责任，与另案某某公司、韩某等人骗取贷款罪追究刑事责任相悖问题。经查，梨树农联社违法发放贷款采用个贷形式，为化解某某集团贷款集中度问题，违反国家金融管理法规的规定，与另案韩某等人采用伪造贷款材料、虚假的担保，不具有担保能力，进而欺骗梨树农联社发放贷款的行为是两个截然不同性质的犯罪行为，各自处罚并不相悖。

（九）关于自首问题。经查，上诉人均系经公安机关传唤到案，属于自动投案，到案后在侦查至审判阶段如实供述犯罪事实，虽在一审开庭审理过程中对自己犯罪行为的性质进行辩解，但并不影响自首的认定。

（十）关于上诉人在单位犯罪中承担责任问题。经查，从上诉人的任职及业务分工上看，杜某是梨树农联社的党委书记、理事长，负责全面工作。田某是梨树农联社党委副书记、主任，分管办公室、人力资源部、计划财务部、会计结算部。李某是梨树农联社党委委员，副主任，分管三农业务部、中小企业部、资金组织部。孙某是梨树农联社主任助理（兼金融市场部主任），分管电子银行部、合规风险部（含贷款审批中心）、金融市场部。杜某、田某、李某和孙某系领导层级人员，在单位犯罪中起组织、决定、批准、授意、指挥等作用，应认定为直接负责的主管人员。万某是梨树农联社三农业务部经理，王某是梨树农联社资产保全部经理，是单位的经营管理人员，在单位犯罪中具体实施犯罪并起到较大作用，应认定为其他直接责任人员。

（十一）关于公诉机关未将杜某、张某列为被告人，原审法院也未追究二人的刑事责任，未查明事实问题。经查，公诉机关并未指控二人犯罪，原审法院当然不能予以审理。

问题 63：违法发放贷款罪的立案标准和量刑标准是什么

问题难度：★★

问题解答：

目前，关于违法发放贷款罪的立案标准，全国执行统一的标准，即根据最高人民检察院、公安部《关于公安机关管辖的刑事案件立案追诉标准的规定（二）》（公通字〔2011〕47号）第四十二条规定的：数额100万元以上或造成直接损失20万元以上。二者满足其一，即达到立案标准。

关于违法发放贷款罪的量刑，最高人民法院授权各省、自治区、直辖市高级人民法院根据本地的具体情况，确定在本地区掌握的具体标准。大多数地区的标准是分为两段量刑。

第一段：金额100万元以上不满500万元的或者直接损失20万元以上不满100万元的，认定为"数额巨大或者造成重大损失"适用刑法一百八十六条关于"处五年以下有期徒刑或者拘役，并处1万元以上10万元以下罚金"的规定。

第二段：金额500万元以上的或者直接损失100万元以上的，认定为"数额特别巨大或者造成特别重大损失"适用刑法一百八十六条关于"处五年以上有期徒刑，并处2万元以上20万元以下罚金"的规定。

法条链接：

1. 根据最高人民检察院、公安部《关于公安机关管辖的刑事案件立案追诉标准的规定（二）》（公通字〔2011〕47号）第四十二条 银行或者其他金融机构及其工作人员违反国家规定发放贷款，涉嫌下列情形之一的，应予立案追诉：

（一）违法发放贷款，数额在100万元以上的。

（二）违法发放贷款，造成直接经济损失数额在20万元以上的。

2. 最高人民法院《全国法院审理金融犯罪案件工作座谈会纪要》（法〔2001〕8号）

关于违法发放贷款罪。银行或者其他金融机构工作人员违反法律、行政法规规定，向关系人以外的其他人发放贷款，造成50万～100万元以上损失的，可以认定为"造成重大损失"；造成300万～500万元以上损失的，可以认定为"造成特别重大损失"。

由于各地经济发展不平衡，各省、自治区、直辖市高级人民法院可参照上述数额标准或幅度，根据本地的具体情况，确定在本地区掌握的具体标准。

3. 浙江省高级人民法院《关于部分罪名定罪量刑情节及数额标准的意见》（浙高法〔2012〕325号）

具有下列情形之一的，属于"数额巨大或者造成重大损失"，处五年以下有期徒刑或者拘役，并处1万元以上10万元以下罚金：

（1）违法发放贷款100万元以上不满500万元的。

（2）造成直接经济损失20万元以上不满100万元的。

（3）造成重大损失的其他情形。

具有下列情形之一的，属于"数额特别巨大或者造成特别重大损失"，处五年以上有期徒刑，并处2万元以上20万元以下罚金：

（1）违法发放贷款500万元以上的。

（2）造成直接经济损失100万元以上的。

（3）造成特别重大损失的其他情形。

案例分享：

崔某某违法发放贷款罪一审刑事判决书（〔2020〕苏1012刑初198号）

江苏省扬州市江都区人民检察院指控，2016年9月至2017年11月期间，被告人崔某某在担任江都农商行真武支行客户经理期间，为向贷款的客户借钱偿还其个人债务，被告人崔某某通过伪造客户贷前底稿、授信审批表上个人相关信息等方式，使借款人达到贷款条件，先后向何某、王某等10名借款人违法发放贷款共计人民币（下同）161万元，截至案发前共给江都农商行真武支行造成直接经济损失55万元。2018年12月24日，被告人崔某某向公安机关自首。

本院认为，被告人崔某某作为银行工作人员，违反国家规定，多次违法发放贷款，数额巨大并造成重大损失，其行为已构成违法发放贷款罪。案发后，被告人崔某某尚能自首，依法予以从轻处罚。被告人崔某某认罪认罚，依法予以从宽处理。鉴于被告人崔某某具有悔罪表现，故酌情予以从轻处罚，可依法适用缓刑，并给予相应的考验期限。公诉机关指控被告人崔某某犯违法发放贷款罪的事实清楚，证据确实、充分，指控的罪名正确，以自首、认罪认罚提请从轻处罚、从宽处理的理由成立，予以采纳。依照《中华人民共和国刑法》第一百八十六条第一款、第六十七条第一款、第七十二条第一、三款、第七十三条第二、三款和《中华人民共和国刑事诉讼法》第十五条的规定，判决如下：被告人崔某某犯违法发放贷款罪，判处有期徒刑一年，缓刑一年，并处罚金人民币1万元。

问题 64：违法发放贷款罪的"损失数额"如何认定

问题难度：★★

问题解答：

关于违法发放贷款罪"损失数额"的认定，实务中主要有三种观点：一是受害人报案时未收回的金额；二是立案时未收回的金额；三是终审判决生效前未收回的金额。从司法判例来看，主流观点将"立案时未收回的金额"作为确定损失金额的标准。即使立案后又收回了全部或部分损失，也只能按照挽回损失的行为作为量刑时酌情考虑的情节。

信贷管理建议：

虽然损失金额的确定标准是"立案时未收回的金额"，但是，最终判决生效前收回的金额也是重要的量刑情节。实践中，很多案件在挽回部分或全部损失后，法院给予了从轻或减轻的判决，甚至一些当事人被判处缓刑。因此，银行信贷工作人员涉嫌违法发放贷款罪后，本人或家属应当积极主动清收不良贷款，最大限度挽回损失。

案例分享：

刘某某违法发放贷款罪二审刑事判决书（〔2016〕鲁01刑终97号）

被告人刘某某自2007年2月至2013年7月，先后任济南农商行长清支行平安信用社新李分社、平安北路分社客户经理，负责信贷投放、贷款管理等工作。2010年4月至2013年6月，被告人刘某某违反国家规定，先后向贾某乙、贾某甲、吴某某、卢某丙、王某某、卢某丁等人9次违法发放贷款共计360万元，收回本金1 203 081.88元，造成本金损失2 396 918.12元。

一审宣判后，原公诉机关不抗诉。原审被告人刘某某不服判决，认为，济南农商行长清支行出具的贷款损失证明证实，农商行仅对贷款人进行了催收，未对担保人催收，即未穷尽一切措施和法律程序回收贷款的情况下，认定尚未归还的本金为贷款损失，缺乏事实依据，因此，原告以"一审判决量刑过重"为由，提出上诉。

二审法院认为，法律规定违法发放贷款"造成重大损失"，是指立案时造成没有归还或者没有全部归还的贷款数额巨大，案发后，司法机关依法将贷款追回，挽回了损失的，不能认为行为人违法发放贷款的行为没有造成损失，司法机关挽回犯罪行为造成损失的措施和实际结果，不影响对行为人的定罪。经查，本案原审判决认定的损失数额是案发时实际未归还数额，该认定于法有据，此上诉理由和辩护意见无法律依据，不能成立，不予采纳。

问题 65：按照上级指示发放的贷款是否可以构成违法发放贷款罪

问题难度：★★

问题解答：

我们已经在前面的内容中讲解了违法发放贷款罪的构成要件。如果行为人的行为符合违法发放贷款罪的构成要件，就构成该罪。实务中，很多银行的工作人员是在上级领导的授意之下办理的违法贷款，甚至有一些工作人员已经明确表达了自己"不同意办理贷款"的意见，但是迫于上级领导的压力又办理了贷款，这种情况仍然构成违法发放贷款罪。行为人并不能以上级"强迫"办理为由免于刑事处罚。在司法审判中，对于被迫办理业务的工作人员，一般会认定为"从犯"，适用从轻、减轻处罚的规定。

信贷管理建议：

银行工作人员常见的一种错误认识是"只要是上级领导交办的工作，即使错了也可以免责"。通过下面的案例分析可以看出，即使上级通过"开除、免职"等方式威胁当事人，最终当事人仍然不能免于刑事处罚。从最终量刑结果来看，即使行长被认定为从犯，也仅比主犯少判刑两年。

因此，银行信贷工作人员应当时刻谨记信贷工作纪律，严格按照授信条件和流程办理业务。对于重大严重违规的业务，即使上级不满意甚至被撤职，仍然要坚持合法合规的立场。任何职场的升迁和利益，都不会大于人身自由的价值。

法条链接：

刑法第二十七条　在共同犯罪中起次要或者辅助作用的，是从犯。对于从犯，应当从轻、减轻处罚或者免除处罚。

案例分享：

刘某、张某违法发放贷款一审刑事判决书（〔2019〕晋0702刑初580号）

2015年5月，古交阜民村镇银行董事长被告人刘某在任职期间将其好友韩某（因犯贷款诈骗判决）介绍给时任阜民银行行长被告人张某，并指使张某给其发放贷款，张某在了解情况之后，由于借款人非古交籍人员，在古交也无产业，发放贷款金额明显超过阜民银行贷款权限，没有可控担保等原因，张某将上述情况汇报于董事长刘某并称此笔贷款不能发放，刘某作为董事长无视国家法律法规和古交阜民村镇银行公司章程等规定仍插手干预银行贷款业务并强行要求行长张某等发放此笔贷款。

在发放贷款过程中，古交阜民村镇银行张某等人明知严重违反《商业银行法》《贷款通则》等国家相关法律规定，银行信贷人员对贷款主体、事由等不进行任何贷前调查、贷中审查，对借款人申请内容和相关情况的真实性、准确性、完整性也不进行调查核实，对贷款用途的真实性和合法性更没有进行调查和追踪监管，也没有落实审贷分离、分级审批制度，最终没有通过审贷委员会决议。基于上述种种不合规的情况下，刘某、张某仍安排工作人员制作贷款资料、贷款合同等文书并发放大额贷款，在支付大额贷款时，又违规使用自主支付方式（应使用受托支付）发放贷款，同时使用韩某的担保公司作为担保（经查该公司在古交阜民银行并无合作业务也没有存放保证金，其他行的保证金早已划扣殆尽），刘某作为阜民银行法人还违反规定给上述贷款做担保人。

手续"完备"之后，阜民银行当月违法向韩某的亲戚、朋友、雇员等六名非古交籍人员发放了借名贷款（详见贷款资料复印件，其中有韩某3000万元、韩某2200万元、祁某4500万元、田某1500万元）供韩某使用，贷款期限为一个月。在上述贷款到期时，阜民银行监管人员却对上述贷款存在的问题不闻不问，也未向上级部门及相关监管单位报告，贷款到期后的几个月中，在刘某、张某的安排下，银行工作人员又多次进行倒贷，经过调查发现累计倒贷23笔之多，共计贷款金额7.2亿元。2015年11月上述贷款形成不良和逾期，金额共计1.2亿元，古交阜民村镇银行以担心发生挤兑风险为由向其发起行晋中银行申请资金紧急救助，资金到位后，刘某为掩盖问题，又安排柜员将晋中银行存放于古交阜民银行的 1.2 亿元"同业存款"抵充了上述贷款的不良，12 月底晋中银行发现问题之后立即成立临时工作组后指使刘某代韩某、韩某 2、田某、王某四人进行冒名贷款 1.2 亿元，将此笔贷款资金又冲回到晋中银行的同业存款内。截至目前，逾期贷款至今未还，给金融机构造成重大损失。

2016 年 6 月 6 日，晋中银行选派行内职工雷某去古交阜民村镇银行担任董事长兼行长一职，全权主持古交阜民银行事务，根据晋中银行相关会议精神以及省银监会 2015 年对古交阜民村镇银行评定结果，经董事会、经营层、监事会决定，坚持"账销、案存、权在"的原则，不惜牺牲阜民银行利益，支付大额费用及利息，对上述不良贷款进行了"处置"。2018 年 9 月 30 日又一次进行了"处置"，借款人的贷款至今仍未还。

2019 年 3 月 5 日被告人刘某经电话传唤，主动到晋中市公安局城区分局投案。

2019 年 3 月 7 日被告人张某经电话传唤，主动到晋中市公安局城区分局投案。

被告人刘某对公诉机关的指控不持异议。其辩护人的辩护意见是：被告人刘某构成自首、刘某没有强行要求行长发放贷款、对阜民银行造成的损失非 1.2 亿元且损失已经通过债权转让全部挽回、本案有阜民银行内部管理不健全原因、被告人刘某系初犯偶犯，请求对被告人刘某从轻处罚。

被告人张某对公诉机关的指控不持异议。其辩护人的辩护意见是：阜民银行已通过不良资产挂牌转让方式处理 1.2 亿元逾期贷款损失已经全部挽回，没有造成严重后果；张某在共同犯罪中起到辅助作用，系从犯；被告人张艳忠系自首，且有及时报告、报案、申请诉前保全等挽回损失行为，请求对被告人张某从轻处罚。

被告人张某的供述与辩解，主要内容：我 2013 年 7 月从古交农信社离职，聘任至古交阜民银行，担任行长一职，负责在董事长授权范围内行使银行的日常经营活动。我发放贷款的数额是董事长授权注册资本 10% 范围内，即 200 万元。2015 年 5 月的时候古交阜民村镇银行董事长刘某向我介绍了韩某，说是要向我们行进行贷款，要向韩某发放贷款。当时我和韩苛不认识就见过这一面，刘某告诉我说想给韩某带来的这些人发放贷款，用于给这些人在晋中银行的贷款进行倒贷使用，需要先从我们行里贷款出来后，还入晋中银行，之后再从晋中银行贷出贷款后，再还入我们行，之后一直相互倒。我听过后就跟董事长说："我们行给这个韩某放贷款，一是银监局规定贷款超出权限200万元，贷款上千万元金额太大不能放；二是我作为行长只有200万元权限，所以也不能放；三是借款人当时说是倒贷款用，贷款用途不合规定也不能放；四是借款人都是晋中人，跨地区贷款不能放，这些都有明文规定，这个贷款不能放"，而且最主要的是阜民银行刚成立，本身没有资金用于发放贷款，刘学栋说："资金我组织，我组织回来的资金我使用，都是短期贷款一个月，其他的你都不用管了，我跟行里股东都沟通了，你也得签字我审批往出放贷款就行了。"我还是表示这个贷款不能办，刘某表示：你若不能办，赶紧滚蛋回家，我害怕被丢工作就默许了。

法院认为，被告人刘某、张某违反法律规定，向韩某的亲属、朋友、雇员等发放贷款7.2亿元，形成不良和逾期1.2亿元，数额特别巨大，均已构成违法发放贷款罪，应依法惩处，公诉机关指控成立。被告人刘某、张某经侦查机关电话传唤主动到案如实供述自己的罪行，系自首，依法可以对两被告人从轻处罚，辩护人关于两被告人系自首的辩护意见，本院依法予以采纳。本案中被告人刘某作为古交阜民银行董事长超越权限，指使该行工作人员违法发放贷款，起到主要作用，系主犯，被告人张某在共同犯罪中起到次要作用，系从犯，对于辩护人提出被告人张某系从犯的辩护意见予以采纳。关于各辩护人提出涉案贷款经过债权转让，未造成古交阜民银行损失、未形成严重后果可以对两被告人从轻处罚的辩护意见，与本院查明事实不符，不予采纳。被告人张某在涉案贷款逾期后积极向主管单位、上级部门报告，并及时向公安机关报案、申请诉前保全的为挽回损失起到了积极作用，本院酌情对其从轻处罚。综上，依据《中华人民共和国刑法》第一百八十六条、第六十一条、第二十五条第一款、第二十六条第一款、第四款、第二十七条第一款、第二款、第六十七条第一款、第五十二条、第五十三条、《中华人民共和国商业银行法》第三十五条之规定，判决如下：

一、被告人刘某犯违法发放贷款罪，判处有期徒刑八年，并处罚金人民币二十万元。

二、被告人张某犯违法发放贷款罪，判处有期徒刑六年，并处罚金人民币十万元。

问题 66：未对借款人进行现场调查，是否可以构成违法发放贷款罪

问题难度： ★

问题解答：

在解答这个问题之前，我们首先要解答的问题是：办理信贷业务，客户经理是否必须进行现场调查？

关于这个问题，现行法律和监管法规有如下规定：

1. 商业银行法第三十五条规定，商业银行贷款，应当对借款人的借款用途、偿还能力、还款方式等情况进行严格审查。商业银行贷款，应当实行审贷分离、分级审批的制度。

2. 贷款通则第二十七条规定贷款人受理借款人申请后，应当对借款人的信用等级以及借款的合法性、安全性、盈利性等情况进行调查，核实抵押物、质物、保证人情况，测定贷款的风险度。

3. 《个人贷款管理暂行办法》第十五条规定，贷款调查应以实地调查为主、间接调查为辅，采取现场核实、电话查问以及信息咨询等途径和方法。

4. 《流动资金贷款管理暂行办法》第十三条规定，贷款人应采取现场与非现场相结合的形式履行尽职调查，形成书面报告，并对其内容的真实性、完整性和有效性负责。

从上述规定可以看出，商业银行法和贷款通则强调了调查和审查的相关要求，并未明确调查是否必须为现场。《个人贷款管理暂行办法》和《流动资金贷款管理暂行办法》则明确规定贷款调查要以现场和非现场相结合的方式，且以现场调查为主。从这些规定中，我们可以理解为：现场调查是发放贷款的必要程序。

未进行现场调查的贷款，已经满足了违法发放贷款罪构成要件的其中

之一，即违反国家规定发放贷款。是否构成犯罪，还要结合其他几个构成要件进行分析，详见本书"问题62"。

信贷管理建议：

银行管理人员普遍对于信贷业务是否必须进行现场调查存在疑惑，尤其是对于小额线上消费类信贷产品是否现场调查存在争议。银行从降低成本和提升效率的角度考虑，倾向于不进行现场调查，那么，这样做是否符合法律规定？是否会对信贷人员形成潜在的刑事犯罪风险呢？笔者提出以下两条建议。

1. 对于金额小于20万元的线上信贷产品，如果银行内部制度明确规定该产品不需要进行现场调查，可以通过非现场调查或线上反欺诈系统代替现场调查。

2. 对于金额大于等于20万元的线上或线下贷款，必须进行现场调查。

"20万元"是违法发放贷款罪的最低追诉标准。低于20万元的贷款一般不会构成犯罪，同时，线上业务不具备现场调查条件也是行业的"共识"。这里要特别注意的是：如果单户低于20万元，但是因多户贷一户用、化整为零等情况累计数额大于20万元，仍然可以达到犯罪的追诉标准。

虽然一些银行在内部制度中明确一些产品不需要进行现场调查，但是，从上述银监会《个人贷款管理暂行办法》和《流动资金贷款管理暂行办法》的规定来看，这类违反国家监管法规的内部制度属于无效规定，不能成为信贷人员免责的依据。

法条链接：

《中华人民共和国刑事诉讼法》第二百二十五条 第二审人民法院对不服第一审判决的上诉、抗诉案件，经过审理后，应当按照下列情形分别处理：

（一）原判决认定事实和适用法律正确、量刑适当的，应当裁定驳回上诉或者抗诉，维持原判。

（二）原判决认定事实没有错误，但适用法律有错误，或者量刑不当的，应当改判。

（三）原判决事实不清楚或者证据不足的，可以在查清事实后改判；也可以裁定撤销原判，发回原审人民法院重新审判。

原审人民法院对于依照前款第三项规定发回重新审判的案件作出判决后，被告人提出上诉或者人民检察院提出抗诉的，第二审人民法院应当依法作出判决或者裁定，不得再发回原审人民法院重新审判。

案例分析：

冯某某、张某某违法发放贷款罪（〔2018〕内01刑终53号）

2014年6月被告人张某某（原招商银行内蒙古分行如意支行客户经理主管）受被告人冯某某（原招商银行内蒙古分行如意支行行长）的指使，违反商业银行法第三十五条、第三十六条及《贷款通则》第六章有关贷款程序的规定，在未对贷款人呼伦贝尔岭丰农牧科技有限责任公司、山西宝丰种业有限公司、河北魏县沃森农业发展有限公司以及贷款的担保人内蒙古惠民生物科技有限公司进行贷前调查的情况下，编造虚假的授信调查报告后，发起了呼伦贝尔岭丰农牧科技有限责任公司、山西宝丰种业有限公司、河北魏县沃森农业发展有限公司的人民币6000万元贷款授信审批流程。

被告人冯某某在明知被告人张某某没有对贷款人和担保人进行调查的情况下同意了贷款授信审批，并将授信调查报告及未经调查获取的贷款企业资料上报到了招商银行呼和浩特分行，经审核审批后，最终完成了对呼伦贝尔岭丰农牧科技有限责任公司、山西宝丰种业有限公司、河北魏县沃森农业发展有限公司，共计人民币6000万元的贷款发放手续，该笔贷款至今无法追回。2017年2月15日，被告人冯某某、张某某分别经公安机关电话传唤后自动投案。

一审法院判决认为，原审判决认为，被告人冯某某、张某某身为银行工作人员违反国家规定，非法向他人发放贷款人民币6000万元，数额巨大，且案发后未能归还，给国家造成重大损失，被告人冯某某、张某某的行为均已构成违法发放贷款罪。被告人冯某某、张某某在案发后经公安机关传唤主动到案，且能如实供述犯罪事实，可以认定为自首，依法可以从轻处罚。依据《中华人民共和国刑法》第一百八十六条第一款、第六十七条第一款之规定，判决：一、被告人冯某某犯违法发放贷款罪，判处有期徒刑一年一个月，并处罚金人民币5万元；二、被告人张某某犯违法发放贷款罪，判处有期徒刑一年一个月，并处罚金人民币3万元。

呼和浩特市赛罕区人民检察院抗诉称，冯某某、张某某违法发放贷款6000万元，且贷款全部逾期未归还，二人违法发放贷款造成损失的金额符合特别巨大的情形，应在五年以上量刑，一审量刑畸轻，请二审法院依法判处。

上诉人冯某某未提出实质性的上诉理由，其辩护人提出如下辩护意见：1.冯某某在贷款发放过程中仅为支行出口管理，不具有审查的职责，且在张某某进行系统上报之前，分行的欧某某和王某1已经收到了张某某上报的纸质资料，冯某某的支行出口管理形同虚设，另外冯某某是接受分行主管行长刘某某的指令才通知张某某先放款后调查的，且贷款的发放是多种因素共同所导致的；2.对企业的贷款调查，除了现场调查的方式还有非现场调查的方式，张某某通过核心企业永业农丰公司取得了经销商提供的贷款资料，且内容真实，达到了现场调查的目的，并在贷后补做了调查，弥补了未到现场查看的程序瑕疵，故其行为没有违反贷款通则或商业银行法的规定，不属于刑法调整范围，综上，冯某某的行为不构成违法发放贷款罪。

二审法院认为，上诉人冯某某、原审被告人张某某身为银行工作人员违反国家规定发放贷款，共计人民币6000万元，数额特别巨大，且逾期未还，冯某某、张某某的行为均已构成违法发放贷款罪。冯某某、张某某案发后经公安机关传唤主动到案，且能如实供述自己的罪行，系自首，依法可以从轻或减轻处罚。关于上诉人冯某某辩护人提出的冯某某不构成违法发放贷款罪的辩护意见，经查，招商银行呼和浩特分行发布的永业集团下游经销商批量授信方案中明确规定调查方式为现场调查，而张某某在接到冯某某短信通知后，在未进行现场调查的情况下直接出具了授信调查报告，并发起贷款授信审批流程，冯某某予以通过并上报分行，最终使贷款被顺利发放，二人的行为均违反了对贷款应严格审查的法律规定，系违法发放贷款；贷款审查应严格按照程序依规进行，贷前未做调查，在贷款发放后补做调查，已经丧失了做贷前调查的意义，故贷后补做调查的行为并不能弥补冯某某未在规定时间内正确履行自己职责的责任；冯某某向他人违规发放贷款是否受到他人指令，不影响对其应当履行职责而没有正确履行的行为认定。综上，该辩护意见不能成立，本院不予采纳。关于抗诉机关提出的冯某某、张某某违法发放贷款6 000万元，属于数额特别巨大或者造成特别重大损失的情形，一审量刑畸轻的抗诉意见，经查，根据《最高人民检察院、公安部关于公安机关管辖的刑事案件立案追诉标准的规定（二）》的规定，违法发放贷款，数额在100万元以上或直接经济损失数额在20万元以上的应予立案追诉，而本案违法发放贷款数额为6 000万元，已超出立案标准60倍，应认定为数额特别巨大，抗诉机关的该部分抗诉意见成立，本院予以支持，但考虑到：一、冯某某、张某某具有自首情节；二、二人虽未按照规定进行贷前调查，但在案无证据证实二人提供给分行进行审查的贷款资料是虚假的并影响了贷款审查人员的判断；三、本案的贷款不但设有担保人，还有永业公司承诺回购以及代为偿还贷款，本案贷款未能按期偿还系多种原因造成的；四、在案无证据证实冯某某、张某某谋取个人利益。综上，冯某某、张某某主观恶性较轻，且系初犯、偶犯，具有自首情节，可依法对冯某某、张某某减轻处罚，根据冯某某、张某某的犯罪事实、性质、情节和对社会的危害程度，一审量刑并无不当，故一审量刑畸轻的抗诉意见不能成立，本院不予采纳。综上，原判认定冯某某、张某某犯违法发放贷款罪，认定事实清楚，量刑在法定幅度范围内，依法应予维持。本案经本院审判委员会讨论决定，依据《中华人民共和国刑事诉讼法》第二百二十五条第一款第（一）项的规定，裁定如下：

驳回抗诉、上诉，维持原判。

问题 67：银行工作人员"自批自贷"行为是否构成违法发放贷款罪

问题难度：★★

问题解答：

笔者通过分析判例发现，银行工作人员"自批自贷"行为会涉嫌构成职务侵占罪、挪用资金（公款）罪、违法发放贷款罪、骗取贷款罪和贷款诈骗罪，同时，这几项罪名之间存在竞合关系。区分这几项罪名，主要从罪名的关键构成要件分析：

职务侵占罪的核心是"以非法占有为目的"，例如：贷款发放后即转移至其他人的账户且自始不归还本息。相反，"不以非法占有为目的"的表现形式为：贷款后资金用途和流向明确且确实因经营或投资失败等原因无法归还、贷款期间正常归还利息或本金、案发后仍在积极归还。

贷款诈骗罪的主观方面同样是"以非法占有为目的"，客观方面表现为采用欺骗的手段骗取贷款。

违法发放贷款罪、骗取贷款罪、挪用资金（公款）罪均不具有"非法占有"的主观故意。违法发放贷款罪是发放贷款的行为违法，贷款实际由借款人使用，放款人并未实际占有使用款项。骗取贷款罪是为了达到贷款的目的而使用欺骗手段，自始至终具有归还贷款的主观意愿。挪用资金（公款）罪是对资金有管理权的人员将资金挪作他用，希望归还但未能归还或未能如期归还的行为。如果企业是国有性质，构成挪用公款罪。如果企业是非国有性质，则构成挪用资金罪。

综上，银行工作人员"自批自贷"行为的性质判断，应当按照如下步骤进行。

首先，要判断是否具有"非法占有"的目的，主要通过贷款后的实际用途、归还方式等综合判断。如果具有"非法占有"的目的，需要进一步判断是否构成职务侵占罪或贷款诈骗罪，抑或构成二者的竞合犯。竞合犯按照从一重罪原则处罚。如果不具有"非法占有"的目的，则排除职务侵占罪和贷款诈骗罪。

其次，对于"不具有非法占有目的"的行为，要判断是否构成违法发放贷款罪、骗取贷款罪、挪用资金（公款）罪。如果均构成，仍然按照竞合犯罪的处理原则，择一重罪处罚。

再次，在实务中，上述罪名存在较大的竞合可能。如果出现竞合，则按照"择一重罪"的原则处罚，一般不适用数罪并罚。

最后，违法发放贷款罪和骗取贷款罪没有必须联系，并非必然同时存在的关系。例如：如果借款人提供的贷款资料真实有效，而放款人违规放款，放款人构成违法发放贷款罪。如果借款人虚构贷款资料和生产经营现场，放款人完全不知情且全部尽职履责，则借款人构成骗取贷款罪。

"自批自贷"行为，在构成违法发放贷款罪的同时，是否构成骗取贷款罪？按照竞合犯的处理原则，实务中较为合理的做法是：判处违法发放贷款罪评价"自批"行为，量刑时按照"向关系人发放贷款从重处罚"的规定评价"自贷"行为，详见"案例分享"部分的法院评析。

信贷管理建议：

由于违法发放贷款罪可以构成单位犯罪，对单位的主管人员和直接责任人进行刑事处罚，因此，单位要积极应对此类犯罪行为。

单位发现"自批自贷"行为，应当尽快查明是个人行为，还是某集体的行为。如果是个人行为，单位受到的损害相对较小。

作为银行员工或辩护人，应当重点在上述几个罪名之间进行抗辩。例如："是否具有非法占有的目的"是区分重罪与轻罪的主要区别，也直接决定了后续量刑的区间，应当重点抗辩。同时，要争取按照竞合犯"择一重罪处罚"的原则处理，避免按照数罪并罚的方式处理。

法条链接：

《刑法》第一百八十六条　银行或者其他金融机构的工作人员违反国家规定发放贷款，数额巨大或者造成重大损失的，处五年以下有期徒刑或者拘役，并处1万元以上10万元以下罚金；数额特别巨大或者造成特别重大损失的，处五年以上有期徒刑，并处2万元以上20万元以下罚金。

银行或者其他金融机构的工作人员违反国家规定，向关系人发放贷款的，依照前款的规定从重处罚。

单位犯前两款罪的，对单位判处罚金，并对其直接负责的主管人员和其他直接责任人员，依照前两款的规定处罚。

《刑法》第二十五条　共同犯罪是指二人以上共同故意犯罪。

《刑法》第六十四条　犯罪分子违法所得的一切财物，应当予以追缴或者责令退赔；对被害人的合法财产，应当及时返还；违禁品和供犯罪所用的本人财物，应当予以没收。没收的财物和罚金，一律上缴国库，不得挪用和自行处理。

案例分享：

周某违法发放贷款案（〔2017〕浙0302刑初389号、〔2017〕浙03刑终1175号）

公诉机关温州市鹿城区人民检察院诉称：2011年12月31日，被告人周某被浙江温州鹿城农村合作银行水心支行聘任为临时负责人（聘期至2012年12月31日），2012年4月16日，被聘任为水心支行行长（2013年7月30日，水心支行更名为松台支行），主要负责全额审批自然人贷款等工作。被告人周某在任职期间，与潘某1、潘某2、梅某等人共同开设瑞安梦之娱乐城有限公司，经营KTV生意，为获取装修等资金，被告人周某知以张某、王某、李某、朱某、李某、胡某、郑某、黄某、王某、吴某1、郑某、吴某2名义申请的贷款系用于上述KTV经营，仍利用任支行行长的职务便利，采用指使银行信贷员不审查直接办理贷款业务或自己签字审批通过的方式，违法发放贷款共计人民币4 930 000元，并将贷款用于上述KTV经营，案发时造成银行损失人民币 4 667 764.22 元,至今仍有人民币 4 563 878.22 元未归还。对于以上指控事实,公诉机关提供了相应的证据,认定被告人周某的行为已构成职务侵占罪,提请依照《中华人民共和国刑法》第二百七十一条第一款之规定,予以处罚。

法院生效裁判认为:

(1) 关于违法发放贷款罪的构罪分析。涉案的信贷员证明周某将贷款材料交给他们并交代已经审核过,不需要再做实地调查,直到贷款逾期后,才发现房产材料为虚假。相应的涉案的名义上的借款人证明其等人并未提供过房产材料给银行。相关的言辞证据的取证程序合法,内容客观真实,可以作为本案的定案依据。周某利用其担任银行行长的职务便利,借用朱某、王某、郑某、李某、黄某等人的名义,套取名义上的小微企业等贷款归周某其本人使用。周某具备违法放贷的主观目的及客观行为。周某的实质上的自批自贷的行为,违反了《中华人民共和国商业银行法》《贷款通则》等法律法规中有关贷款管理的规定,周某其行为符合违法发放贷款罪的犯罪构成。关于相关名义上的借款人的续贷资金的性质,经查,相关款项均已转入周某控制的账户,和本案的其他资金,并无性质上的区别。至于名义上的借款人中的部分人员,提供的贷款材料确系真实,但不影响对周某构成违法发放贷款罪的认定。

(2) 关于违法发放贷款罪的从重处罚情节的问题。根据《中华人民共和国商业银行法》第四十条的规定,商业银行不得向关系人发放信用贷款,发放担保贷款的条件不得优于其他人,其中的关系人包括银行和其他金融机构的管理人员和信贷人员,可见,违法发放贷款罪的对象可以包括本人。周某代表银行发放贷款,系采取借用他人名义违规发放贷款,套取银行贷款供自己使用,其既是违法借款人,又是违法放贷人。根据《刑法》的举轻明重的原则,应当认定周某向关系人发放贷款而对其从重处罚。原判没有认定周某的该从重处罚情节系不当,应予纠正,但鉴于上诉不加刑的原则,二审对于周某不予加重处罚。

(3) 关于违法发放贷款罪的犯罪数额与损失的认定。违法发放贷款罪的犯罪数额,应当认定为违法发放贷款的人员所发放的贷款数额,即本案

4 930 000元。对于金融机构的损失额,应当指的是银行到期不能挽回的本息损失额,原判认定的系银行的本金损失额,已是对被告人作有利的认定。根据司法实务中掌握的关于违法发放贷款罪的数量标准,特别重大损失是100万元以上,故对于周某的违法放贷行为,应认定其造成银行特别重大的损失。

(4)关于罪名竞合的问题。周某套取银行的贷款后,有按期归还利息,后由于经营不善,不能产生预期收益等原因而不能归还贷款款项,故不能认定周某具有非法占有的主观故意,故原审法院对于公诉机关指控的职务侵占罪不予认同的方法系得当。本案中,周某和潘某1、潘某2、梅某、林某等人因经营KTV没有资金,便预谋从周某担任行长的鹿城农商银行水心支行(后更名为松台支行)办理贷款,方法是借用他人的名义,以小微企业等为由申贷,周某并交代信贷员不经审查予以办理贷款。可见,周某的行为同时构成违法发放贷款罪和骗取贷款罪。周某作为银行行长,具有贷款批准权,又有资金主管权,借用他人名义套取银行贷款用于个人经营,系挪用企业资金行为,该行为又构成挪用资金罪(农商银行系非国有银行),对周某应择一重罪进行处罚。因此,本案应认定为违法发放贷款罪。

(5)关于退赔认定的相关问题。周某既是违法放贷人,也是贷款的使用人,原审法院判令其对银行损失总额予以退赔,系于法有据。对于其他犯罪人员是否应当承担共同退赔责任,及周某和其他人员的民事责任分担问题,应通过另外的诉讼程序,以及其他的纠纷解决机制予以解决,不属于本案的审判范围。至于其他人员因据生效的民事裁判而陆续被判处偿还借款及被执行等刑民交叉事宜,银行在日后从该些人员处追回的款项,应当对周某作相应的减免,从对周某的退赔额4 563 878.22元中予以扣除。

温州市鹿城区人民法院于2017年6月28日作出(2017)浙0302刑初389号刑事判决:以违法发放贷款罪判处周某有期徒刑七年,并处罚金人民币70 000元;并责令被告人周某退赔违法所得,返还给被害单位鹿城农商银行。一审宣判后,检察院没有抗诉,被告人周某不服,向温州市中级人民法院提出上诉。周某上诉及其辩护人提出:(1)相关部分的信贷款项,系提供真实的房产权证,贷款程序合法,不应认定为违法发放贷款。(2)原判在认定周某犯违法发放贷款罪的同时，判决周某承担退赔责任无法律依据。

温州市中级人民法院经审理后认为：（1）周某的自批自贷行为，符合违法发放贷款罪的犯罪构成。名义上的借款人中的部分人员，提供的贷款材料确系真实，但不影响违法发放贷款罪的认定。（2）行为人竞合数个罪名，应按照处罚较重的违法发放贷款罪进行定罪，同时，对于其"自贷"行为，应认定为违法发放贷款罪的"向关系人发放贷款"从重处罚的情节。（3）周某同时也是骗取贷款者，故应责令其退赔银行的经济损失。据此，温州市中级人民法院于2017年9月4日作出（2017）浙03刑终1175号裁定：驳回上诉，维持原判。

问题 68："借新还旧"贷款是否可以构成违法发放贷款罪

问题难度：★★

问题解答：

"借新还旧"贷款又称"以贷还贷""转据""倒贷"，是指在借款人旧的贷款到期后尚未清偿的情况下，银行、信用社等金融机构再次为其发放一笔新的贷款，用以归还或部分归还原贷款的行为。

"借新还旧"贷款的操作方式，有利于商业银行盘活不良贷款，并有可能要求借款人完善或加强担保，弱化了即期贷款风险。但也在某种程度上掩盖了信贷资产质量的真实状况，推迟了信贷风险的暴露时间，沉淀并累积了信贷风险。同时在办理新贷款的手续上，还存在着相当的法律风险。

山西瀛航律师事务所的检索分析结果显示：在 8 份判决书中有辩护人提出"借新还旧"没有造成损失不构成犯罪的辩护观点，但只有 1 起案件被认定为不构成犯罪，1 起认定为属从轻情节，6 起被认定为不影响犯罪的成立。

因此，我们在实务中可以得出一个大概率的结论："借新还旧"并不能作为违法发放贷款罪的抗辩事由。即使办理的是"借新还旧"贷款，只要符合违法发放贷款罪的构成要件，仍按照犯罪处理。

信贷管理建议：

银行为了压降不良贷款率指标，采取"借新还旧"方式转办不良贷款是经常用到的手段。作为信贷工作人员，在办理"借新还旧"时存在的误区是"这是转办贷款，即使形成不良也与我无关"。通过上述分析可以看出，"借新还旧"贷款的办理必须符合一般贷款发放的基本规范，如果违反了这些基本规范的要求，就可能构成犯罪。笔者根据实践经验，认为"借新还旧"贷款可能构成犯罪的情形有：借用或冒用他人名义发放的贷款、贷款用途虚假或贸易背景虚假的贷款、抵质押物虚假的贷款、保证人对借新还旧不知情的贷款、新贷较旧贷金额增加的贷款、新贷较旧贷担保弱化的贷款。

案例分享：
陈某甲、吴某甲违法发放贷款一审刑事判决书（〔2015〕湛吴法刑初字第145号）

2001年5月至2007年10月2日止，被告人陈某甲任吴川市兰石信用社主任期间，在办理信用贷款业务的过程中，违反国家规定，不认真履行信用贷款审查、调查、审批职责，不核对贷款人的身份资料，逆程序审批发放贷款，违法向梁某1、杨某、梁某2等67人发放贷款1 022.55万元。被告人吴某甲作为信贷员，于2006年6月至2007年7月29日，违反国家规定，不对借款人的身份、贷款用途、偿还能力、还款方式等情况进行审查，违法向梁某1、杨某、梁某2等38人发放贷款627.05万元。公诉机关为指控的事实提供了相应证据，认为被告人陈某甲、吴某甲违反国家规定发放贷款，其中陈某甲违法发放贷款1 022.55万元，吴某甲违法发放贷款627.05万元，数额特别巨大，造成特别重大损失，其行为触犯了《中华人民共和国刑法》第一百八十六条的规定，犯罪事实清楚，证据确实、充分，应当以违法发放贷款罪追究其刑事责任。

陈某甲辩称：其任职前信用社已经发放的贷款，在其任职后因贷款到期无法归还而转贷，作贷新还旧处理的贷款数额，由于该部分贷款没有资金周转，依法不应认定该款作为被告人违规发放贷款部分。但是，因为信用社没有提供该转贷部分的证据，无法进行扣减。从而无法具体认定本案的发放贷款数额，因此，被告人"违法发放"的贷款中，实际贷出数是多少？在贷出款项中有多少笔属于前期贷款进行贷新还旧的，具体数额是多少？贷款后，有多少笔从信用贷款转为有效抵押贷款的，金额是多少？在上述疑点未查清之前，认定被告人陈某甲"违法发放贷款1 022.55万元"，属于事实不清，证据不足。基于以上理由，起诉书指控被告人"逆程序""违法发放贷款1 022.55万元"显然缺乏理据支持。

被告人吴某甲的辩护人辩称：被告经办的放贷额是 627 万元，而转贷部分是应从中扣除的。因为虚假的"转贷"只是做账，并没有支付现金给客户，顾名思义，违法放贷就要有放贷的行为，而被告只是做账应付检查并没有实际放贷出去，转贷数不应计入他的违法放贷额之内。（如果说旧贷的责任已消亡或转移，一定要由新贷的现任者来承担责任，那么照此推理，现在的转贷若无法收回，也一定是由下一任接手再转贷的人来承担，现任岂不是也一样无责任？）

一审法院经查，在刑事判决书中认为：被告人陈某甲、吴某甲违法发放的贷款中，其中 27 笔属于"贷新还旧"，此"贷新还旧"是吴某甲市兰石信用社与债务人在旧的贷款尚未清偿的情况下，再次签订贷款合同，以新贷出的款项清偿旧的贷款；借新还旧从其本质上讲，是对原借款合同中贷款期限、利率等条款的变更，其实质内容是对借款期限法律契约上的延长。虽然"贷新还旧"没有发生新的资金支出，但被告人陈某甲、吴某甲作为贷款的责任人，在发放上述"贷新还旧"的贷款时没有尽到相关责任和义务，不认真履行信用贷款审查、调查、审批职责，不核对贷款人的身份资料，向不符合相关规定的贷款人再次发放贷款。故"贷新还旧"的贷款数额应当计算为被告人陈某甲、吴某甲违法发放贷款的数额。辩护人上述辩护意见，本院不予采纳。

问题69：员工被判违法发放贷款罪后，银行是否可以提起民事诉讼要求借款人和担保人偿还

问题难度：★★

问题解答：

当银行出现员工被判违法发放贷款罪且借款人构成骗取贷款罪的双重犯罪时，一般会存在较为严重的弄虚作假行为，例如：虚构贷款用途、编造企业财务报表、伪造交易合同、伪造资金使用情况等。在这种情况下，如果银行通过民事诉讼程序维护权利，法院很可能依据合同法第五十二条的规定认定合同无效，其中较为常见的法定情形是：以合法形式掩盖非法目的；恶意串通损害国家、集体或第三人利益。

如果借款合同被认为无效，则抵押合同、保证合同等从合同也无效。借款合同无效后，银行只能要求借款人返还本金，实践中的做法是按照同期贷款基准利率计算利息。如果银行原本约定的利率是在基准利率基础上上浮的，就导致银行获得的利率保护低于原合同约定的利率。对于从合同，银行需要证明担保人有过错，才能要求担保人承担责任，且最多承担三分之一的责任。担保人的过错主要是指担保人对骗取贷款的行为知道或应当知道仍提供担保的情形。

综上，当银行出现员工被判违法发放贷款罪时，银行可以依据借款合同、保证合同、抵押合同、提起民事诉讼要求借款人和保证人偿还，但是诉讼难度较大。

信贷管理建议：

从笔者的实务经验来看，当银行面对内外部双重犯罪时，最有效的维权方式是通过公安、检察院、法院等机关挽回损失，而且挽损的重点目标

是本金，司法机关一般不会把利息作为挽损的工作目标。最有效的维权时机也是刑事案件从立案到法院判决之间，这期间犯罪嫌疑人及其家属为了减轻或免于处罚，都会积极主动偿还贷款。

如果等到刑事案件判决生效后，罪犯的还款意愿明显下降，银行只能另行提起民事诉讼追偿，这时诉讼的难度非常大，而且还款的可能性极小。

法条链接：

《最高人民法院关于适用〈中华人民共和国民法典〉有关担保制度的解释》第十七条　主合同有效而第三人提供的担保合同无效，人民法院应当区分不同情形确定担保人的赔偿责任：（一）债权人与担保人均有过错的，担保人承担的赔偿责任不应超过债务人不能清偿部分的二分之一。（二）担保人有过错而债权人无过错的，担保人对债务人不能清偿的部分承担赔偿责任。（三）债权人有过错而担保人无过错的，担保人不承担赔偿责任。主合同无效导致第三人提供的担保合同无效，担保人无过错的，不承担赔偿责任；担保人有过错的，其承担的赔偿责任不应超过债务人不能清偿部分的三分之一。

（已废止：担保法解释 第八条　主合同无效而导致担保合同无效，担保人无过错的，担保人不承担民事责任；担保人有过错的，担保人承担民事责任的部分，不应超过债务人不能清偿部分的三分之一。）

案例分享：

再审申请人长春发展农村商业银行股份有限公司与被申请人长春市金达机械设备有限公司、长春市圣鑫轨道客车配件有限公司金融借款合同纠纷案（最高人民法院〔2018〕最高法民申 61 号民事裁定书）

最高人民法院再审审查认为：

根据一审、二审判决和发展农村银行再审申请理由及圣鑫公司的答辩意见，本案的主要争议焦点是：一、案涉借款合同是否合法有效，金达公司是否应归还借款本息及数额如何确定。二、案涉保证合同和抵押合同是否合法有效，圣鑫公司应否承担金达公司所欠贷款的连带责任。三、发展农村银行是否对圣鑫公司提供的抵押物享有优先受偿权。

一、关于借款合同是否合法有效，金达公司是否应归还借款本息及数额如何确定的问题。合同法第五十二条规定："有下列情形之一的，合同无效：（一）一方以欺诈、胁迫的手段订立合同，损害国家利益；（二）恶意串通，损害国家、集体或者第三人利益；（三）以合法形式掩盖非法目的；（四）损害社会公共利益；（五）违反法律、行政法规的强制性规定。"本案中，根据已经生效的吉林省长春市中级人民法院（2015）长刑二初字第26号刑事判决书和吉林省高级人民法院（2017）吉刑终71号刑事裁定书的查明和认定，金达公司在办理案涉贷款过程中虚构贷款用途，伪造虚假采购合同和其他经济合同，提供了虚假财务报表以虚构公司经营收入和利润，伪造圣鑫公司收取金达公司股权转让款的收据，使用伪造的圣鑫公司印章与长春市环城农村信用合作联社（以下简称环城信用社，后更名为发展农村银行）签订抵押合同、担保合同，用圣鑫公司的财产为金达公司的贷款提供抵押担保，最终骗取贷款4 000万元。金达公司骗取贷款的行为已被上述生效刑事裁判书认定构成骗取贷款罪，金达公司实际控制人庞某系单位犯罪直接负责的主管人员，应对金达公司的犯罪形成承担相应的刑事责任。同时，环城信用社的信贷人员杨某在办理金达公司贷款过程中，没有仔细审核金达公司提供的相关合同的真伪；没有仔细核实圣鑫公司出具的收取股权转让款收据的真伪；在办理案涉贷款担保时，未对抵押人圣鑫公司是否盖章进行核实，也未对圣鑫公司人员不在场的情况下，抵押人圣鑫公司委托债务人金达公司的人员作为公证事项的代理人进行公证提出合理怀疑。杨某违反国家规定，违法发放贷款4 000万元，数额特别巨大，亦被上述生效刑事裁判书认定构成违法发放贷款罪。金达公司及其实际控制人庞某的上述犯罪行为足以证明金达公司构成以"签订《借款合同》"这一合法形式，掩盖其"骗取银行贷款"之非法目的。杨某的行为属于发展农村银行的职务行为，在杨某已经构成违法发放贷款罪的情况下，足可认定发展农村银行在案涉贷款合同签订和履行过程中存在明显过错，并因此导致金达公司在采取多种违法行为之后以"签订借款合同"之合法形式进而掩盖"骗取银行贷款"的非法目的得以实现。根据以上事实和法律，二审法院认定案涉《借款合同》

明显构成合同法第五十二条第三项关于"以合法形式掩盖非法目的"的合同无效情形，金达公司和发展农村银行签订的借款合同应当被认定为无效合同，该认定并无不当，本院予以维持。

合同法第五十八条规定："合同无效或者被撤销后，因该合同取得的财产，应当予以返还；不能返还或者没有必要返还的，应当折价补偿。有过错的一方应当赔偿对方因此所受到的损失，双方都有过错的，应当各自承担相应的责任。"根据上述规定，金达公司应将借款本金返还发展农村银行。发展农村银行关于利息的诉讼请求，二审法院以借款本金为基数按照中国人民银行同期贷款基准利率自2014年3月14日起计至清偿之日止所产生的利息，该认定并无不当，本院予以维持。金达公司及其实际控制人庞某构成骗取贷款罪，应对借款合同无效负主要过错责任，应对发展农村银行的利息损失部分承担赔偿责任。发展农村银行因其工作人员杨某在办理贷款过程中，未尽审慎注意义务，导致金达公司骗取贷款的犯罪目的实现，对借款合同无效也存在着一定过错。根据以上事实，二审法院认定金达公司应在借款本金及利息损失范围内对庞某不能退赔部分承担赔偿责任（扣除金达公司已经向发展农村银行偿还1 023 807.19元），并承担一审案件受理费及保全费，发展农村银行自行承担律师费和公证费，该认定并无不当，本院予以维持。

二、关于案涉保证合同和抵押合同是否合法有效，圣鑫公司应否承担金达公司所欠贷款连带责任的问题。《中华人民共和国担保法》第五条第一款规定："担保合同是主合同的从合同，主合同无效，担保合同无效。担保合同另有约定的，按照约定。"《最高人民法院关于适用〈中华人民共和国担保法〉若干问题的解释》第八条规定："主合同无效而导致担保合同无效，担保人无过错的，担保人不承担民事责任；担保人有过错的，担保人承担民事责任的部分，不应超过债务人不能清偿部分的三分之一。"本案中，因案涉借款合同被认定为无效，案涉保证合同和抵押合同为从合同，应认定为无效。发展农村银行主张圣鑫公司承担借款损失，应当举证证明圣鑫公司存在过错。发展农村银行工作人员违法发放贷款造成损失，其在没有证明圣鑫公司参与了犯罪或者对该犯罪行为知情并仍然提供抵押担保的情况下，要求圣鑫公司承担民事责任缺乏法律依据。综上，二审法院认定圣鑫公司对金达公司所承担债务不承担连带给付责任，该认定并无不当，本院予以维持。

三、关于发展农村银行是否对圣鑫公司提供的抵押物享有优先受偿权的问题。合同法第五十六条规定："无效的合同或者被撤销的合同自始没有法律约束力。合同部分无效，不影响其他部分的，其他部分仍然有效。"本案中，因抵押合同无效，抵押权缺乏合同基础，自始没有法律约束力，二审法院认定发展农村银行对圣鑫公司提供的抵押物不享有优先受偿权，该认定并无不当，本院予以维持。

问题 70：信贷人员涉嫌违法发放贷款罪，是否可以争取从轻、减轻或免于刑事处罚

问题难度：★

问题解答：

信贷人员因涉嫌违法发放贷款罪被公安机关讯问后，要及时对自身的行为进行客观评估和判断，必要时咨询专业律师。如果认为自己构成违法发放贷款罪，可以积极争取从轻、减轻或免于刑事处罚，具体有三种方式：

第一种方式：信贷人员积极挽回本金损失，争取适用刑法第三十七条"对于犯罪情节轻微不需要判处刑罚的，可以免予刑事处罚"。刑事案件中的"损失"与银行日常工作中的"损失"不同。刑事案件中的"损失"仅指本金，不包含利息，因此，只要信贷人员能够积极追偿回本金，就可以争取适用该规定。如果只追偿回部分本金，司法机关也会作为量刑情节予以考虑。

第二种方式：信贷人员要主动参与案件的办理，掌握第一手信息，如确认自身已经构成犯罪，应当主动自首，争取适用刑法第六十七条 "对于自首的犯罪分子，可以从轻或者减轻处罚"。实务中，银行报案的罪名一般是借款人骗取贷款罪或贷款诈骗罪，往往是公安机关在侦查过程中发现了信贷人员违法发放贷款罪的犯罪线索，而大多数涉嫌违法发放贷款罪的信贷人员拒绝配合或参与银行报案，对案件进度一无所知，错失了争取自首的最佳时机。

第三种方式：刑事案件进入司法程序后，信贷人员可以主动"认罪认罚"，争取适用《关于适用认罪认罚从宽制度的指导意见》的规定。实务中，认罪认罚可以在公安机关侦查、检察机关审查起诉和法院审判阶段进行，是争取从宽处理的最简单有效方式。

以上三种方式可以分别适用，也可以综合适用。案例分享中提到的案例，

就是犯罪嫌疑人同时争取适用了上述三种方式，最终检察机关做出不起诉的决定。

信贷管理建议：

作为银行信贷管理部门或管理人员，如果发现员工涉嫌违法发放贷款罪，应当向员工讲清楚利害关系，引导员工主动参与到刑事案件的办理中，并且引导员工按照上述挽回损失、自首、认罪认罚的方式争取从轻、减轻或免于刑事处罚。

法条链接：

刑法第十三条　一切危害国家主权、领土完整和安全，分裂国家、颠覆人民民主专政的政权和推翻社会主义制度，破坏社会秩序和经济秩序，侵犯国有财产或者劳动群众集体所有的财产，侵犯公民私人所有的财产，侵犯公民的人身权利、民主权利和其他权利，以及其他危害社会的行为，依照法律应当受刑罚处罚的，都是犯罪，但是情节显著轻微危害不大的，不认为是犯罪。

刑法第三十七条　对于犯罪情节轻微不需要判处刑罚的，可以免予刑事处罚，但是可以根据案件的不同情况，予以训诫或者责令具结悔过、赔礼道歉、赔偿损失，或者由主管部门予以行政处罚或者行政处分。

刑法第六十七条　犯罪以后自动投案，如实供述自己的罪行的，是自首。对于自首的犯罪分子，可以从轻或者减轻处罚。其中，犯罪较轻的，可以免除处罚。被采取强制措施的犯罪嫌疑人、被告人和正在服刑的罪犯，如实供述司法机关还未掌握的本人其他罪行的，以自首论。犯罪嫌疑人虽不具有前两款规定的自首情节，但是如实供述自己罪行的，可以从轻处罚；因其如实供述自己罪行，避免特别严重后果发生的，可以减轻处罚。

最高人民法院、最高人民检察院、公安部、国家安全部、司法部《关于适用认罪认罚从宽制度的指导意见》（摘录部分内容）认罪认罚从宽制度贯穿刑事诉讼全过程，适用于侦查、起诉、审判各个阶段。认罪认罚从宽制度没有适用罪名和可能判处刑罚的限定，所有刑事案件都可以适用，不能因罪轻、罪重或者罪名特殊等原因而剥夺犯罪嫌疑人、被告人自愿认罪认罚获得从宽处理的机会。但"可以"适用不是一律适用,犯罪嫌疑人、被告人认罪认罚后是否从宽,由司法机关根据案件具体情况决定。

认罪认罚从宽制度中的"认罚",是指犯罪嫌疑人、被告人真诚悔罪,愿意接受处罚。"认罚",在侦查阶段表现为表示愿意接受处罚;在审查起诉阶段表现为接受人民检察院拟作出的起诉或不起诉决定,认可人民检察院的量刑建议,签署认罪认罚具结书;在审判阶段表现为当庭确认自愿签署具结书,愿意接受刑罚处罚。从宽处理既包括实体上从宽处罚,也包括程序上从简处理。

认罪认罚的从宽幅度一般应当大于仅有坦白,或者虽认罪但不认罚的从宽幅度。对犯罪嫌疑人、被告人具有自首、坦白情节,同时认罪认罚的,应当在法定刑幅度内给予相对更大的从宽幅度。认罪认罚与自首、坦白不做重复评价。

对认罪认罚后没有争议,不需要判处刑罚的轻微刑事案件,人民检察院可以依法作出不起诉决定。人民检察院应当加强对案件量刑的预判,对其中可能判处免刑的轻微刑事案件,可以依法作出不起诉决定。

案例分享:
不起诉决定书(焦某某违法发放贷款案)

2011年6月,灌云县××银行××支行信贷员被不起诉人焦某某作为副调查人,在王某甲、张某某、王某乙、陈某某、王某丙五户联保贷款过程中,未依法认真审查借款人提供的贷款资料及对借款人的贷款用途、还款能力等情况进行实地调查的情况下,就在钱某某(已判刑)提供的调查报告上签名,违法向不符合贷款条件的王某甲、张某某、王某乙、陈某某、王某丙发放贷款140万元(贷款期限为2011年11月1日—2012年10月20日)。2012年12月30日,140万元贷款本息均还清。认定上述事实的证据如下:1. 户籍证明等书证; 2. 证人王某甲、钱某某、张某某等证言; 3. 被不起诉人焦某某供述和辩解。

本院认为,焦某某实施了《中华人民共和国刑法》第一百八十六条第一款规定的行为,但犯罪情节轻微,具有自首情节,且认罪认罚,根据《中华人民共和国刑法》第三十七条的规定,可以免除刑罚。依据《中华人民共和国刑事诉讼法》第一百七十七条第二款的规定,决定对焦某某不起诉。

(本书涉及相关案例均来源于中国裁判文书网)

致 谢

本书的出版发行，有赖于包头农商银行各位同事的精诚合作和共同努力，更离不开外部专家、同人和诸位好友的帮助。本书从选题、思路整理、案例收集至最终完稿，历时两年半，在写作过程中，张志光、于潇潇、赵云、张欣芸、张俊飞、刘明敏、高鑫、马欣、常乐等诸君协助我对本书的主体部分进行了整理、编写和校对工作，辛劳备极。同时，也感谢我的家人在日常生活中的辛勤付出，他们给我提供了大量的时间和空间用于写作。最后，感谢中国商业出版社的编辑在本书出版过程中付出的大量智慧和心血。

本书是我本人对商业银行信贷法律风险管理的研究、理解、探索和实务工作总结，错误或不妥之处在所难免，恳请读者不吝赐教，对本书内容的错误或不足之处给予批评指正。我也非常期待与您就商业银行信贷法律风险的热点难点问题进行讨论与沟通。如有问题或想法，欢迎联系，电子邮箱：75646081@qq.com。

李 敏

2021 年 3 月